SCHWÄBISCHER FLECKLESTEPPICH

HILDA SANDTNER

Schwäbischer Flecklesteppich

ALLGÄUER ZEITUNGSVERLAG KEMPTEN

Umschlaggestaltung und Illustrationen: Hilda Sandtner

Copyright 1978 Allgäuer Zeitungsverlag GmbH, Kempten
Alle Rechte vorbehalten. ISBN 3 88006 043 6
1. Auflage, 1–5. Tausend
Gesamtherstellung: Allgäuer Zeitungsverlag GmbH, Kempten

Zum Geleit

Hilda Sandtner schenkt mit diesem »Schwäbischen Flecklesteppich« ihrem geliebten Schwabenland einen kaleidoskopisch bunten Sammelband in Wort und Bild. Sie ist durch und durch Schwäbin und verleugnet das keineswegs. Der Verfasser des Geleitwortes kennt sie aus der gemeinsamen Schulzeit und weiß das wohl.

Aufgewachsen in einem schwäbischen Lehrerhaus unweit der Donau, beobachtete Hilda Sandtner von klein an ihre dörfliche Umwelt mit offenen Sinnen, freute sich an den Menschen der Heimat und begann früh, deren Eigenart mit Zeichenstift und Feder auf dem Papier festzuhalten. Sie entstammt einer künstlerisch und kunsthandwerklich hochbegabten Familie, in der das musische Element seit Generationen durchschlägt und gepflegt wird. In ihr verdichtete es sich zu signifikantem Künstlertum. Als erste Professorin für Kunsterziehung an der jungen Universität Augsburg genießt sie Ansehen; denn sie kann ein reiches Wirken als Malerin, Zeichnerin und Textilgestalterin vorweisen.

In diesem Buch zeigt die Künstlerin nun eine Seite ihres literarischen Schaffens, die man bei ihr bisher nicht kennt. Den schwäbischen Menschen, dessen Wesen und schwäbische Kulturleistung will sie darstellen. Das ist ihr in einer Weise gelungen, daß man ihrem »Flecklesteppich« eine freundliche Aufnahme und weite Verbreitung bei den Menschen schwäbischer Zunge wünschen darf.

Dillingen, im Sommer 1978

Dr. Adolf Layer

Vom Bendele zum Teppich	9	Bescheidenheit – Tiefstapeln	86
Die Erschaffung der Welt	15	Dickköpfigkeit	92
Schwätza und sprecha	18	Reinlichkeit, Sparsamkeit	96
D' Verständigung	24	Die Sieben Schwaben	104
Spiel mit Worten	27	Über schwäbische Dummheit u. Klugheit	107
Der Schwabe sagt es indirekt	33	Die Intelligenz des Schwaben	108
Polarität im Wesen des Schwaben	47	Eigenständige Logik	111
Kraftausdrücke	48	Verqueres Denken	114
Schwäbisches Französisch	52	Hintersinn und Pragmatismus	117
Feinsinnigkeit und Gespür	61	Selbstironie	120
Schwäbischer Humor	69	Kritikfähigkeit	123
Kritikgeist und die Ironie des Schwaben	81	Schlauheit	126

INHALTSVERZEICHNIS

Philosophie	127
Xaver als Philosoph	129
Essen und Trinken	132
Der fromme Schwabe	136
Tradition im Religiösen	139
Ökumene in Schwaben	149
Beichten und Begräbnis	167
Zahlenmystik	176
Klosterleben	179
Liebe und Ehe in Schwaben	184
Hoimle liaba	189
In der Familie	198
Schlechte Erfahrungen in der Ehe	204
Kindersegen	212
Die Musen in Schwaben	218
Erzkonservativ – Modern	220
Augsburg und die Musik	227
Schwäbische Tüchtigkeit	233
Schöpferische Kräfte aus Ostschwaben	244
Wort- und Begriffserklärungen	252
Empfohlene Literatur zur Erweiterung des Wissens über Schwaben	258

Vom Bendele zum Teppich

In Schwaben gab es früher Fleckleseteppiche, die in Kammern, Stuben und Gängen auf dem sauber gefegten Bretterboden ausgelegt wurden. Sie paßten zu den gekalkten, etwas buckligen, handgezogenen Wänden und zu dem groben, handwerklichen Hausrat, zu den bemalten Kästen, Hinterglasmalereien und zum irdenen Geschirr. Das ruhige Streifenmuster in verblichenem Rot, Blau und Grau verband sich auf feine Weise mit den Möbeln. Struktur und Qualität waren dem bäuerlichen Lebensraum angepaßt, da sie direkt aus ihm herausgewachsen sind.

In den langen Winterabenden hat früher die Bäuerin zusammen mit ihren Töchtern und Mägden Bettziacha, Hemader, Hosa, kurzum alles, was auf dem Leib getragen wurde, zerschnitten. Dem Gebot der Sparsamkeit fiel alles zum Opfer, was beim besten Willen nicht mehr anders zu gebrauchen war. Ob Kleider, Wäsche oder Vorhänge, alles wurde in Bänder zerschnitten und zu einem »Endlosband« zusammengenäht.

So war das, was die Familie einmal getragen und in Farbe, Rauheit und Glätte erspürt hatte, in den großen Knäueln vereinigt, zu denen die Bänder gewickelt wurden. Wenn nicht im gleichen Dorf, so war doch sicher im nächsten Städtchen ein Flecklesweber, dem man die Knäuel brachte und mit dem man Länge und Breite des künftigen Teppichs besprach.

Was dann aus dem klapprigen Webstuhl herauskam, war der Familie lieb und vertraut: die Schürze der Magd, das alte Kopftuch der Bäuerin und der verschossene Barchent aus der Knechtkammer. Der neue Fleckleseteppich wußte vieles zu erzählen.

Diese bäuerlich-derben, aber schönen Gewebe sind typisch für den schwäbischen Menschen, der Tradition nicht als etwas Starres versteht. Aus Altem schafft er neue Werte. Er besitzt neben Beharrungsvermögen nüchternen Verstand genug, aber auch musisches Empfinden, um Zweckmäßigkeit mit Schönheit zu paaren. Andererseits ist er zu sparsam, um etwas wegzuwerfen, was er noch verwenden kann.

Auf diesen gewebten Mustern, voll von Erinnerungen an Erlebtes, war gut gehen. Sie waren ja Eigenes und Vertrautes wie die Gedanken und Gespräche aus vergangenen Tagen, so eigen wie die heimatliche Mundart. Wer sich außerhalb dieser Gedankenwelt und der eigenen Mundart bewegte, konnte auf der Glätte des ungewohnten städtischen Parketts leicht ausrutschen. Der heimatliche Teppich dagegen verlieh Festigkeit und Sicherheit im Fühlen und Denken.

Ein Fleckleseteppich ist auch die schwäbische Landschaft.

Wer mit dem Flugzeug über unser Ländle hinwegfliegt, erblickt unter sich

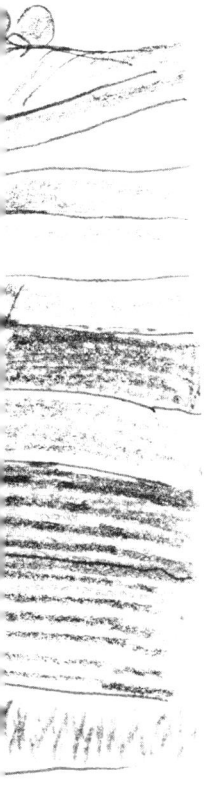

riesige Streifenmuster, die sich um Dörfer gruppieren. Die hellen und dunklen Grüntöne der Getreidefelder nehmen vor der Ernte die Farben der Sonne an: lichtgelb, goldgelb und kupferrot. Sie zeichnen sich so von den grünen Wäldern, von den saftigen Wiesen und den Kartoffeläckern deutlich ab.
Dieses Kleingemusterte ist Zeichen von Wohlhabenheit und Armut zugleich. Zeichen von Reichtum im Sinne einer fast unerschöpflichen Fruchtbarkeit unter der rührigen Hand seiner Bewohner, aber auch Spiegel der Dürftigkeit des Kleinbesitzes durch die ständige Aufteilung des Landes zur Söldnerwirtschaft. Dieses Schicksal hat unsere bäuerliche Kultur und das bäuerliche Denken stark geprägt.

In Bayern erbte dagegen nach altem Gesetz der älteste Sohn den Hof, zusammen mit allen Wiesen und Feldern. Er mußte zwar seinen Geschwistern einiges auszahlen, aber die Gemarkung – um den Hof gelagert – blieb. Vom Flugzeug aus sind die Flecken mit den dunklen Kernen deutlich zu sehen.
Anders war es in Schwaben. Immer schmäler wurden die Streifen von Generation zu Generation. Man mußte sparen, sich um Nebenverdienste bemühen, ja sogar in die Fabrik gehen.
Die Lebensgrundlage einer Sölde war zwar dürftig, aber sie bedeutete doch auch Sicherheit. Aus starker Lebenskraft waren die Menschen rührig, nicht zum Umbringen, schaffig und zugleich sparsam. Zufriedenheit war ihre Lebensphilosophie.
Die schwäbischen Ehen waren kinderreich. Wenn eines davon starb, brachte es als Engelchen Segen. Blieben alle am Leben, trösteten sich die Eltern: Gibt Gott Häsle, gibt er au 's Gräsle.
Diese Gelassenheit wurde ein Grundzug des schwäbischen Menschen. Gelassenheit bedeutet nicht, »auf Sparflamme zu kochen«, sondern stillvergnügt zu genießen, was einem das Schicksal an Gutem beschert. Ausdruck dieser versponnenen Bauern-Philosophie ist der Spruch: »Kloine Brunna stillet au da Durscht, ma mueß bloß 's Maul lang gnue hiheba.«
Nicht nur die Landschaft Schwabens, auch seine Geschichte ist ein eng gewebter Teppich. Je weiter man zurückblickt, um so prächtiger zeigt er sich. Besonders großartig fallen die Muster und Ornamente in der Zeit der Romanik und Gotik aus. Seine volle Pracht entfaltet er in der kaiserlichen Zeit. Kleiner und immer bandartiger wurden die Muster gegen Ende des 18. Jahrhunderts. Ostschwaben kann auf eine außerordentlich bewegte Geschichte zurückblicken.
Geschichte und Kultur sind eng ineinander verwoben. Fädchen an Fädchen

bilden sie den Hintergrund des heutigen Lebensgefühls in Ostschwaben, auch wenn sich die Bewohner vieler Ereignisse nicht mehr bewußt sind.
Der Schwabe war auf seine Art gebildet. Von seiner Lebensweisheit ist noch viel in alten Sprüchen lebendig. Seine künstlerische Ader und seine Hinneigung zur Religion verliehen den Gedanken Bildhaftigkeit und Fülle, Weite und Tiefe. So besitzt er echte Kultur und hat Grund, selbstbewußt zu sein.
Durch modernes Denken hat er die Beziehung zum alten Bodenteppich verloren und möchte ihn gar durch Allerweltsware ersetzen. Aber der Wohlstand, zu dem es der Schwabe gebracht hat, wiegt verlorene Werte nicht auf.
Was besagt dies für unser Buch?
Wie in einem Fleckleseppich werden hier Erlebnisse, Sinnsprüche, werden Humor und Poesie gesammelt und miteinander verwoben, nicht zu einem noblen Bildbehang, sondern zu einem wärmenden Bodenteppich, auf dem man sich wohlfühlen und gut gehen kann. Wir Schwaben haben doch alle noch teil am bäuerlichen Erbe.
Es liegt uns im Blut.

In der Hektik unserer Tage tut uns die Rückbesinnung auf die Wärme und Geborgenheit früherer Generationen gut.
Die Geschichten sind typisch für Land und Leute. Die Orte sind auswechselbar. Auch die Personen. Betroffen fühlen braucht sich niemand, wohl aber kann sich mancher bei der Nase nehmen:

> »Aha drum isch es so! Jiatz komm i doch ans Würzele.
> D' Grobheit liegt zwar in mir, aber i könnt s'nächscht Mol
> a bißle weniger grob sei.
> D' Sparigkeit liegt mr au, aber i derf's it zur Ruachigkeit
> komme lau.
> Um wiaviel schöner und reicher könnt i doch mei Leaba mache,
> wenn i meine guete Gaba besser awenda dät.
> A guats Essa und a spieaglglatts Fuaßparkett isch it älles.«

Das ist den Einheimischen gesagt. Alle übrigen Leser sollen ein wenig über Bayrisch-Schwaben und seine Bewohner erfahren, sich Gedanken machen und Ansatzpunkte für eine Begegnung finden. Um dies zu erleichtern, ist auch viel Mundart in den Flecklesteppich eingewoben, der Herkunft der Geschichten entsprechend.
Im Allgäu wird anders gesprochen als um Augsburg oder in der Donaugegend oder gar im Ries. Der Dialekt ist weich und ziehend in der Donaugegend, er wird präzis und flink um Augsburg, herb und kehlig im Allgäu. Schon von Ort zu Ort treten Klangverschiebungen auf. Sie sind mit den Buchstaben des Alphabets kaum wiederzugeben. Der kundige Leser wird die Sprachmelodie dazu selber finden.
Mundart ist ohnedies schwer zu erlernen. Man bekommt sie mit der Muttermilch eingeflößt wie schwäbisches Denken und Fühlen. Eltern, Geschwister, Schulkameraden und Nachbarn sind die »Lehrer«.
Und noch etwas. Dieses Buch will kein wissenschaftliches Werk sein, sondern ein Heimatbuch. Auf wissenschaftliche Weise könnte ich gerade das nicht darstellen, worauf es mir ankommt.
Ich möchte mit diesem Buch eine Schuld abtragen und Dank abstatten an mein Ländle und seine Bewohner, die trotz aller Bravheit und Tüchtigkeit immer wieder an den Rand gedrückt werden, weil man Schwaben nur ungern etwas gelten läßt.
Das Buch sei auch mein Dank für alle Liebe, Freiheit und Großzügigkeit, die ich als zwölftes Kind einer schwäbischen Lehrerfamilie genossen habe. Es

gilt dem Gedächtnis meiner lieben Eltern und von Brüdern, die nicht mehr unter den Lebenden weilen. Vor allem gedenke ich damit Hermanns, des Musikers und Poeten.

Dank ist das Buch auch für die Schönheit der lichtdurchfluteten Donaulandschaft, meiner eigentlichen Heimat, und ihrer behäbigen, weiten Dörfer. Alles Köstliche, was mir als Kind so selbstverständlich war, so »gar it dr Red' wert«, wirkt im Nachhinein verklärt und ist erfüllt von unwiederholbaren Erlebnissen.

Die Schönheit und Kraft altüberbrachter schwäbischer Lebensart soll in meinem Buche nochmals aufleuchten, ehe sie unserer hektischen Zeit vielleicht für immer zum Opfer fällt, vergangen und vergessen ist.

Die Erschaffung der Welt

Als der liebe Gott aus Lehm die Menschen knetete, modelte er auch am Schwaben herum. Beide Hände formten, zogen, stauten und streckten, damit ein richtiges Menschenkind entstehen konnte. Auf einmal wollte die rechte Hand Gottes etwas anderes als die linke. Das merkte das kleine Menschlein und löste sich in ungebändigtem Freiheitsdrang schnell aus den formenden Händen und sprang davon.

Deswegen ist der Schwabe nicht so fein gemodelt wie andre Leute. Weil er den streitenden Händen Gottes entfloh, hat er so viel Widersprüchliches in sich, das ihn oft auch in Widerstreit mit sich selbst bringt.

Prof. Willi Helpach schreibt in seinem Buch »Deutsche Psychiognomik« (Berlin 1942) über die Schwaben: »Bei keinem anderen Stamm halten sich verschlungene Phantasie und durchdringender Verstand so eigentümlich das Gleichgewicht. Nirgends wieder, vielleicht überhaupt bei keiner völkischen Art sonst, stehen Bildseligkeit und Denknüchternheit so eng beieinander wie hier. Aber nicht genug damit: ein rührsinniges Gemüt und ein bis zum Eigensinn zäher, oft sturer Wille gesellen sich noch dazu.«

Das gilt nicht nur für den gebildeten Schwaben. Auch der schlichte bäuerliche Mensch trägt schwer am Bündel widersprüchlicher Eigenschaften und schlägt sich auf seine Art damit herum. Deshalb ist schwäbische Bauernweisheit eine Mischung von klobiger Erdhaftigkeit und hintergründigem Sinnieren.

Der liebe Gott, so wird weiter erzählt, ging durch die Gefilde, die er erschaffen hatte, um sein Werk zu betrachten. Da hörte er ein jämmerliches Weinen. Ein Mann saß am Wegrand und vergrub sein Gesicht in beide Hände.

»Was ist mir dir?« wollte Gott wissen.

»O mei, mir ka neamad helfa«, schluchzte der Mann.

»Immerhin bin ich der liebe Gott«, sagte mit Bestimmtheit der Herr. Da glitt ein Schimmer der Hoffnung über das Gesicht des traurigen Mannes. Tiefbekümmert gestand er: »'s isch halt so füchtig arg, daß i a Schwob bi.«

Da setzte sich Gott zu ihm nieder und weinte mit ihm.

Irgend was Wahres ist an dieser Geschichte dran, obwohl sie nur geringen Trost spenden kann: Es hat ja auch nicht jeder die Gewißheit, daß »der liebe Gott höchstpersönlich« sich zu ihm gesellt. So wie man den Schwaben nachsagt, daß sie erst mit vierzig Jahren gescheit würden und sie dann trotzig in einem »Stumpalieadle« antworten: »D' Schwoba, sagt ma, werden erscht mit vierzge g'scheit. Isch scho guat, dia andre Koga, werdens all ihr Lebtag net«, steht es auch hier, daß man Hoffnung haben kann.

Vielleicht hat der liebe Gott gerade deswegen geweint, weil dem Schwaben bei allen guten Gaben, die er mitbekommen hat, nicht aus seinen Minderwertigkeitskomplexen herauszuhelfen ist.

Da wir mit der Erschaffung des Schwaben begonnen haben, ist noch die Geschichte nachzutragen, wie Gott das Schwobeländle erschuf. Daß er nicht so einfach drauflosgewerkelt hat, ist ganz nach dem Sinn der Schwaben. Gott machte also zuerst ein Modell und hatte seinen Spaß daran, die Landschaft mit Bergale und Bächle, mit Bäumle und Häusle auszustaffieren. Dann bevölkerte er sie mit Küahla und Säula, mit Rehle und Hirschle und vielem anderen Getier.

Als der liebe Gott dann an die Erschaffung der Erde ging, brauchte er das Modell gar nicht mehr. Aber es tat ihm leid, das gelungene Werk zu zerstören. Deshalb hat er es als Teil der großen Welt eingebaut. So entstand das Schwobe-Ländle. Kein Wunder, daß es lieblicher und putziger ist als viele andere Lande. Sebastian Sailer hat diese Schöpfungsgeschichte ausführlich geschildert.

Einen tiefen Blick ins schwäbische Herz hat auch Hyazinth Wäckerle getan:

»Wir sind scho so z'frieda,
wir wöllet it meahr;
wear furt muaß aus Schwaba,
kommt bald wieder hear.
Im Leba a Plätzle,
im Sterba a Ruah
im schwäbischa Boda –
dös ischt für uns gnua.«

»Schwätza« und sprecha

Widersinnig ist es, daß wir Schwaben ausgerechnet mit den Berlinern verwandt sein sollen, denn die Spuren der Schwabenforschung führen in nördliche Gefilde. Danach sollen wir zwischen Leine und Spree beheimatet gewesen sein. Nun gibt es gewiß nichts Kurioseres, als Schwaben und Berliner in einen Topf zu werfen. Beider Mundart deutet auf nichts Gemeinsames, weder im Klang noch in der Mitteilungsart.
Mein ehemaliger Lehrer, ein Oberbayer, erzählte mir, er habe am Bahnhof von Tegernsee einen Schwaben getroffen, der ihn gefragt habe: »Könnet Se mir it saga, wo dr Zahradbahfahrpla agschlaga isch?« (mit dunklem A gesprochen).
Das klingt in der Karikatur fast wie das Quaken von Fröschen. Wenn unsere Mundart gar so breit gesprochen wird, ist sie eher ein Hemmnis als ein Mittel zur gegenseitigen Verständigung.
Das weiß der gebildete Schwabe sehr wohl, dem es genausowenig wie dem Schwaben bäuerlicher Herkunft gelingt, die Dialektfärbung zu verleugnen. Hat er genügend Kontrolle über sich, so führt dieses peinliche Wissen zu Hemmungen, die auch durch den Trost, die Mundart sei etwas Anheimelndes, nicht beseitigt werden.
Da fragte einmal ein Sommerfrischler den Mesner, was der Pfarrherr für ein Mann sei und erhielt folgende Antwort:
»Ja mei, er isch a reachts Leut. Aber wenns alleweil leidt, daß er läut, wenn alles no im Bett leit, nau schimpfet d' Leut.« Obwohl der Gast im jahrelangen Umgang schon ein recht gutes Verhältnis zur schwäbischen Mundart ge-

wonnen hatte, ging er von da an Gesprächen mit Einheimischen aus dem Wege.

Mag unser Dialekt in seiner Fülle und Schwere dichterische Möglichkeiten und philosphische Hintergründigkeit in sich vereinen, als Umgangssprache, in der man anderen Leuten etwas erklären muß, ist er einfach zu holprig. Seine Bildhaftigkeit macht ihn umständlich.

Außerdem ist die Mundart gesättigt mit Gefühlen und Gedanken. Sie sind unterschwellig da, auch wenn sie nicht bewußt ausgesprochen werden. Es gibt kaum einen Dialekt, der eine solche Fülle von Spruchweisheiten hervorgebracht hat, wie der schwäbische.

Selbst wenn sich der Schwabe bemüht, hochdeutsch zu sprechen, haftet seiner Aussprache noch dies Erdhaft-Schwere an. Auch im Gebrauch der Schriftsprache kann er das Verschlüsselte seines Denkens nicht verleugnen. Seine Überlegungen zielen immer um ein paar Ecken.

Die vereinfachende Geradlinigkeit des Denkens anderer gerät beim Schwaben in ein kreisendes Gedankenfeld. Gleichsam in Zangenbewegung erfaßt er die Argumente, tastet sie ab und seziert sie, sofern er das Wesentliche nicht unmittelbar begreift.

Der Schwabe ist im Bild. Er weiß genau, worum es geht, aber er findet nicht die abgrenzende begriffliche Festlegung, weil er nun einmal »mundfauler« ist als andere deutsche Stämme und weil er sich mit seinem erdhaften Dialekt schwerer tut, sich frei auszudrücken.

Eine Rolle spielt auch noch die Neigung des Schwaben, sich zurückzuhalten. Das ist zwar nicht die Regel, aber es ist doch auffallend, daß Schwaben im modernen Diskussionssystem häufig versagen.

Aber es versagen andererseits auch gewandte norddeutsche Schwätzer, wenn sie auf schwäbische Gründlichkeit stoßen. Nichts ist dem Schwaben mehr verhaßt als die plätschernde, selbstgefällige Geschwätzigkeit. Er hält Leute, die ihr Herz auf der Zunge tragen, für dumm und seicht. Ihnen fehlt gerade das, was ihm am wichtigsten ist: das bedächtige Abwägen der Gedanken.

> I ben a Schwob, a Schwob ben i
> Und tu recht gern sinniera.
> I stell mi dumm und red net viel
> Und b'halt des Mei em Hiera.

Gräbt man im Sprachschatz des Schwaben etwas tiefer, so kommen aus dem Dialekt unerschöpfliche Schätze uralter Volksweisheit entgegen. Diese zeigen

sich in einer Sprachkraft und Bildhaftigkeit, die ein Außenstehender nie erwartet.

Nichtschwaben fällt es schwer, in die Vielschichtigkeit und üppige Bildhaftigkeit unserer Mundart einzudringen. Noch schwerer sind die vielen Lautunterschiede zu erfassen oder zu erlernen. Bald werden die Laute durch die Nase, bald mehr aus der Kehle gesprochen.

Ein typisches Beispiel dafür ist die Zahl zwei. Die Lautmelodie ändert sich je nach dem Geschlecht oder der Bedeutung des dazugehörigen Hauptwortes: zwoi Bira, zwua Mand, zwui Weiber, zwoa Kinder.

Ein Wort, das es nur in der schwäbischen Mundart gibt, ist die »Omuaß«. Es bezeichnet einen Zustand unausgefüllter Rührigkeit, den man oft bei Schwaben antrifft. Der Volksmund sagt von einer Frau in »Omuaß«: »Dia rennt umanand, als ob se Wefzga em Fidle hätt.« Aber auch ein Mann, der gerade so geplagt ist, kann ein »Omuaß« sein.

Wer weiß schon um die feinen Unterschiede im Wortspiel. Für das Wort »regnen« kennt der Schwabe je nach der Stärke des Regens eine ganze Reihe lautmalender Wörter: es niebelet, tröpflet, nässelet, rieselet, sprenzt, seicht, pflätscht, gießt, schüttet oder schifft.

Sprachschöpferisch sind bereits die Kleinen in der Schule, wenn sie zum Beispiel schreiben: Daß es hähl ist, sieacht man an den alten Weibern, die es all bott hikelt. Was bildhaft ist, hat sich aus dem Dialekt in die Umgangssprache gemischt.

Diese Spracheigenheiten werden den Kindern in der modernen Schule schnell ausgetrieben. In der Schweiz haben es die Kinder leichter, denn für sie ist die Mundart zugleich Schriftsprache.

Viel wäre über die Bildhaftigkeit und drastische Ausdruckskraft der Mundart zu sagen. Aber lassen wir Beispiele sprechen.

Eine Allgäuer Bäuerin war bei einer Augsburger Familie zu Gast. Ihr zu Ehren wurde großartig aufgetischt. Und sie ließ es sich auch gut schmecken. 's Nötigen gehört zum guten Ton in Schwaben.

Als man weiter in sie drängte, zeigte sie auf ihren runden Bauch und sagte: »I ka numma, mei Nabl isch so fescht, daß ma auf'm dengla könnt.«

Da war ein kleiner Bub bei seiner Oma so schleckig, daß diese die Geduld verlor und oba dussa gwea isch wia a Millhäfele, des übrsiadt. Sie warf dem anspruchsvollen Enkel an den Kopf: »Nau friß an Dreck, nau wird d'r 's Maul it feadrig.«

Das war weniger freundlich als drastisch, so daß sich der »gnäschtige« Bub

wohl ausgekannt hat. Das fedrige Maul gehört eigentlich einer Katze, die auf einen Vogel lüstern, einen Fang gemacht hat.

Winter war's und in der Gremheimer Dorfkirche recht kalt. Da meinte eine Gärtnersfrau während der Chorprobe: »Mir macht d' Kält' nix aus. I ben eigschläft wia a eig'machter Gumpertoil.« Gemeint war das Rohr des Pumpbrunnens, das im Winter dick mit Stroh umwickelt wird.

Durch diese kraftvolle Ausdrucksweise ist man im Bilde und weiß, wie man dran ist. Anschaulicher könnte sich Zorn wohl nicht entladen, als in dem Bildvergleich: »Du bisch am Deifl aus dr Butta g'juckt, wianer mit U'ziefer ghandlet hot!«

D' Verständigung

Ein Berliner, ein Schwabe und ein Schweizer unterhalten sich im Eisenbahnabteil. Der Schweizer fragt den Berliner: »Sind Sie scho in Zürich gsi?« Betretenes Schweigen des Berliners bis der Schwabe erläutert: »Woischt, der moint gwea.« Die Situation war nicht gerettet.

Der Schwabe merkt meist gar nicht, wie breit seine Aussprache klingt. Im Zug kam einmal ein Norddeutscher in angeregte Unterhaltung mit einem schwäbischen Landwirt. Nach einigem Überlegen fragte er: »Darf ich wohl annehmen, daß Sie ein Schwabe sind?« Darauf dieser ganz verwundert: »Saget Se bloß, wora hant Se des g'merkt?«

Offenbar hat der Schwabe, der über Gott und die Welt nachdenkt, gerade dafür kein Gespür.

Da traf einmal ein Schwabe mit einem Amerikaner und einem Tschechen zusammen. Sie unterhielten sich angeregt über Sprachschwierigkeiten, besonders über die krassen Gegensätze im Sprechen und Schreiben. Nachdem sie viele Beispiele gebracht hatten, meinte der Schwabe: »Am interessantesten ist es bei uns. Man sagt »Ha?« und meint aber: »Entschuldigen Sie bitte! Ich habe Sie nicht verstanden. Möchten Sie bitte wiederholen!«

Genau so einfach macht es sich der Schwabe bei Entschuldigungen.

Da stößt ein Bauernbub im Gedränge mit einer älteren norddeutschen Dame zusammen. Sie weist ihn verärgert zurecht: »Da dürftest du dich wenigstens entschuldigen. Der Bub darauf: »I han ja »hoppla« g'sagt!«

»Hoppla!« ist die landesübliche Entschuldigung, wenn man mit jemand zusammenstößt, jemand auf die Füße tritt oder sonstwie in die Quere kommt.

Laut Knigge müßte es heißen: »Entschuldigen Sie bitte das Versehen, es tut mir leid!«

So viele Worte verschwendet ein Schwabe nur ungern. Selbst wenn ihm das Vorkommnis leid tut, findet er nur schwer die passende Entschuldigung. Sein Dialekt ist hier wortkarg. Hochdeutsche Ausdrucksweise fällt ihm schwer. Das ist schon in der Schule zu merken.

Der Lehrer wurde früher im Dorf häufig beim Schriftverkehr mit Ämtern zu Rate gezogen.

Vor 70 Jahren kam ein Bauer zu Hauptlehrer Mayer in Scheppach und legte ihm folgenden Entwurf zur Korrektur vor: Quiedung über 5 Mark welche ich durch zweimaliges Beisein bei der Zuchttierschau gewesen bin. Hauptlehrer Mayer belehrte den Landwirt: »Was wollen S' denn mit dem »gewesen bin«? Lassen S' das weg, das paßt doch gar nicht hin!« Darauf entrüstet der Bauer: »Noi, des bleibt, i bi doch dett gwäa!«

»I schreib ganz langsam, Vater«, sagte die kleine Lina, »weil du bloß so langsam lesa kascht!«

In entlegenen Gegenden ist sogar so etwas zu erleben:
Ein Vertreter redet einem alten bärtigen Allgäuer einen komplizierten Rasierapparat auf und schiebt ihm schließlich den Kaufvertrag hin, den er unterschreiben soll. Da der Bauer keine Feder findet, streckt ihm der Vertreter einen Kugelschreiber hin und drückt ihm die Hand sanft auf jene Stelle, wo er unterschreiben soll.

»Isch dees a scheens Zuig! Wo ka ma dees kaufa«? fragt der Alte. »Dean kriagen S' g'schenkt, wenn S' unterschrieb'n hant« antwortet der Vertreter ungeduldig.

Da fängt der Bauer zu schreiben an und setzt bedächtig Kreuz für Kreuz hin, sechs an der Zahl. Der Vertreter ist entsetzt. Er sieht schon alle Felle davonschwimmen.

»Was, Se könet gar net schreibe?« fragt er.

»Sie sehans«, erwidert seelenruhig das Bäuerlein.

»Aber drei Kreuze würden dann auch genügen.«

»Noi dees gwieß it. I hoiß nämle Servatius Köberle, Hofbauer oben am Gupf.«

Schlimm wird es nur, wenn »mit Gewalt« – ohne Beherrschung des Hochdeutschen – städtische Redewendungen gebraucht werden. So darf man auf keinen Fall ein schwäbisches Mädle »Astrid« nennen. Das arme Kind müßte es erleben, daß ihm auf der Straße »Aschtriddle« nachgerufen wird. Denn

alles Hochtrabende rächt sich in der schwäbischen Mundart und schlägt auf den Eitlen, Selbstgefälligen zurück.
An der Spitze der Sparwörter, die man in Schwaben findet, steht das Wörtchen »hm«. Eher ist es ein Laut als ein Wort, ein Naturlaut, der zum Grundbestand unserer Mundart gehört. Er ist bezeichnend für den maulfaulen Schwaben, denn um ihn zu erzeugen, müssen nicht einmal die Lippen geöffnet werden. Ein kurzer Luftstrom, durch die Nase nach außen gestoßen, bewirkt schon die Verständigung. Der Ton bedeutet weder »Ja« noch »Nein«, sondern nur: »I han's verstanda, mir soll's recht sei!«

Eine schwäbische Sprachlehre steht noch aus. Für die Schwaben in Baden-Württemberg ist sie schon geschrieben. Es wäre eine verdienstvolle Aufgabe, sie auch für Bayerisch-Schwaben zusammenzustellen.

Spiel mit Worten

's Geld spielt bei uns gar koi Rolle. 's isch des Allerwengste. Arm sei isch a leichte Sach!

Was steckt doch alles in diesen Worten? Daß »Armsein« eine »Sache« sei, entspricht schwäbischer Mundart. Aber daß die Sache leicht sei wie der leere Geldbeutel und deswegen leicht zu tragen, ist Hinter- und Widersinn zugleich. Auf jeden Fall trifft diese Spruchweisheit den Nagel auf den Kopf.

»D' Kirch isch a bitzle z' kloi« hot dr Mesmar gsait. »Wenn alle nei gienget, ginget it alle nei. Aber weil it alle nei gand, gand alle nei.«

Auch dieses Wortspiel, aus dem ein Fremder nicht klug werden kann, ist echt schwäbisch. Der Hintersinn ergibt sich aus der Verwendung eines Wortes, das je nach Satzzusammenhang verschiedene Bedeutungen hat: hineingehen, enthalten, umfassen.

»Die domme Siacha moinet, die gscheite (Siacha?) wisset nix.« In dem Satz steckt wieder eine Verschlüsselung, durch die der Witz erst handgreiflich wird.

A bißle dumm isch am End jeder; aber so dumm wie mancher isch doch koiner.«

Solche Wortspiele, an denen das Volk seine Freude hat, könnte man ohne Ende finden, erst recht in der schwäbischen Volksdichtung.

Hier ein Beispiel aus dem Rieser Gedicht von Michel Eberhardt »Wie man lebt in Hinterbuchen«:

Von de Kranke lebt d'r Doktor –
von de G'sunde Krankakass'.
D' Baura hont so zwanzg dreißg Morga
Etle sechz'g und siebaz'g oh:
Alle Viech- und Säupreissorga –
abr jedr lebt drvo.

Es ist, als würde sich erst durch die Umdeutung der Worte auf witzige Art der Sinn erschließen.

Auch Joseph Bernhart pflegt diese Freude an Wortreihungen, sobald er ins Volkshafte geht:

> In Ewigkeit laß i mei Schätzle net
> Und wenn es der Teufel am Kettle hätt.
> Am Kettle, am Schnürle, am Bändle, am Seil,
> In Ewigkeit ist mir mei Schätzle net feil.

Aus dem Gedicht »D' kalt Freid« von Hermann Sandtner klingt wiederum die Freude am Spiel mit den Wörtern:

> Auf da Schtraußa knirscht dr Schnea;
> kascht im häla Eis kaum laufa.
> Vorderm Schlitta, hauscht as gseah,
> duat a Rößla luschtig schnaufa.
>
> Glöckla klinglet, Hüafla dappet.
> Aus da Nüschtra schiaßt dr Dampf.
> 's Gäule nauchem Zügl schnappet.
> Weidle, Rößla, lauf und schtampf!
>
> Und im Schlitta unter Decka
> sitzt der Baur, da Bart voll Eis,
> in dr Hand da Geißelschtecka,
> d' Pudlkappe ischt schneaweiß.
>
> Hio, Hans, im Schtall ischts wara
> und im Barra leit a Schmaus.
> Simmer earscht im Hof neigfahra
> bringt koi Teufl eus mea raus.

Es ist das musikalische Element, das sich bei diesen Dichtern zeigt. Wenn dann erst ein richtiger Musiker, gar ein solcher von höchstem Format, wie Mozart, seinem »Bäsle-Häsle« einen Brief schreibt, verlieren die Worte ihre ursprüngliche Bedeutung und verschwimmen in arabeskenhaften Clownerien. Inhalt und Sprache trennen sich.

Es war eben das Augsburger Bäsle, Maria Anna Thekla Mozart, mit dem der junge Komponist so ungezwungen Spaß machen konnte; eine richtige Schwäbin, die diese »Tonart« verstand.

Ich habe dero mir so werthes schreiben richtig erhalten falten, und daraus ersehen, drehen, daß der H: vetter retter, die fr: baaß has, und sie wie, recht wohl auf sind hind; wir sind auch gott lob und danck recht gesund hund. ich habe heüt den brief schief, von meinem Papa haha, auch richtig in meine klauen bekommen strommen. Ich hoffe sie werden auch meinen brief trief, welchen ich ihnen aus Mannheim geschrieben, erhalten haben schaben. desto besser, besser desto! Nun aber etwas gescheüdes ...
1: es wird ein brief, oder es werden briefe an mich in ihre Hände kommen, wo ich sie bitte, daß – was? – ja, kein fuchs ist kein Haaß, ja das – Nun, wo bin ich den geblieben? – ja, recht, beym kommen; – ja ja, sie werden kommen – ja, wer? – wer wird kommen – ja, izt fällts mir ein. briefe, briefe werden kommen – aber was für briefe? – – je nu, briefe an mich halt, die bitte ich mir gewis zu schicken; ich werde ihnen schon nachricht geben wo ich von Mannheim weiters hin gehe, iezt Numero 2. ich bitte sie, warum nicht? – ich bitte sie, allerliebster Fex, warum nicht? – dass wenn sie ohnedem an die Mad: Tavernier nach München schreiben, ein Compliment von mir an die 2 Mad: selles freysinger schreiben, warum nicht? – Curios! warum nicht?
Mozarts musikalisches Verfahren tritt uns hier in Worten entgegen. Allein des Spaßes wegen werden Mitteilungen durch endloses Dazwischenfragen entkräftet, der Ernst mancher Wörter ins Groteske verzerrt, indem sinnwidrige angehängt werden. Wenn schließlich jeder Sinngehalt verschwunden ist, musizieren die Worte in rhythmischen Reihungen, streben Höhepunkten zu, um schließlich in heiterem Wortgeplätscher zu verebben. Der Dadaismus bezweckte ähnliches in der Dichtung.

Von solcher Wortakrobatik führt der nächste Weg zur Versponnenheit, die dem Schwaben ganz besonders liegt: Verdeutlichung des Hintersinnigen.
Ein klassisches Beispiel ist die Frage Schillers: »Jahrelang schon bedien ich mich meiner Nase zum Riechen; hab ich doch wirklich an sie ein erweisliches Recht?«
Hier – genau an der Grenze zwischen der Sicherheit, die auch der naive Mensch besitzt, und der logischen Schlußfolgerung, die diese zum Schein untergräbt – kommt man dem Grübler in jedem Schwaben nahe. In dieser Dialektik des Denkens werden die Gegensätze aufgelöst durch die Rechtfertigung einer intuitiven, gefühlsmäßigen Erkenntnis.
Der in Stuttgart geborene Philosoph Georg W. F. Hegel ist der Vater dieser Methode, die jedem Schwaben irgendwie liegt.
Auch die Sozialisten haben sich ihrer bedient.

Ist es nicht ein Beweis für die Dialektik in Schwaben, wenn der schwäbische Sozialist Bert Brecht die folgenden Verse prägt?

> Die Lösung: Nach dem Aufstand des 17. Juni
> Ließ der Sekretär des Schriftstellerverbandes
> In der Stalinallee Flugblätter verteilen,
> Auf denen zu lesen war, daß das Volk
> Das Vertrauen der Regierung verscherzt habe
> Und es nur durch verdoppelte Arbeit
> Zurückerobern könne. Wäre es da
> Nicht doch einfacher, die Regierung
> Löste das Volk auf und
> Wählte ein anderes?

Der Schwabe zieht es vor, die Polarität der Weltereignisse zu überdenken und Spannungen auszutragen, um Krisen zu vermeiden. In Schwaben sind Sozialprobleme früher als in anderen Ländern erörtert worden. Ein Beispiel dafür ist die »Fuggerei« in Augsburg. Durch Beteiligung der Arbeiter am Gewinn und durch persönliche Fürsorge ist einem rebellischen Sozialismus der Wind aus den Segeln genommen worden. Weder in Baden-Württemberg noch in Bayerisch-Schwaben gab es nennenswerte Bestrebungen, das marktwirtschaftliche System zugunsten sozialistischer Planwirtschaft umzustoßen. Am allgemeinen Wohlstand hat auch der Arbeiter teil. Warum sollte er da revoltieren?

Auf die Frage, was der Unterschied zwischen Sozialismus und Kapitalismus sei, kann man im Volksmund hören: »Em Kapitalismus druckt oiner da andera. Im Sozialismus isch älles genau umkhert.«

Ein Stamm, der in seiner Volksweisheit den Spruch besitzt »Vo de Arme muaß ma 's Kocha learna und vo de Reicha 's Spara« ist gegen politische Aggressionen weitgehend gefeit.

Volksweisheit zu diesem Thema steckt auch in folgender Anekdote: Ein Bauer pflügt mit seinen beiden Ochsen das Feld. Da läutet es vom Dorf her fünf Uhr. Der Handochse dreht sich um und sagt zum Bauern:

»Fünfe isch's, Zeit zum Aufheara!«

Der Bauer drauf:

»Dau werd nix draus. 's Feld isch groß, d' Arbet got weiter!«

Nochmals reckt der Handochse seinen Kopf zurück:

»Bauer, mir send seit geschtern in dr Gwerkschaft!«

Wenn die beiden Ochsen in der Gewerkschaft sind, ist natürlich nichts zu machen. Der Bauer schirrt den Handochsen aus und läßt ihn ohne Widerrede nach Hause trotten. Mit dem andern begibt er sich auf den Weg ins Dorf. Der Handochse ist schon längst im Stall, als der andere nachkommt. Wie dieser zur Tür hereintrottet, dreht sich der Handochse um und frägt:
»Hot'r nix g'sagt, dr Bauer? Ganz geheuer ist ihm nicht zumute. »Noi, g'sagt hot'r nix, abr er isch am Metzger begegnet und hot *lang* mit'm g'redt!«

Der Schwabe sagt es indirekt

Daß ma bloß an d' Leut nasieht, net en se nei, ist eine besonders in Schwaben beherzigte Lebensweisheit, nicht weil es mehr »verschlagene Schwaben« als »hinterfotzige Oberbayern« oder »undurchsichtige Franken« gäbe.

Je weiter man nach Norden kommt, desto leichter löst sich dieses Problem, weil es in nördlichen Gefilden häufiger ist, daß Menschen ihr Herz auf der Zunge tragen. Einem Preußen das anbiedernde und zugleich entschuldigende Wort

»Ma sagt ja net, ma redt ja bloß«

in den Mund zu legen, erschiene nicht nur unpassend, sondern sinnlos.

Der Schwabe sagt, wenn er eintritt: Iatz wär i do! Als ob das nicht zu sehen wäre oder er – wie man auf echt schwäbisch sagt – sich wieder verduften könnte. Er fällt also nicht mit der Tür ins Haus. Er überläßt es dem Besuchten, seine Gegenwart zu bestätigen oder ihn wegzuschicken. Die Begrüßungsformel klingt linkisch, aber sie deutet Rücksicht an und den Wunsch, nicht aufdringlich zu sein.

Auch wenn sich Bauersleute begegneten, war irgendeine Floskel von dieser indirekten Art fällig:

»So, tuat ma greachta?« oder »Isch ma au no em Feld?«

Fehlte dieses verbindliche Wort, schlich sich Mißtrauen ein. Hat der etwas gegen mich?

Diese Floskel bedeutete nicht, daß man ein Gespräch führen möchte; sie war eher ein Ersatz dafür.

Im Ottobeurer Zügle weht manchmal der Duft der großen weiten Welt. Da steigt doch einmal in Memmingen ein echter Chines in besagtes Bähnle. Als das Zügle anfahren will, kommt noch ein älteres Fräulein ins Abteil und setzt sich zu dem »gspässigen Fahrgast.« Wortlos sitzen sie sich gegenüber. »Was

sagt ma bloß zu am Chines?« denkt sich das Fräulein, »so wulla ka i do it alleweil dausitza!« Nach Westerheim rafft es sich dann auf, mit den Worten: »So, Herr Nachber, isch ma au a bissele a Chines?«

Der Gast beschwert sich beim Wirt, da das Schnitzel so ledern sei, daß man es kaum essen könne. »Se ham ja bloß a kloins Bröckle davon g'essa,« sagt der Wirt vorwurfsvoll.

»Gwieß isch dr Rescht net besser« meint der Gast.

»So, so« mandelt sich der Wirt auf. »I wear wohl no a Schnitzl richtig brota könna. Dau send Se no gar net auf dr Wealt gweasa, dau han i scho Schnitzl brota.«

»Daß Se mir grad vo deane oins aufghebt hant, freit mi besonders«, gab der Gast dem Wirt das Nachsehen.

Diplomatisch umgeht der Schwabe gern die direkte Aussage.

So wird der Bürgermeister einem Spitzbuben ungern an den Kopf werfen, was er wirklich von ihm hält. Mit Umschreibungen kommt er besser ans Ziel, denn selbst mit einem Lumpen will er sich's nicht verderben. Und die Begründung:

»Ama bissige Hund wirft ma liaber zwoi Knocha hi« oder »Ma woiß it, wia ma d' Leit no brauche ka.«

Beschönigend könnte der Bürgermeister zu einem Tagedieb sagen: »I will it behaupte, daß du faul bisch, aber du bisch so g'schickt und tuascht seit Johr und Tag nix.« Das sitzt und wird verstanden.

»'s Zuchthaus hot ma für d' Leit und it für d' Schnecka, hot dr seal Vatter gsait, wia ma sein Buebe ei'gsperrt hot.« Er ist tapfer genug, selbst in dieser Situation zu seinem Buben zu halten.

»Sie isch it ganz schleacht, halt so mittedur wia mir alle send«, charakterisierte der Bürgermeister eine Weibsperson mit angekratztem Leumund und richtete sich gegen alle Selbstgerechtigkeit, die auch im Dorf aufkommen kann.

Bei soviel Versöhnlichkeit im Eingeständnis gemeinsamer menschlicher Schwächen gibt es meist auch einen Ausweg zum Guten. Es ist ein wirksames Erziehungssystem, Gestrauchelte zu verpflichten statt sie aufzugeben. Leider gehen durch »Veramtlichung« und Zentralisation diese feinen Möglichkeiten mitmenschlicher Erziehung immer mehr verloren. Wie soll der Bürgermeister auf solche Sorgenkinder eingehen, wenn er sie gar nicht mehr kennt! Diese Fälle werden heute mit dem Computer bearbeitet.

Die Neigung des Schwaben, sich lieber indirekt zu äußern, läßt keinen Lebensbereich aus.

»Lacha müaßt i, wenns net so wär!« sagt der Sterbende zum Pfarrer, der ihm von der himmlischen Seligkeit erzählt. Die Allgäuer glauben bloß, was unbedingt notwendig ist und »des net geara«, bedauern die Pfarrherrn.

Ein boshaftes Allgäuer Weiblein verrät: »Nochdem unsr nuier Herr gsait hot, wia er's will, wissat mr au, wia mr eahn ärgera kennat.«

Indirekt kann auch die Rache sein: »Reacht geschiechts meim Vattr, daß i mr d' Oahre vrfrier, hättr' mr a Kapp kauft!« Das entspricht der besonderen Logik eines Schwabenschädels. Sicher ist der Vater bestraft, wenn er die Arztrechnung für die verfrorenen Ohren bezahlen muß.

Ein Schwabe kennt den andern und weiß deshalb genau, was dieser denkt, ohne daß es ausgesprochen werden muß. So begegneten sich zwei Vettern, die sich länger nicht getroffen hatten.

»Was gibt's Nuis?« fragte der eine.

»Bei is hot's brennt« erwiderte der andre und bekam zur Antwort: »Reacht hosch ghett!«

Mit Kühen pflügen ist ein Elend. Der Bauer flucht. Die Bäuerin spürt das Donnerwetter, das sich über sie und die Tiere zusammenzieht, redet kein Wort und zerrt nur die Kühe am Halfter vorwärts. Das regt den Bauern erst recht auf, bis er schließlich explodiert und schreit:

»Zu dir komm i au no. I werds dir scho no austreiba, daß mer ständig 's ›Leck mi‹ gibscht!«

Mienen, Bewegungen können Gedanken verraten.

»Gell, Leat, du heirescht mi«, sagte die Magd zum Knecht, obwohl davon vorher nie die Rede gewesen war. Aber die Magd wußte sicher, daß sie der wortkarge Leonhard ins Herz geschlossen hatte, es aber nie wagen würde, ihr einen Heiratsantrag zu machen. Manche schwäbische Ehe ist auf diese Weise geschlossen worden und sicher nicht die schlechteste.

Dieses intuitive Mitwissen bildet das stärkste Band in Freundschaften und Ehen. An ihm hat jeder in der Gemeinschaft Anteil und zieht aus ihm Nutzen. Der nicht Angenommene oder gar Ausgestoßene ist übel dran.

Das Mitwissen umschließt den gesamten Alltag:

's Nannele interessiert sich im Religionsunterricht ganz besonders für den kleinen Moses im Binsenkörbchen.

»Wer isch denn d' Muatter vo dem Büeble gwea? Gell des war dia Königstochter?« will sie vom Katecheten wissen.

Als dieser korrigiert: »Sie war nicht die Mutter, sondern hat das Kind beim Baden im Nil gefunden«, bleibt Nanni beharrlich: »Des sait se grad!«

Es ist ihr ja nicht verborgen geblieben, wie es in solchen und ähnlichen Fällen im Dorf zugeht.

Der Großvater vom Metzger Xaver ist noch mit dem Gaiwägele zur Kundschaft gefahren. Daß er ein Lebenskünstler war, bezeugt sein Spruch: »Mei Brauner und i, mir passent zeama. Er laut se it putza und i ma eahn it putza.«

»I will nix g'sagt hau, ab'r dennerscht muaß i saga« hört sich wie Unsicherheit an, als ob einer nicht für seine Aussage einstehen möchte. Auch die bereits erwähnte Redensart »Ma sagt ja net, ma redt bloß« macht einen Einwand noch geschmeidiger. Der scheinbare Widerspruch ist eigentlich eine Bekräftigung.

Die zwei Worte »I moi« leiten gern eine »Übereinkunft in Sympathie« ein:

»I moi, d' Hoigata gant iatz hoi, moara ka ma au wiedr hoigata«, redet die todmüde Bäuerin gegen Mitternacht den Gästen zu, die noch immer in angeregter Unterhaltung sind.

»Ui brauchet it ens Bett gau, mir pressiert's it hoi« erwidert mit großem Eifer, aber wenig Feingefühl 's Expeditors Annele. Erst dem nachdrücklich vorgebrachten Wunsch »I moi scho, daß 's Zeit wär'« kann sich auch das Annele nicht verschließen, das sich beim Nachbarn immer so wohlfühlt.

Im Volksmund gibt es viele Verschlüsselungen, zum Beispiel:

»Ma ka et auf älle Hochzeta tanza« oder »Di kennt ma, du kommscht auf all Märkt mit deim Stecka.«

»Dei Gschwätz gaut ge Bettla und kriagt koi Almosa.«

»Du kascht mir g'schtohla komma« ist keine gerade freundliche Abweisung.

»Was soll scho kocht sei, Schnecka mit Schwänz«, bekommt einer zur Antwort,

der mit neugierigen Fragen in fremde Töpfe gucken will. Oder er kann hören:
»Ghackte Herrle und brotene Heugabla« oder
»In Augsburg isch au no a Ma, ders it woiß.«
Bettelnden Kindern wird »A goldens Nixle und a silberns Wat a Weile« versprochen.
Hat ein kleines Mädchen etwas »ausgefressen«, so kann es hören:
»Gang hoi! Dei Muattr werd di strähla. 's beißt di koi Laus meh.«
Einem bösen Buben dagegen wird unmißverständlich erklärt:
»Büable, kriagscht a Küachle auf's Loch.« Da weiß der Bub, was daheim auf ihn wartet: Nix außer Wichs.
So weit geht die Freude am Verschlüsseln, daß das Gemeinte durch ein gegenteiliges Eigenschaftswort ergänzt wird: hoilig verloga, schö traurig, tapfer vertloffa. Sogar von einer lustigen Leich' wird gesprochen. Noch deutlicher:
»Jatz freit mi dia ganz Leich nemme.«
Sarkastisch wird die Polarität der Bilder in:
»Deam schaut Gott's Erbarma aus de Auga, wia ama Metzgerhund« oder
»Charmant hangt dr Vattr am Galga.«
Ein Fremder, der nach der Uhrzeit fragt, wäre sicher nicht erfreut, zu hören:
»So spät wia gestrig um dia Zeit.« Unter Bekannten aber macht man gern einen solchen Spaß. Man neckt sich und ist auch nicht um einen Trumpf verlegen:
»Wenn i di sieh, nau brauch i koi Uhr meh.«
Auf eine recht dumme Frage kann geantwortet werden:
»Freili hant d' Gäns au Wada und d' Ameisa Knia« oder noch deutlicher:
»So dumm hot mi no neamad gfrogt.«
Auch Unfreundliches wird lieber durch die Blume gesagt.
»I behaupt net, daß du dumm wärst, aber der, der di für gscheit hält, isch dumm.« Ein Blödian begreift das nicht und fühlt sich geschmeichelt.
Der Schwabe liebt diese umschreibende, indirekte Art des Ausdrucks. Oft sucht er auf verschlungenen Umwegen das Ziel. Zu einem Gentlemans Agreement ist er stets bereit.
In unausgesprochener Übereinkunft läßt man dem Gesprächspartner den Rückweg offen, sichert sich aber auch selbst den Rückzug, indem man das verbindliche »Gell« anbringt.
Es beinhaltet immer die Frage: »Isch's dir recht, bisch au wirkle ei'verschtanda?«
Durch wiederholt eingefügtes »gell« wird die Anrede verbindlich, liebens-

würdig und entgegenkommend. Störende Untertöne werden sofort erkannt.

Fast den gleichen Sinn hat die Floskel »Oder it?« Sie macht ein Gespräch auch verbindlicher, paßt aber – wie im folgenden Fall – nicht immer. Ein Dorfbewohner erzählt:

»Unser Bürg'rmeischt'r hot dia G'wohnat g'habt, hent'r jed'm Satz »Od'r it« z'saga. Er war a guat'r Ma. D' Leit hant eahn g'möcht, denn er hot's alle guat g'moint.

Wenn 'r so mit de Leit v'rhandlet haut, isch des recht g'wea ond hot eahn a jed'r umso besser v'rschtanda. Ab'r schlecht war's bloß, wenn 'r a A'sprauch halta hätt' solla. Dau hot'r emmer fichtig z'kämpfa g'hett, dia läschtige zwoi Wörtle net z'sage.

Bei ra Beerdigung isch dia ganz Red durch älles guat ganga. Ab'r em letschta Satz isch's passiert: Herr, gib ihm die ewig Ruh, od'r it!«

Nirgends findet ein Sprachkundiger so viele »hätte«, »würde«, »könnte«, »möchte« und »täte« wie in Schwaben.

»Wenn bloß alle Leit so wäret, wia se sei sottet« kann man hören oder mit besonderem Schalk: »Wenn bloß alle Leit so wäret, wia i sei sott!«

Das Interesse am Gegenteiligen, die Freude daran, sofort einen Gegenpol zu finden, gehört zur Dialektik des Schwaben. In der Familie führt das zu scherzhaft ausgetragenen Streitgesprächen. »Wenn i wissa mecht, was i beichta soll, nau prügl i mei Weib. Dia sagt m'r grad des, was i it woiß.«

Manchmal genügt es, die Umrisse aufzuzeigen statt die greifbare Wirklichkeit. Der Schwabe nennt das »Näh na schwätza« und tut das mit Vorliebe.

»I hau mei Alte zum Verrecka geara«, hot dr Bauer gsait. »Aber wenn se eiser Herrgott no liaber hot, kann er se hau.« Aus der »Freigebigkeit« des Bauern ist zu schließen, daß er nicht darf wie er möchte und nicht mag wie er dürfte. Es ist die reinste Hinterfotzigkeit.

»Je mehr mei Alte Zäh verliert, umso bissiger wird se.«

In diesen Umschreibungen, die das Gegenteil meinen, findet die Neigung zur indirekten Ausdrucksweise immer neue Variationen. Mit der Redensart »I han di zum Verrecka gern« wird ein hoher Grad von Zuneigung verraten.

»I kann di guat leida« drückt auch schon viel Sympathie aus, obwohl das Wörtchen »leiden« eigentlich etwas Negatives darstellt.

»Er isch koi u'reachter Ma« bedeutet hohes Lob für einen rechtschaffenen Zeitgenossen.

»Ma ka's essa, s'isch it schlecht« stellt einer Köchin ein vorzügliches Zeugnis aus.

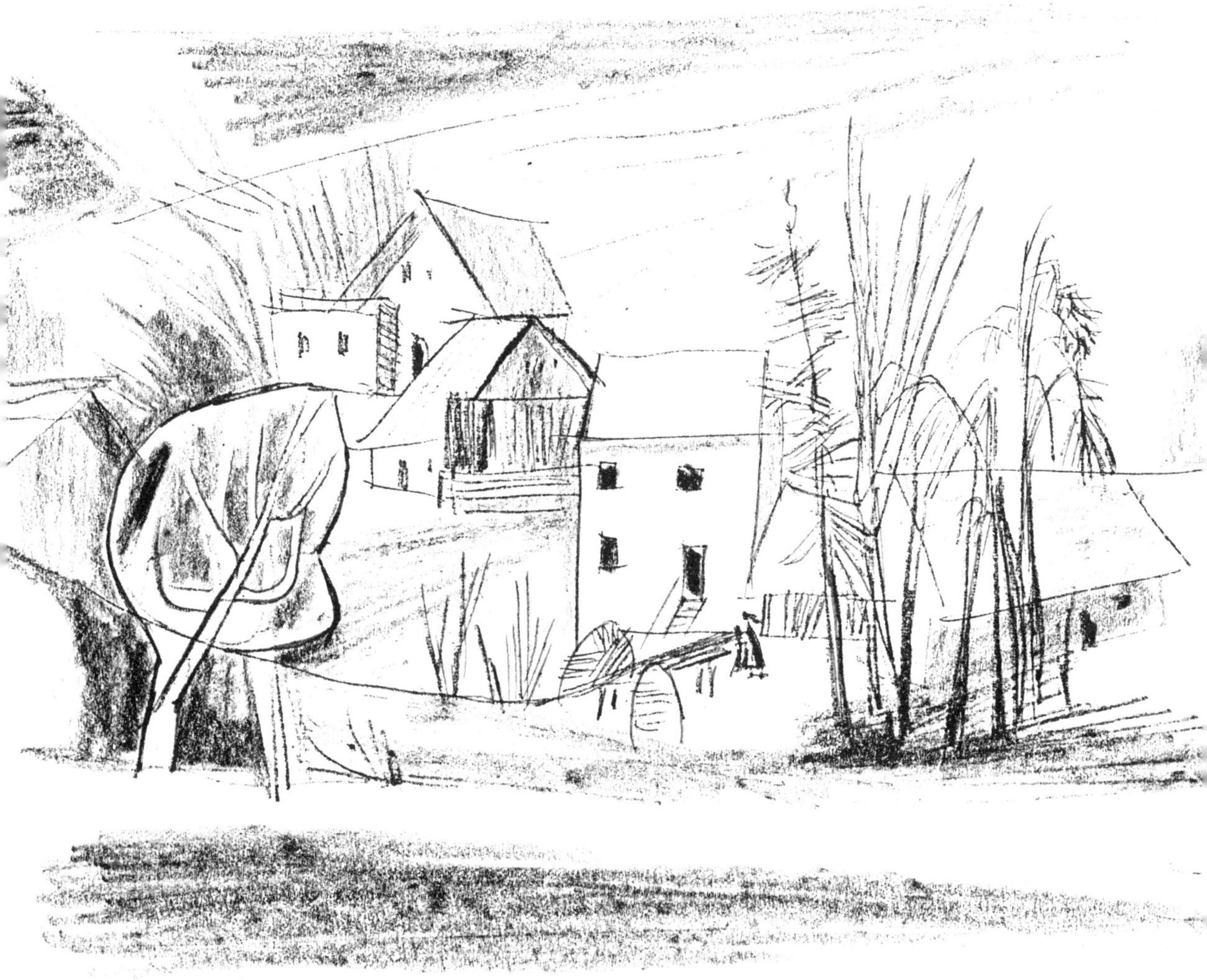

»It u'geara« heißt beim vorsichtigen Schwaben »mit besonderer Vorliebe«. Er stapelt gern ein bißchen tief:

»A saubere Wirtschaft isch des dau drin, hot dr Bandwurm g'sait, wia ma eahn a'triebe hot.«

So kann auch zwischen einem »sauberen Weibsbild« und einem sauberen Weibsbild ein himmelweiter Unterschied bestehen. Betonung oder Satz-Zusammenhang machen jedoch sofort klar, ob die Bezeichnung anerkennend oder ablehnend gemeinst ist.

Ein Kirchenlicht war früher, verglichen mit den müden Funzeln in den Wohnungen der Söldner, schon von besonderer Leuchtkraft. Wenn einer »bigott koi Kirchaliacht isch«, dann weiß der Eingeweihte, daß dieser nicht der hellste ist.

Und wie der beschaffen ist, »den unser Herrgott – der ja koi U'ma sei soll – im Zoara erschaffe häb«, kann man sich ja vorstellen.

Dieses zweipolige Denken ist von schwäbischen Wesen nicht zu trennen.

»Deam han i's Laufa zeigt, hat dr Jäger g'sagt, deam dr Has v'rtrunna isch.«

Solche Redensarten würzen das Gespräch und gehören zum alltäglichen Humor.

Vor allem hüte man sich, einen Schwaben zu verletzen, ihn zu »verschmoacha«, denn da kommt die ganze Wucht der Gefühle in Bewegung, wenn nicht gar zum Ausbruch.

Ein alter Spruch charakterisiert einen zornigen Menschen so: »Der hot a Wuat, als wenn er mit am Fiedle a Nuß aufknacka tät.« Die Tendenz geht nach innen. Wer nicht ein aufmerksamer Beobachter ist, merkt nichts davon.

»I tät scho moina« – nicht »meine Meinung ist« – sagt der Schwabe. Das klingt, als ob er sich entschuldigen würde, eine eigene Meinung zu haben. In Wirklichkeit tut er gerade mit dieser Floskel eine sehr nachdrückliche Meinung kund, zum Beispiel, wenn die Bäuerin zu ihrer Tochter sagt:

»Du kasch doch zu deim Nauchbaure naganga. Ma tät scho moina!«

»Wia wärs, wenn halt au a weng helfa tätscht« klingt schwäbischem Gemüt weit gemäßer und im Grunde verpflichtender als eine direkte Bitte oder gar ein Befehl.

Deswegen ist »preußischer Pfiff« dem Schwaben verhaßt. Er mag sich nicht »herumkuranzen« lassen. Mit Leuten, die das nicht beachten, kann es zu »Mißverständnissen« kommen.

Der Kienle Ferl war wieder einmal betrunken und hatte dadurch einen unsicheren Gang. Bei einem nicht beherrschbaren, leisen Schwanken stieß er einen Preußen an, der zackig seines Weges ging. Dieser drehte sich um und

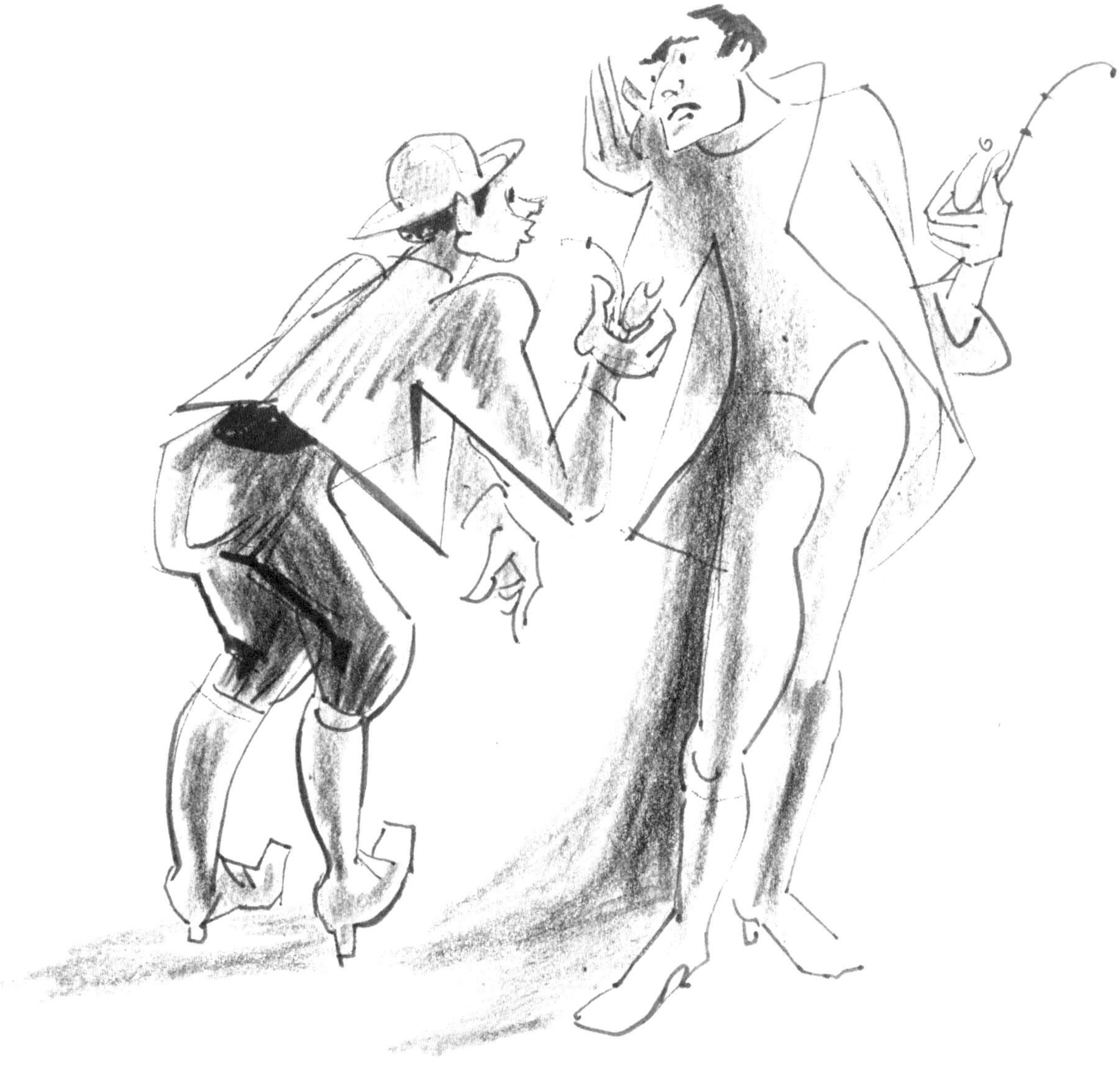

wies den unvorsichtigen Fußgänger zurecht: »Sie Lümmel, können Sie nicht besser aufpassen!« »I han Se gar net g'seha« entschuldigte sich der Ferl. Nun war auch seine »Fahne« zu spüren. »Einen Rausch hat dieser Lümmel auch noch!« fügte der Angerempelte ergrimmt hinzu.
Seelenruhig erwiderte der Ferl:
»Daß i an Rausch han, des vergot. Abr daß du a Preiß bisch, des bleibt!«
Die arme Babel, die für ihren versoffenen Mann und fünf Kinder das nötige Geld mit Waldarbeit »in der Kultur« verdienen muß, hat sich gegen unerwünschte Bevormundung zu wehren. Taglohnarbeit ist hart. Der Rücken tut weh. So wird nicht jedes Beatzle, jeder Wellabüschl, ganz sauber und akkurat. Der Forstvorsteher weist sie darauf hin. Die Babel antwortet ruhig:
»Ja, Enderle, dr nächscht weard anderscht!«
Aus tiefer Lebenseinsicht verspricht sie nicht, daß der nächste besser wird. Sie weiß, in der Welt ändert sich alles, aber nicht unbedingt zum Besseren.
Vier Redensarten sind typisch für die bildhafte Umschreibung:
»Wenn i di wär', tät i jetzt«,
»Wenn i kutt, würd' i«,
»Möchta tät mancher – aber könna?« oder
»D'r Wenn und d'r Hätt hot no nia was g'hett!«
»Mancher scheint feischt und isch bloß g'schwolla«, liegt gleichfalls auf der Ebene dieser bildhaft umschreibenden Redewendungen, denn man glaubt nur, was leicht zu beweisen ist.
Allem anderen gegenüber waltet ein Urmißtrauen, das auf dem Land noch größer ist als in der Stadt. Die zugeknöpfte Verschlossenheit der Landbewohner entsprang einer gewissen Vorsicht, die sich den Fremden vom Leib halten wollte, ohne ihn zu beleidigen: »Ma derf d'Leit it wegwerfe, bloß wegloine.«
Ein bißchen Hinterfotzigkeit ist auch dabei, denn der Fremde kennt sich ohne feineres Gespür für die schwäbische Art nicht aus.
Andererseits bezweckt die Vorsicht auch, niemanden anzurempeln und nicht in fremde Kreise hineinzugeraten.
So geht hauptsächlich der Bauer mit Unbekannten auf diese etwas abrückende Weise um. Kontaktfreude kann man dem Schwaben nur bedingt bescheinigen. Bis er mit Fremden wirklich warm wird, dauert es meist sehr lange. Die Begegnung beschränkt sich lange auf ein vorsichtiges Beobachten, bis der Bauer weiß, wie er dran ist. Erst dann fällt das Visier.
In den Städten ist der Umgang genauso vorsichtig abwägend, aber etwas freier und gewandter. Da muß das Gegenüber ebenfalls ein Schwabe sein, damit die Begegnung auf Grund gleicher Anschauung der Welt und einer

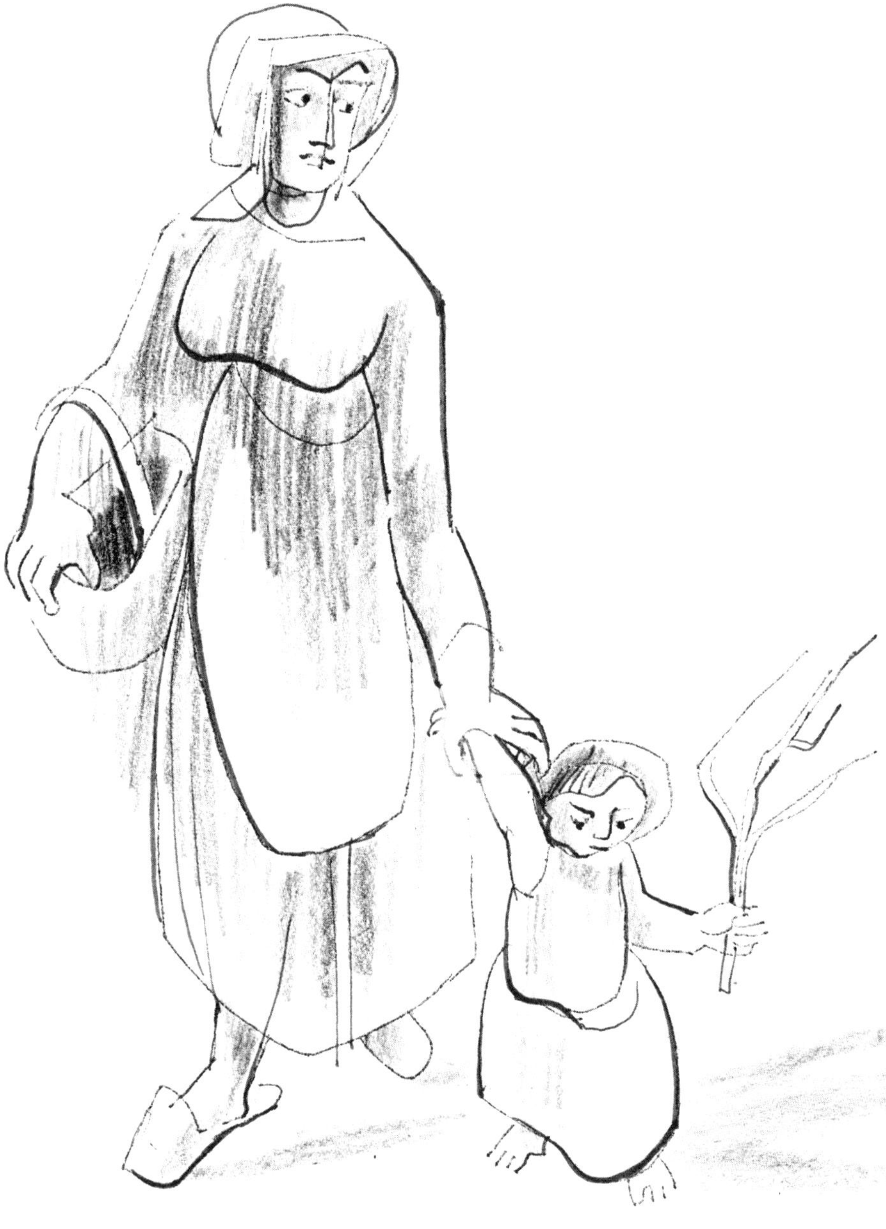

geheimen, im Blut liegenden »Mitwisserschaft« erleichtert wird. Dann allerdings kann die Freundschaft sehr innig und herzlich sein, auch mit Fremden, die den Zugang gefunden haben.

In der eigenen Familie, im Kreis der Lieben, ist der Schwabe aufgeschlossen und bringt manches zur Sprache, was er sich außerhalb dieses Rahmens »verbeißt«.

Wie stehts nun mit der Offenheit des Schwaben?

Die geschilderte Verschlossenheit, die Unfähigkeit, ein glattes Ja oder Nein über die Lippen zu bringen, das Zwiespältige, Indirekte und Umschreibende seiner Ausdrucksweise könnte ihm den Ruf eintragen, unehrlich zu sein.

Dieser Schluß wäre falsch, genau so falsch, wie wenn man Bayern und Hessen besondere Ehrlichkeit bescheinigen würde, nur weil sie aus ihrem Herzen keine Mördergrube machen und eine verblüffende Direktheit an den Tag legen. An peripherer Offenheit werden die bayerischen Schwaben auch von den württembergischen übertroffen. Wie schnell ist zum Beispiel ein Oberbayer, ein Franke oder ein Württemberger zu Rüge, Lob oder Schmeichelei bereit, während der Schwabe unseres Landstrichs sich lieber die Zunge abbeißen würde als Derartiges so direkt auszusprechen.

Selbst Lob anzunehmen, fällt ihm schwer.

»I dank für da Spott« oder »Auslacha ka i mi sell« sind Ausdruck bäuerlicher Abwehr von Schmeichelei oder Schönrederei.

»Sei doch net so wohldeanig!« ist eine oft zu hörende Mahnung, nicht liebedienerisch zu sein und niemand Dienste zu erweisen, die nicht von Herzen kommen. Der Schwabe verachtet den »Wohldeaner« als Speichellecker und Schöntuer.

Das geht sogar so weit, daß es ihm schwerfällt, die rechten Worte für eine Entschuldigung zu finden, selbst dann, wenn er über seinen Fehler selbst zutiefst betroffen ist. Die Fähigkeit, sich salopp darüber hinwegzusetzen, fehlt ihm. So bringt er sich ungewollt in den Verdacht, ein unhöflicher oder gar plumper Mensch zu sein. Untertänigkeit widerspricht dem Schwaben aufs äußerste. Er gilt nicht umsonst als autoritätsfeindlich.

Diese Eigenschaften können nicht als Falschheit gedeutet werden. Sie stellen vielmehr die Kehrseite im schwäbischen Charakter dar, die Neigung zum Versponnensein und zum Mißtrauen. Eine gewisse Behutsamkeit ist freilich im Umgang mit Schwaben geboten, denn sie sind so feinfühlig wie verletzbar.

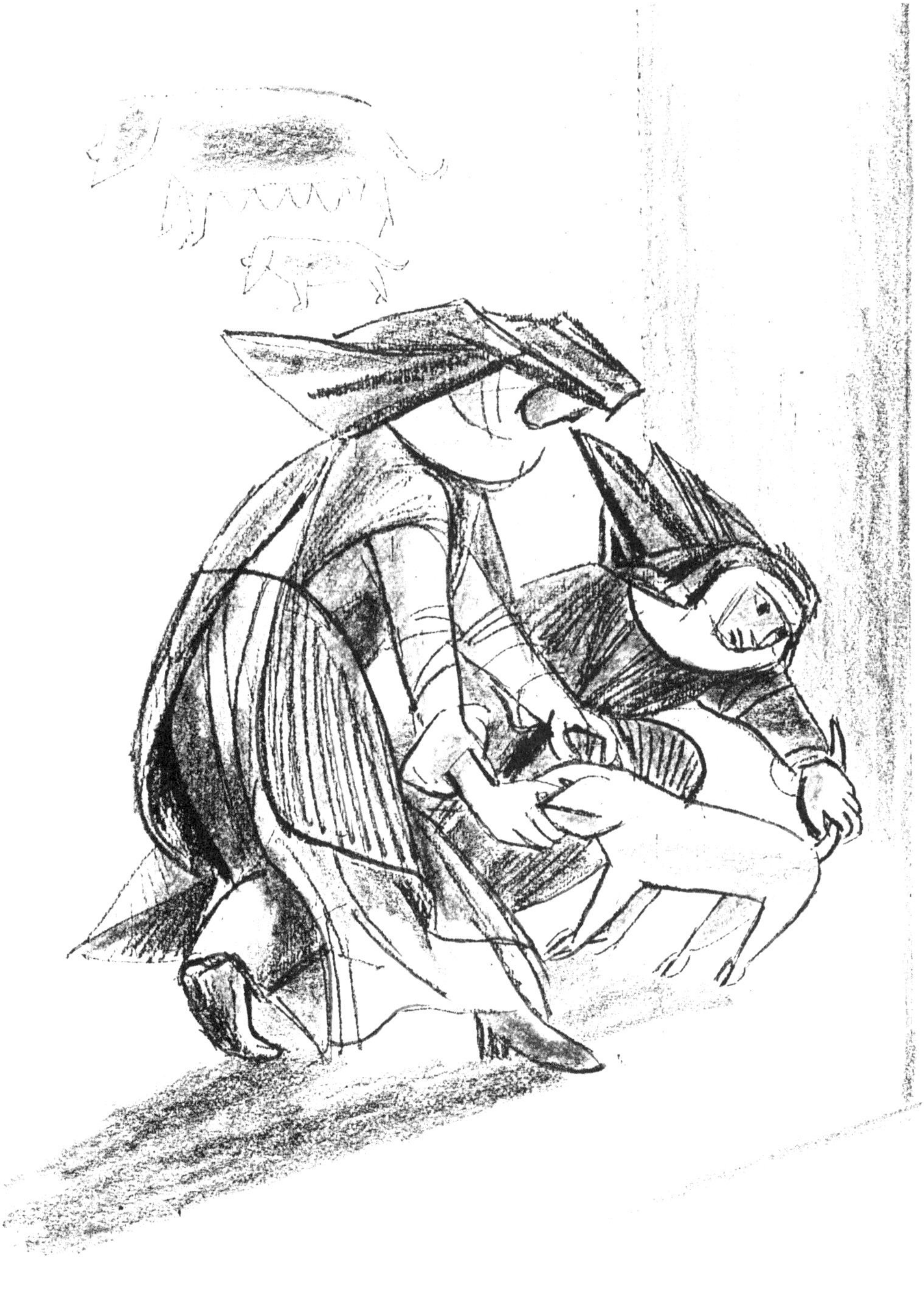

Polarität im Wesen des Schwaben

Sei net so deutlich, sei net überdeutlich!

Alles über einen Leisten zu schlagen, widerspricht schwäbischer Lebensphilosophie, die mit der Vielschichtigkeit aller Probleme rechnet. Glattes, schlußfolgerndes Denken ist nicht die Sache des Schwaben.

Er erscheint durch sein Spintisieren und Grübeln unschlüssiger und schwerfälliger als Angehörige anderer Stämme. Einem Ja muß er oft ein Nein nachschicken. Schon beim ersten Überlegen wird er sich der Gegensätze und Widersprüche eines Gedankens bewußt. Diese Zweipoligkeit bewirkt, daß sich mancher im eigenen Garn verhaspelt, wenn ihm nicht zugleich die Gabe außerordentlicher Klarheit und Genauigkeit in die Wiege gelegt wurde.

Der rheinische Publizist Joseph von Görres meint, die Schwaben hätten »Sinn für die Sache innerlich; die Fenster seien ihnen nur etwas angelaufen, daß es manchmal trüblich durchscheine.«

Darum gibt es in Schwaben so viele Menschen, die hoch über dem Durchschnitt stehen, aber auch viele, die vor lauter Bäumen den Wald nicht sehen und sich mit großer Gründlichkeit Nichtigkeiten widmen. Wenn sie nur den Durchbruch zum Eigentlichen schaffen würden!

Der aus Stuttgart stammende Literaturhistoriker Heinz Otto Burger schreibt: »Das ist eben das Charakteristikum des Schwaben, das sich in der Stammtischpolitik des Philisters wie im Werk des Genies geltend macht, daß er kein ›Entweder – Oder‹ anerkennt, daß er die Gegensätze des Denkens und Wertens empfindet – ja, das ist von entscheidender Wichtigkeit –, sogar außerordentlich stark empfindet, aber, statt nun einen von beiden zu vernichten, sie vielmehr mit einem ›Sowohl – als auch‹ oder ›Weder – noch‹ oder gar gleichzeitig auf beide Arten zu versöhnen sucht.«

Ich erinnere mich an einen Kollegen – Max Bauer –, der als hagebuachener Allgäuer diese Gegensätzlichkeit in einer gescheiten und witzigen Art zu verwirklichen wußte. Er machte sich über Menschen lustig, »die, statt ein Rückgrat zu haben, einen Stecken verschluckt hätten«.

Das Denken in Gegensätzen gab ihm eine bewundernswerte Vielseitigkeit und Lebensnähe, die zwar manchmal in derb polternden Worten zutagetrat, aber meist den Nagel auf den Kopf traf. Selten wird der Schwabe in dieser seiner ganz speziellen Eigenart verstanden. Seine Autoritätsfeindlichkeit, seine Abneigung allem Reglementieren gegenüber ist darin begründet.

Kraftausdrücke

Der Schwabe ist gesund, solange er schimpfen kann. Er hält dadurch sein Seelenleben im Gleichgewicht. Um polternde Ausdrücke ist er nie verlegen. Auf dem Land läßt daher die Derbheit des Ausdrucks nichts zu wünschen übrig. Einen kleinen Ausschnitt aus dem betreffenden Wortschatz vermittelt folgende Geschichte:
In schwäbischen Dörfern war es von jeher Brauch, den Pfarrer am Wohlergehen teilhaben zu lassen. Die Bäuerin brachte ihm »Schlachtets« im Winter, zur Herbstzeit eine fette Gans oder Ente und unter dem Jahr Butter, Eier oder was Hof und Garten gerade hergaben. Vielleicht ist dies noch eine Erinnerung an den »Zehnten«, den der Bauer im Mittelalter der geistlichen Obrigkeit zu entbieten hatte.
Auch dem Lehrer wurde diese Gunst zuteil und manchmal in so reichem Maße, daß der »Tribut« einen Ausgleich darstellte für das dürftige Gehalt des Dorfschulmeisters, der oft eine große Familie zu ernähren hatte.
In einem Bauernanwesen stand ein schöner Birnbaum neben dem bekannten Häuschen, in dessen Tür ein herzförmiger Ausschnitt die wichtigste Lichtquelle ist. Seines Standorts wegen nannten die Hausbewohner den Baum »Scheißhäuslesbierabaum«. Die Bäuerin klaubte eine Schürze voll Birnen zusammen und trug ihrem Buben auf: »Dau Büable, dia Biare dreascht zom Pfarrer na!« 's Michele war nicht faul, ging zum Pfarrhof, läutete dort und sagte: »Grüaß Gott, Herr Pfarrer! Mei Muattr schickt mi. I soll Ui dia Biara bringe. Se send vom Scheißhäuslesbiarabaum. Dia sollet'r drei Däg ohndr d' Bettschtatt lega. Nau wearens drecklind. Pfüa Gott, Herr Pfarrer!«
Michls grobe Sprüche gefielen dem Pfarrer nicht. Deshalb wandte er sich eines Tages an die Bäuerin: »Ihr Michl bedient sich einer Ausdrucksweise, die einem die Schamröte ins Gesicht treibt. Das ist doch keine Sprache für ein Kind!« Die Bäuerin schien von der Kritik nicht besonders betroffen. Sie entschuldigte sich auf ihre Art:
»I woiß gar net, wo der Herrgottssiach, der Huarabua, der elendig, dia sau-

mäßige Schprüch herhot. Bei deam kommet se raus wia d' Goißbolla aus'm Loch.«

Wenn ein nichtschwäbischer Ehepartner heimische Gepflogenheiten nicht genügend versteht, kommt es leicht zu schwerwiegenden Mißverständnissen.

Eine Schwäbin nannte ihren Mann »a saudumms Rindvieh«. Da dieser nicht wußte, daß solche Ausdrücke unter schwäbischen Eheleuten durchaus freundlich gemeint sein können, gab er um die Scheidung ein.

Aber die Frau wehrte sich dagegen.

»Wo käm ma denn dau hin, wenn ma sein oigena Ma net amaul a saudomms Rindvieh nenna könnt!«

Siedepunkt und Gefrierpunkt liegen beim bäuerlichen Schwaben anders. Schimpfworte können eine freundliche Bedeutung haben, ja sogar als Schmeichelei oder Zärtlichkeit aufgefaßt werden.

Wenn eine Mutter ihr Büblein herzt und sagt: »Du schlechts Mendle, du schlechts« oder »Mei elends Scheißerle« oder »I kennt di grad fressa, du Huarabüble, du lumpigs«, so gehört das zur Skala ihrer Zärtlichkeiten.

Zu den schwäbischen Kraftausdrücken zählt natürlich auch das Zitat des Götz von Berlichingen. Es kann auch lauten: »Steig mir da Buckl nauf und kehr rawärts ei!« In sanfter Umschreibung laden die Bauern jemand auf d' Kirchweih, bei der es verschiedene Genüsse gibt. Franz Keller hat darüber zu Ende des vergangenen Jahrhunderts ein Gedicht unter dem Titel geschrieben: »Kind'r saget d'Wauhret.«

Der Lehrer will seiner Senze durch ein Schulkind ausrichten lassen, daß er sie an Kirchweih besuchen und mit ihr zum Tanzen gehen wolle.

Kind'r saget d'Wauhret!

»Herr Lehr', i hau' 'n Grueß für Ui,
Mei' Senze thuet koi'n Brief it schreiba';
I soll nu' sa, sie sei nit schui,
Ihr sollet nu' dahointa' bleiba'.
Sie find scho' of da' Markt alloi'
Und nauch'm Markt au wied'r hoi'.«

»So hat sie g'sait? – Nu' grueß m'r s' schea'
Und saischt, nau theab i au net schreibe';
Doch an d'r Kirweih komm i mea,
Dau därf sui nit dahointa' bleiba'.
Sag nu', sie soll mi 's wissa' lau',
Ob sie mit mir zum Tanz will gau'.«

»Jawohl, Herr Lehr'! dau isch scho' recht,
Dau gat sie scho', was i v'rnomma';
Sie hat's scho' g'sait, i moi' earscht nächt,
Ihr könnet ihr of *Kirweih* komma'.«

Nu' Schuellehr sieh, iez bischt ja b'schtöllt!
Warum hasch iez denn nimma' g'wöllt?

(Keller)

Listigen Gebrauch vom Götz-Zitat machte der Pfarrer von Adelsried, der rechten Ärger in seiner Gemeinde hatte. Die Orgel war beschädigt und der

Pfarrhof so alt und unwohnlich, daß er beim Ordinariat immer wieder um Versetzung bat. Als seine Eingaben ohne Erfolg blieben, wurde er schließlich deutlicher: »Dies ist meine 23. und letzte Eingabe. Wenn Sie mich wieder nicht versetzen, dann – L. m. i. A.«

Postwendend kam ein Brief vom Bischöflichen Ordinariat mit der Aufforderung: »Erklären Sie sofort, was das heißen soll – L. m. i. A.!«

Der Pfarrer ließ sich etwas Zeit. Dann schrieb er zurück: Die Abkürzung lautet »Laßt mich in Adelsried.«

Aus der Zeit, als auch in Schwaben noch Französisch die Sprache der Gebildeten war, ist eine Verbalhornung des Götz-Zitates in die Mundart geraten: »Du kasch mi bäschemonte!« »Baiser mon cul« heißt es im Französischen.

Der Schwabe macht aus seinem Herzen nicht gern eine Mördergrube. Unbewußt ahnt er, daß Verdrängungen zu Neurosen führen. So schafft er sich unter Seinesgleichen Luft. Deswegen gilt auch das Götz-Zitat unter guten Bekannten keineswegs als Beleidigung. Es kommt dabei eben immer auf den Ton an. Manchmal kann es sogar als ausdrückliche Bekräftigung der guten Beziehung zueinander gelten.

Ein »Zuagroister« fühlte sich einmal beleidigt, weil ihm der berühmte Spruch ins Gesicht geschleudert worden war. Er erhob Klage vor Gericht. Dieses aber entschied:

Der Gruß des Götz ist keine Beleidigung, da er landauf, landab gebraucht wird,

1. um ein Gespräch anzuknüpfen,
2. um eine ins Stocken geratene Unterhaltung wieder in Fluß zu bringen,
3. um einem Gespräch eine andere Wendung zu geben,
4. um eine Unterhaltung möglichst endgültig abzubrechen.

Auch mit dem Wort »Sau« würzt der Schwabe gern seine Rede, ohne damit immer jemand kränken zu wollen. Wenn einer von sich behauptet »Mir isch's sauwohl« oder »Des g'fällt m'r saumäßig« will er nichts anderes sagen, als daß er sich ausgezeichnet fühle oder ihm eine Sache sehr gut gefalle. Auch die Worte »Siach« und »Huara« haben wechselnde Bedeutung, je nach Zusammenhang und Betonung. Sie brauchen keine Beschimpfung zu sein.

Wenn der Schwabe aber »wirklich narret wird«, schimpft und flucht, dann poltert er los:

»Wenn di nu a heiligs Kreuzdonnerwetter dur d' Sonn' und Mo dura schlug, daß dir, Gott straf mi, d' Stern am Hintera hanga bleibet!«

Vor einem so gelaunten Bauern warnte der Knecht die Leute:

»Gent bloß obacht, deam isch heit scho a Kälble verreckt!«

Schwäbisches Französisch

Im Zug saß mir einmal eine elegante, schwarzhaarige Dame gegenüber. Charm in Blick und Bewegung ließ auf eine Französin schließen.
Ich beobachte gern solche Leute.
Meine Schwester zupfte mich am Ärmel und sagte: »Schau da hin!« Dabei zeigte sie verstohlen auf den Bügel der Tasche unserer Mitfahrerin.
Dort balancierte eine große Weinbergschnecke ihr Haus über den Rand und schickte sich an, das Weite zu suchen.
Die Dame im dunklen Samtkleid lehnte zwar gedankenversunken zurück, bemerkte aber sofort unser Tuscheln – und auch die Ursache. Ruhig nahm sie aus einem Beutel ein Salatblatt, schob es sanft unter den Bauch der Schnecke und beförderte sie wieder zurück in die Tasche.
Nun glaubte sie, uns eine Erklärung schuldig zu sein und so erfuhren wir ein Stück ihrer Lebensgeschichte.
Sie war zwar eine Deutsche. Aber ihr Lebensweg hatte sie nach Frankreich geführt. Dort hatte sie in ihrer Jugend einen Franzosen kennengelernt, den sie heiratete und dem sie nach Paris folgte; so wurde Frankreich ihre zweite Heimat. Beide liebten sich sehr.
Als ihr Mann gestorben war, wollte sie zurück nach Deutschland zu ihren Angehörigen.
Am Tag ihres Abschieds putzte sie noch in der Küche Salat und fand dabei eine winzig kleine Schnecke. Plötzlich kam ihr der Gedanke, das Tierchen als ein lebendiges Andenken an Frankreich mitzunehmen. Gesagt, getan. Sie packte es in einen Beutel mit Salatblättern und nahm es mit auf die Reise.
Seitdem ist die Schnecke ihre ständige Begleiterin.
»Ich kann mich auch recht gut mit dem seltsamen Haustier unterhalten«, behauptete sie. Freilich nur auf französisch, denn deutsch verstehe sie nicht.
Ich kann die Begegnung nicht vergessen.
Eine Deutsche wird Französin und pflegt die Erinnerung an ihr Leben in Paris, indem sie eine kleine Schnecke über Jahre hinweg liebevoll betreut.
Das könnte symbolhaft sein. Wer französisches Denken und französische Eleganz in der Kunst erspürt hat, der bleibt von diesem Charm gefangen.
Schwaben war durch seine ganze Geschichte französischem Einfluß offen. Über das Elsaß hinweg strömten kulturelle Anregungen in die Nachbarländer.
Die Geschichte Süddeutschlands war in besonderem Maße mit der Geschichte Frankreichs verknüpft. Immer wieder gerieten Bayern und Schwaben in den Einflußbereich dieses Landes, wohl sehr zu ihrem Nutzen.
Schwäbische Gotik sowie die Kunst des Rokoko, die ja stärker als Barock

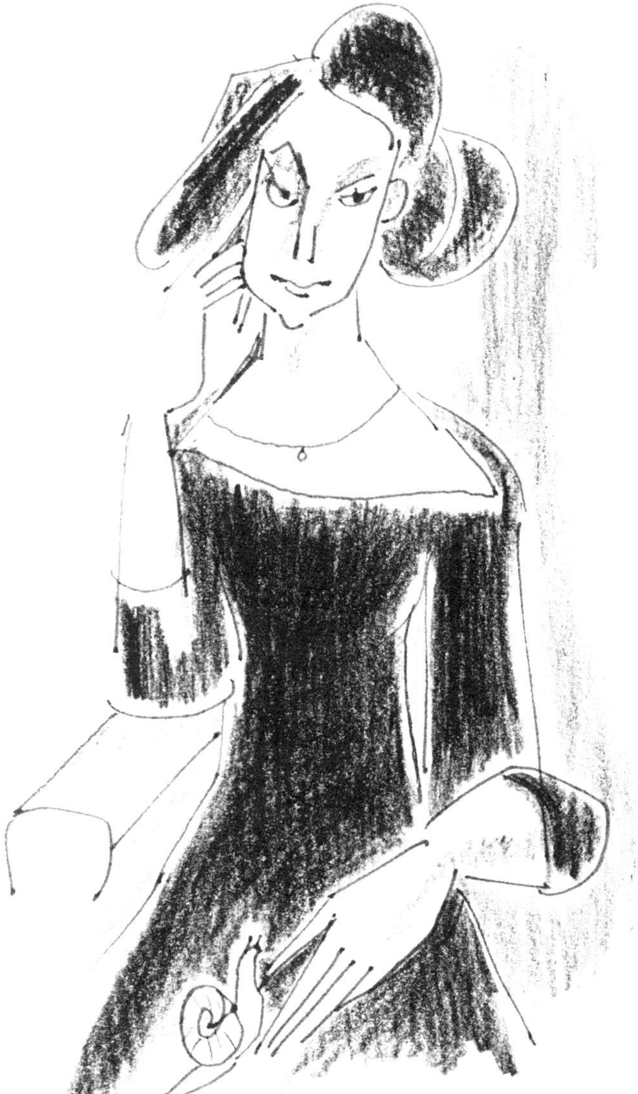

unsere öffentlichen Bauten bis zu den kleinen Dorfkirchen bestimmten, hatten etwas von französischer Eleganz zu vermitteln.

Zurück zu unserem Schnecklein.

Vielleicht war es der Nachkomme einer entflohenen Weinbergschnecke, die einmal aus unserer Gegend nach Frankreich exportiert worden ist. Das wäre nicht verwunderlich, denn das Donauland – hauptsächlich das Gebiet um Lauingen – hat französische Feinschmecker über Jahrhunderte hinweg mit falschen Austern, mit fetten, saftigen Weinbergschnecken versorgt.

Das Holzheimer Kirchenbuch von 1749 berichtet von einem Schneckenhändler Jakob Schnaid, der dort eine Schneckenzucht hatte und die Tiere exportierte. Als er an der Wassersucht verstorben war, führte die Witwe den Schneckenhandel weiter.

Heute sind es bedeutende Unternehmen, die Schnecken züchten und nach Frankreich versenden. Zum Beispiel die Firma Stein in Lauingen. Der »Lauinger Schneckenkönig« ist übrigens ein Heimatvertriebener, den es nach Lauingen verschlagen hat. Die verzückten Mienen kriegsgefangener Franzosen, wenn nur von Schnecken die Rede war, brachten ihn auf den Gedanken, sich mit Donau-Schnecken selbst ein Nachkriegsmahl zu bereiten, sie aber auch den Franzosen anzubieten.

Und siehe da – er hatte Glück und vermochte eine Marktlücke zu schließen.

Steins Schnecken-Exportfirma belieferte schon bald nach Kriegsende Frankreich. Wenn man bedenkt, daß dort schon 1875 pro Saison rund 200 Millionen Schnecken verspeist wurden, kann man sich vorstellen, in welchen Dimensionen sich der heutige Bedarf bewegt. Auch damals waren donauländische Schneckengärten um Lauingen und Ulm herum die Lieferanten.

Waggons voller Schnecken wurden in die Metropole Frankreichs geschickt. Lebhafte Phantasie mag die surreale Vorstellung eines riesigen Schneckenzuges entwickeln, bei dem die »gehörnten Hausträger« nach Westen kriechen. Schmunzelnd mag der Leser an jene schwäbische Schneckenmutter denken, die ihrem Büable die Mahnung auf den Weg mitgibt:

»Sei frei ordele und gibt recht acht, daß in d'r Kurve net ins Schleudera kommscht!«

Aber nicht nur mit Schnecken wurde Frankreich beliefert. Da die Franzosen Liebhaber von Pferdefleisch sind, entwickelte sich auch ein einträglicher Pferdehandel.

Auch Kühe und fette Hämmel wurden von unsern westlichen Nachbarn seit Jahrhunderten gerne abgenommen.

Ein Beispiel »freier Marktwirtschaft aus früherer Zeit« boten die Schäfer, die nach schwäbischem Brauche ihre Tiere zur Winterweide nach Frankreich trieben.

Im Herbst, wenn das Wetter schlechter wurde, begann die Wanderung aus dem Ries, aus der Donaugegend und dem Badischen über das Elsaß in die Wiesengründe des westlichen Frankreich, die auch im Winter grün blieben und nur selten mit Schnee bedeckt waren. Die französischen Bauern hatten nichts dagegen, denn was die Schafe fraßen, brachten sie an Dung wieder ein.

Die fetten Hammel wurden an Ort und Stelle verkauft, so daß die Schäfer mit französischem Geld ihre Einkäufe besorgen konnten. Einen schwäbischen Schäfer, den Gnugesser Wastl, verschlug es bei einer solchen Wanderung bis nach Paris. Er staunte nicht schlecht über das, was er in der großen Stadt zu sehen bekam. Wieder daheim, packte er am Stammtisch in der »Krone« zu Ulm aus: »Woischt no, Hansl, en Paris? D' Rue Rivoli rauf ond d' Rue Royal ra, agosch am Luuver vorbei und a »Fromarsch de Brie-Brötla« g'fressa!«

Ein staunender Zuhörer am Stammtisch fragt:

»Waschtl, hasch dann au gnua Franzesisch kennt?«

»Ja was moischt! Des isch ganga wia gschmiart. Oimaul bloß han i a kloina V'rlegaheit g'hett. I wollt d'r Babett, moim Gschpusi, a Fläschle Odekolonn kaufa, ab'r wia des auf Französisch hoißt, han i net g'wißt. Nau han i ihr halt als Halstüachle a groaß Fazinettle kauft!«

Außer künstlerischen und wirtschaftlichen Begegnungen gab es natürlich auch politische. Manche Redensart, die noch im Volksmund kursiert, deutet darauf hin.

»Gell mach mer bloß koine Visematentla!«, sagt eine Mutter zu ihrer flügge werdenden Tochter.

Man weiß zwar sofort, was die erregte Mama meint, aber vielleicht doch nicht, was das so schön verschwäbelte Wort »Visimatentla« eigentlich heißt und woher es kommt.

Es besagt so viel wie »Besuch mich in meinem Zelt!« Die unmißverständliche Aufforderung französischer Soldaten der Besatzungszeit hat manches schwäbische Mädle in Verlegenheit gestürzt oder gar in Bedrängnis gebracht. Davor wollten ihre Mütter sie bewahren. Mädchen, die Visimatentle machten, gehörten bereits zur halbseidenen Sorte.

Die lockeren Sitten aus Frankreich paßten nicht mit der strengen Lebensart der Schwaben zusammen und wurden instinktiv abgelehnt.

Freilich gab es auch viele Zeitgenossen, die sich in »schwäbischer Tüchtigkeit« rasch anpaßten, um aus dem Augenblick Gewinn zu schlagen. Von ihnen sagten ihre Landsleute:
»Der learnet französisch, daß er auf deutsch nemme laufa ka.«
»Poppele mit oim spiela« stammt auch aus dieser Zeit.
Poppel – die Franse – ist als französisches Lehnwort bei uns eingebürgert worden. Dabei veränderte sich jedoch der Sinn. »Poppele mit oim spiela« bedeutet, jemand zum Narren halten. Manchem biederen Deutschen wird es in der Besatzungszeit nicht erspart geblieben sein, daß er »auf den Arm genommen« wurde, wie die gleichbedeutende deutsche Redensart lautet.
Die französische Mode wurde damals von den Weibsbildern schnell übernommen, so der Pompadur – Hut (nach Pompadour), eine Art Kapott-Haube, die übrigens auch französischer Herkunft ist. In meiner Jugend waren bei den älteren Frauen im Dorf diese üppig mit Bändchen und Rüschen verzierten Hauben noch im Gebrauch und wurden zum Kirchgang getragen. Es gab eine Zeit, in der auf französische Art parfümiert und pomadisiert wurde, so daß mancher sparsame Schwabe sich lieber ein Spottverslein ausdachte als den Geldbeutel aufzuknüpfen:
»'s Hoar hot's mit Pomade g'schmiert, daß ihr gwieß koi Laus v'rfriert.«
Nach den anfänglichen Erfolgen des französischen Heeres schlug auch in Schwaben da und dort eine Welle der Begeisterung hoch, so daß einige Buben auf den Namen des Helden jener Tage getauft wurden. So liefen in schwäbischen Dörfern und Städten kleine »Napoleone« herum, etwa der Napoleon Knöpfle oder der Napoleon Häberle.
Aber allmählich ging den Schwaben doch ein Licht auf, welchen Kuhhandel der große Korse mit ihrem Ländle und ihren Leuten trieb, indem er die schöne Stadt Augsburg samt einem großen Stück Land – das heutige Ostschwaben – gegen Zusicherung guter Hilfeleistungen 1803 an Bayern verschacherte, was für die Bewohner damals äußerst schmerzlich war.
Der Seufzer eines Landpfarrers »Wir sind also bayerisch, Gott gnade uns allen« scheint die allgemeine, wenn auch nicht offen geäußerte Meinung der Bevölkerung gewesen zu sein.
»'s Maul aufmacha hätt it viel g'nutzt. Ma hätt sich's höchstens verbrennt«, sagten die Leute. Was hätten sie gegen die Übermacht des damaligen, von Napoleon unterstützten Bayern machen können? Als dann gar das schwäbische Volk im Rußland-Feldzug einen schlimmen Aderlaß erdulden mußte, war es auch bei den oberflächlichsten Gemütern mit der Napoleon-Begeisterung vorbei. Sie wich einer starken Resignation.

Kinderverse erinnern noch an diese Zeit. So schreckt man im Allgäu allzu mutwillige Buben heute noch mit dem Spruch:

> Männdle, Männdle, warte –
> 's kommt d'r Bonaparte,
> daß ar wieder hola ka,
> was dia Preißa g'schtohla hond.

Aus genauer geschichtlicher Kenntnis ist der Spruch freilich nicht erwachsen. Aber in Süddeutschland lädt man einen Ärger gern auf den nördlichen Nachbarn ab: »Da Sack schlät ma und da Esel moint ma.«
Die Kunde vom entrechteten Napoleon hat sich auch in einem schwäbischen Kindervers niedergeschlagen:

> Bonapart isch nemme stolz,
> handlet jetz mit Schwefelholz,
> lautet 's Dörfle nauf und na,
> wer kauft m'r Schwefelhölzle a?

Wenn auch die Schwaben wußten:

> Strenge Hearre regieret it lang
> und
> Zwei härte Stoi mahlat selta fei,

so war ihre eigene Sache doch »verspielt« und sie versuchten, aus der neuen Situation, die sich gar nicht gut anließ, das beste zu machen.
Das Lästigste an der Einverleibung durch Bayern war sicher nicht die stammesartige Verschiedenheit, obwohl diese im Lauf der Geschichte immer wieder zu Spannungen und Auseinandersetzungen zwischen den beiden Nachbarn geführt hat. Für konservative Geister war mit der Annektion der Widerwille gegen böse Zeiterscheinungen verknüpft: gegen kriegerische Manipulationen, Requisitionen, Unterdrückungen, gegen Raub und Zerstörung. Machtlos fühlten sich die Schwaben auch gegen die Säkularisation und gegen den französisch-revolutionär-aufklärerischen Zeitgeist, wie er sich in der Aufhebung der Klöster und in der Verstaatlichung von privatem Grundbesitz äußerte.
Von diesem politischen Exkurs, der den Grund tieferliegender Ressentiments

verständlich machen soll, nun zu einem heiteren Kapitel. Aber auch dieses ist mit den Wirrnissen der damaligen Zeit eng verknüpft.

Als die Franzosen im Jahr 1796 ins Allgäu kamen, machten sich die Knottenrieder weniger Sorgen als die Leute in anderen Dörfern, wußten sie in ihren Reihen doch ein Weiblein, das sich viel auf seine Französisch-Kenntnisse zugutehielt und den erwünschten Kontakt herstellen konnte.

Aber weit gefehlt. Die Verkünder von Freiheit, Gleichheit und Brüderlichkeit hausten bös in Knottenried. Sie schossen die Hühner zusammen, zerrten die Ferkel aus dem Stall und requirierten die bis an den Rand gefüllten Schmalzhäfen. Vergebens meldete sich das Weible, um dem Treiben Einhalt zu gebieten.

Ja sie mußte sogar selber Schläge einstecken, obwohl sie die Soldaten nach ihrer Meinung gar höflich ansprach: Grüaß di Gott, filou!« Aber damit kam sie schlecht an. Sie wurde von den Soldaten grob »verbluit«.

So blieb ihr das Hochgefühl mutigen Einsatzes. Wenn die Sprache darauf kam, sagte das Knottenrieder Weible:

»'s isch bloß guat, wenn man Spraucha ka. Glaubet mir, i wär suscht nimme am Leabe.«

Da sich die Begegnung mit den Franzosen im Strom der Soldaten und Emigranten über viele Jahrzehnte erstreckte, haben sich in der schwäbischen Mundart viele französische Ausdrücke wie Flöhe in einem Pelz festgesetzt. Sie wurden inzwischen der Dialektfärbung so angeglichen, daß sie kaum noch als Fremdworte empfunden werden. Die Ähnlichkeiten der nasalen Aussprache erleichterten dies.

Bei vielen solcher Worte ist deshalb die Herkunft schon stark verwischt, wie etwa bei »partuh«.

»Der will partuh mit en d' Stadt fahra«, hörte ich eine Bäuerin sagen.

»Kloi, aber oho« ist zum Beispiel eine dieser Redensarten. Oho kommt von dem französischen »en haut« und bedeutet »obenauf«.

»Jatz hot er wieder Geld, jatz goths oho«, bedeutet etwa das gleiche. Eine »Ragall« (racaille) ist ein böses Weib. Wenn sie einen ganz »schaluh« (jaloux) macht, dann ist man durcheinander, aufgeregt und außer Fassung.

Ein »Waschlavor« ist auf französisch ein Lavoir, ein Waschbecken. Den »schick i schasse« heißt nicht, daß ich jemand auf die Gasse jage. »Schasse« kommt vielmehr von jasser, fortjagen.

Aus meiner Kindheit weiß ich noch, daß die Kühe am Wagen mit dem Zuruf »Hüh« oder »Agosch« dirigiert wurden.

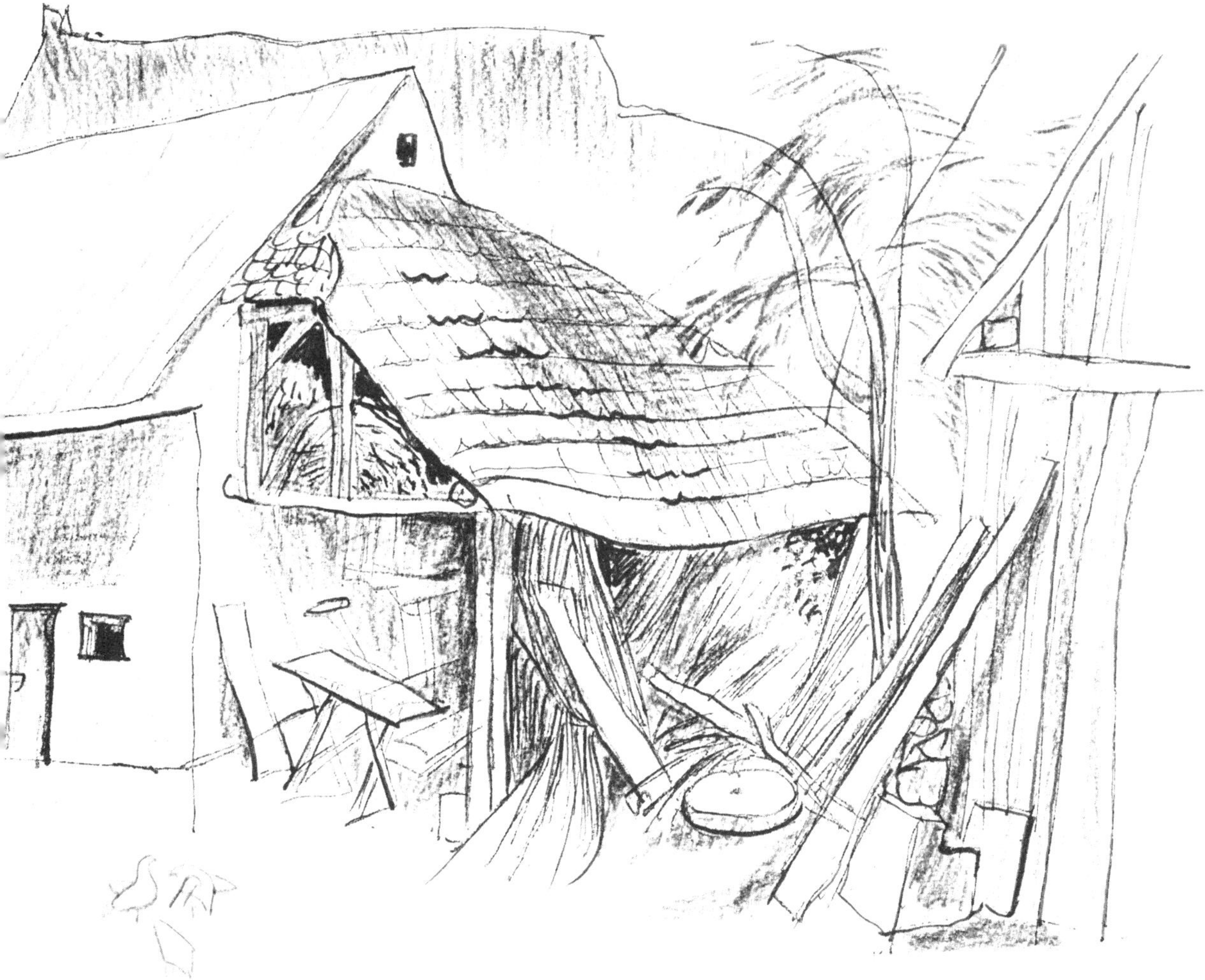

Folgender Text macht deutlich, wieviel französisches Sprachgut die Schwaben in ihre Mundart übernommen haben:

Dia Bagasch, dia am Trottoar rumstravanzt, hot drhoi koi Blafoh überm Grind, erscht recht net em Suttareh a Scheßloh, a Kanapee odr a Kommod. Dia flanieren zum Pläsier en d'r Stadt umanand, pussieren, alterieren und protestieren, ohne daß se se schenieren. D' Gaudi isch's, was se interessiert. Passiert was, so ressonierans, was s' Zeug hält. Abr 's Fazinettle voll Odekolonn und d' Visasch mit Rusch a'gschmiert, des paßt zamm! Daß se net em Neglische aufmarschieran und plärran, dauzua ham se doch net gnua Kuraschi. Se send scho rechte Kanaillien und wollen partuh provoziera und irritiera. Ma muaß eahne Mores leahre, sonscht äschtimierens oin net. Wenn's grad pressiert, gangens zura Visit odr zum Radewu, abr scho so adrett, daß dia wiaschte Scheesa nemma kennscht, schlenzens Parablui ond's Fazinettle und schluzens Bombole. Ihre Gschpusi ziagen d' Moneta aus'm Portmonnä ond dont splendit. Schenant send se net.

Da können also unsere westlichen Nachbarn, wenn sie uns besuchen, noch manche Reste ihrer Muttersprache entdecken.
Bei einem fürchterlichen Platzregen flüchtete sich ein Franzose in einen schwäbischen Bauernhof am Waldrand. Tropfnaß stand er vor der alten Bäuerin und versuchte ihr mit pantomimischer Akrobatik klarzumachen, daß er dringend einen Regenschirm brauche, um trocken heimzukommen.
Endlich begriff die Bäuerin und sagte:
»A Paraplui will'r, jatz verstand i's, a Paraplui.«
Einfacher wär's also auch gegangen.
Für feinere Ohren ist dieses schwäbische Französisch ein Greuel. Das verbindende Element sind die vielen Nasallaute. Nur am Wortstamm kann man noch erkennen, was deutsch ist und was aus dem Französischen kommt.
Ein schwäbisches Original, der Geiblinger Franz aus Höchstädt, war einmal in Paris und verspürte einen »G'luscht« auf ein saftiges Käsebrot. Ein Delikatessengeschäft stellte viele Käsesorten verlockend zur Schau. Schon stand er vor dem Ladentisch und rang nach den passenden Worten, die ihm auf französisch nicht in ausreichendem Maße zur Verfügung standen. Da er nicht verstanden wurde, machte er seinem Ärger mit dem Götz-Zitat Luft. Der Erfolg war durchschlagend. »Fromage, fromage!« rief die Verkäuferin und brachte das Gewünschte.

Feinsinnigkeit und Gespür

Daß das Leise, »Heimliche« geliebt, das Laute, Überdeutliche aber gemieden wird, gehört zu jener Feinsinnigkeit, die nun einmal als eine der schönsten Gaben das Gemüt des Schwaben auszeichnet.

Es ist die ins Heitere, Beschwingte abgewandelte Hintersinnigkeit und ein feiner Humor, die den echten Schwaben begleiten. Ich meine fast, daß die Schwaben daran zu erkennen sind. »A verschütt's Wassr isch numma guet aufheba«, sagen sie. Was liegt doch alles in diesem bildhaften Vergleich an sinnierischem Beobachten der Natur und schlichter Lebensphilosophie! Selbst Unscheinbares gewinnt durch solche Betrachtung Gewicht.

Nur ein Dichter kann einem Äpfele nachsinnieren, wie es Hermann Sandtner in seinem Gedicht »Äpfele, Bäpfele« tut.

> Äpfcle, Bäpfele, hupf übers Stäpfele,
> Hupf in a Schtauda nei,
> Wer wead dau dinna sei?
> Hupft nau aufs Weagle naus,
> Wia sieht des Äpfele
> So drecket aus!
> Ka's nimma essa,
> Dös tuat mir leid.
> Hätt' i doch 's Äpfele
> Net vo mer keit!

In feiner Sensibilität weist sich der Rieser Bauer Michel Eberhardt aus. Mit einfachen Worten schildert er einen kurzen, lastenden Wintertag. Wer kennt es nicht, das müde Kindergesicht unterm Zipfelmützchen? »Trüber Wintermorgen« überschreibt Eberhardt seine Verse.

> Jatz Buale, komm, stand langsam auf
> Ond mach di auf da Weg, i tua dr
> Heit glei dei Zipfelkäpple nauf.
> Heit brauchscht nix toa, wia hoile losa,
> Däscht richte lahm ond triebe sei,
> Sinniera, vür di anedosa,
> Auf meahner loscht di gar net ei'.
> Dei Zipfelkäpple roicht, i gitter
> Koin bloa Mantel heit drzua.
> En etla Stendla hol de widder,
> Noch hoscht de zoigt, ond des ischt gnua.

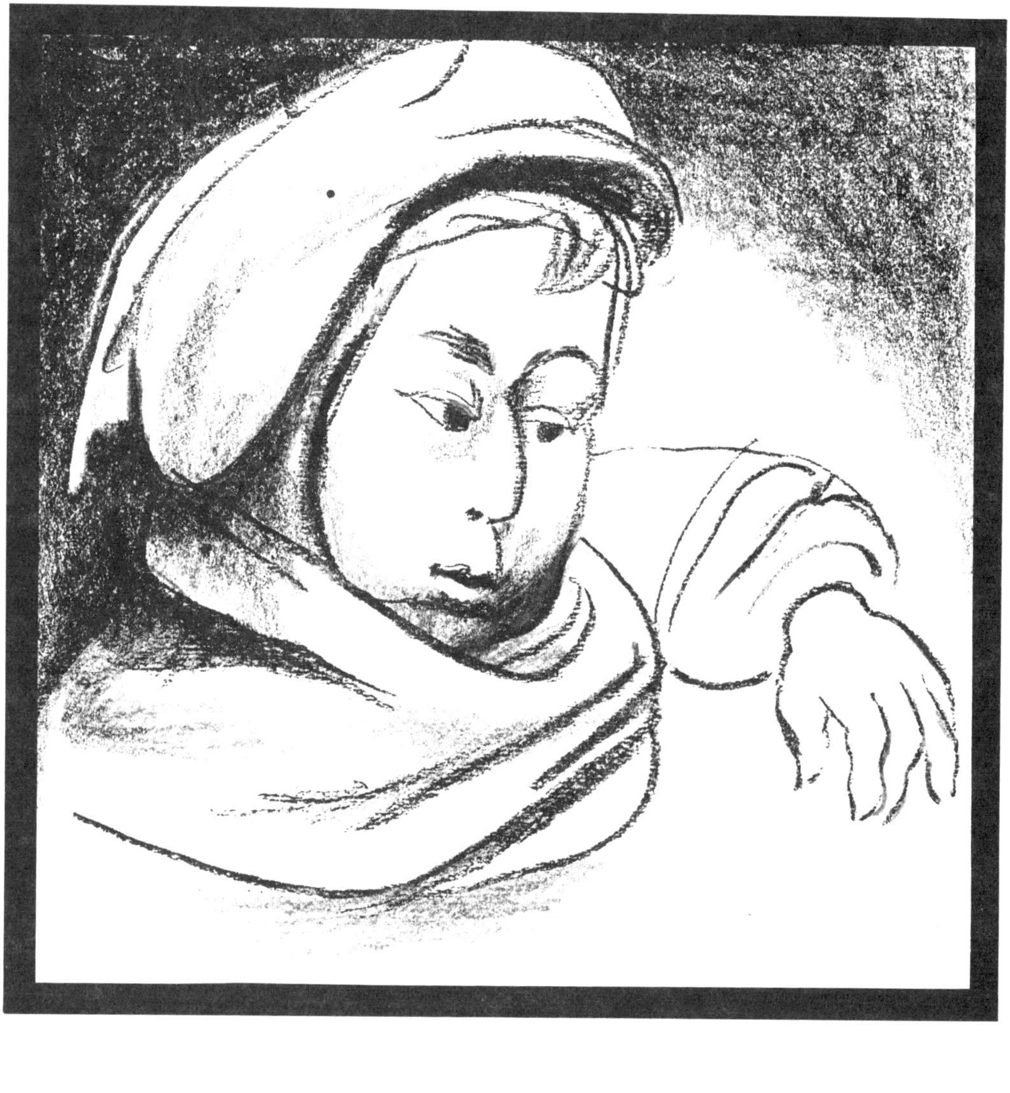

Bei Joseph Bernhart, dem 1881 in Ursberg geborenen Schriftsteller und Theologen, ist die Neigung zur Mystik auch in hintergründigen Versen spürbar: »Seel, da bsinn di!«

>Zwischa Felsawänd und Tanna
>Schtand i hoili, ganz alloi.
>Aus d'r Schlucht, aus Hergotts Kanna
>Schiaßt a Bächla übern Schtoi –
>Schiaßt im Zoara, lärmat mächtig
>Ond in oim fut in da See.
>Aber dear leit still und prächteg,
>Und dr Himml isch ganz näh.
>Ohna Schnaufer schtand und spinn i
>Nawärts in dös Wasserg'schpiel:
>Ruah und U'ruah – Seel, da bsinn di –
>Hat oin Herra, hat oi Ziel.

Tiefe Religiosität und zarte Empfindung sind auch der Grundklang des Rieser Schriftstellers Michael Karl Wild:

> Guck, ds Korafeld braucht o sei Schtirm
> Ond tät nur d' Sonn drauf scheina,
> O liaber Gott, gäb' des an Schnied!
> An Ährat wurd's zum Greina!

Ob Töne aus dem vorigen Jahrhundert oder aus der Minnesängerzeit aufklingen, immer ist ihre Grundnote feine Sensibilität. So wenn Ulrich von Türheim an der Wende vom 12. zum 13. Jahrhundert singt:

> Dar nach kam des meyen zit
> do gar diu welt in vraeuden lit
> und diu heide in maniger blüete.
> ez ringet swaer gemüete
> so die vil süeze nahtegal
> singet ir vil süezen shal
> in maniger hande wise.

Tiefenschichten des Empfindens rührt auch der Augsburger Dichter Bert Brecht an:

> Ich sitze am Straßenrand,
> der Fahrer wechselt das Rad.
> Ich bin nicht gern, wo ich herkomme.
> Ich bin nicht gern, wo ich hinfahre.
> Warum sehe ich den Radwechsel mit Ungeduld?

Vielleicht ist in Versen leichter als in Alltagsworten über Dinge zu reden, die von besonderer Bedeutung sind. So findet sich in Gedichten von Schwaben manches Geständnis, was ihnen sonst nie über die Lippen ginge. Schwäbische Zurückhaltung darf nicht als Gefühlsarmut ausgelegt werden. Welcher Vulkan sich in Reimen entladen kann, beweist Michel Eberhardts Gedicht »Mädchen in Erschütterung«.

Was i to hab, wuahlt jatz durch mei Wesa,
Anderscht ben i wora seit heit Nacht.
Ja, i woiß, i ben ehm z' Willa gwesa,
's isch mr recht gwest, was er mit mr gmacht.

Tagt mei nuie Welt? I ka's net saga.
Überfällt oin des mit sora Gwalt?
I woiß nor: Wia's heit Nacht zwölfa gschlaga,
Ischt mei alta Welt drmit vrhallt.

Fremd isch alles. En meir Seel a Toba,
Recht ond O'recht rasat wia om d' Wett –
Noi, i trau m'r net en Spiagel gschoba,
Denn i woiß net, ben i's oder net.

Als Hyazinth Wäckerle viel zu früh seine über alles geliebte Lebensgefährtin verlor, fand sein Schmerz keine Grenzen. Nur der Tod konnte noch Erlösung bringen. Einem Schwälbele vertraute er seine Seelenqual an:

Schwälbele, Schwälbele witt, witt, witt,
Vögele nimm mi' au no mit!
i hab 's Bleiba nimma dau,
Därf keck furt und weiter gau –
's ist mei Schätzle gstorba.

Schwälbele, Schwälbele, witt, witt, witt,
Wie weh dös tuet, dös woißt du it!
Du woißt es it, wie arg dös brennt, –
's ist ärger als i saga könnt,
I moi grad, 's Herz mueß brecha!

Schwälbele, Schwälbele, witt, witt, witt,
Jetzt hätt i no a letzta Bitt:
Wenn d' wieder kommst, ist's Stüble leer
O suech mi hoim! Es ist it schwer –
Mei Gräble ka'st ja finda!

Aus der gleichen Tiefe schwäbischer Nachdenklichkeit kommt auch das Gedicht »Tauwetter« des Bauern Alois Sailer aus Lauterbach. Er repräsentiert die jüngere Dichtergeneration.

> Im dunklen Gezweig
> brummt der Wind
> und schleckt
> den Schnee
> von den Ästen.
>
> Über den Höfen
> trauern die Wolken
> in grauen Fahnen
> dahin.

Nur die Wäsche
freut sich im Wind
und winkt
an der Leine
den Wolken.

Gebrochen drängt sich
am Boden der Schnee.

Und von den Dächern
tropft in
langweiligen Ketten
der Winter.

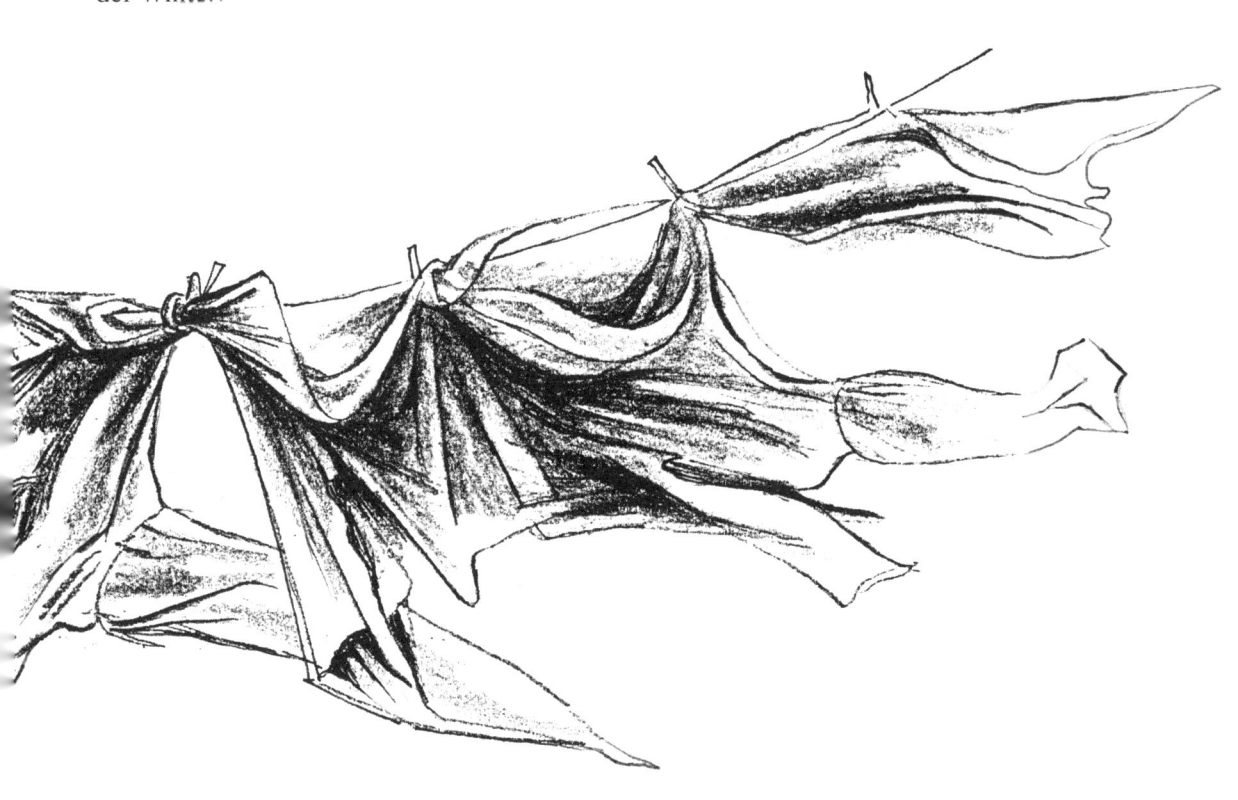

Dieses Gespür für die *Stimmung* der Natur *liegt* im Wesen des ostschwäbischen Menschen. Es stammt aus genauem Hinhorchen und aus einer inneren Helligkeit.

Vielleicht gibt es deshalb in Schwaben so viele Dichter. Ihre Zahl war schon zur Zeit der Minnesänger groß und hat sich immer wieder erneuert bis in unsere Zeit. Wie die religiöse Begabung so ist auch das dichterische Erbe Teil des schwäbischen Menschen.

Wer dem Volk auf den Mund schaut, kann diese Begabung nicht übersehen. Schwäbische Volksweisheit ist anschaulich und bilderreich. Sie spielt gern mit Worten, um den Sinn zu erhellen.

Ein Beispiel:

»Gestrig aubad han i g'seha, wia dia Baura d' Wiesa mähan, rum und num und in der Längs, wia dia alte Bauratänz.«

Sehr kraftvoll können diese Bilder sein:

»A Grantiger bruttlet wia a siadieger Grundbierahafa.«

Der Volksmund hält immer eine passende Lebensregel bereit, zum Beispiel »'s verdirbt koi U'kraut, 's kommt wiedr a Reagele drauf« oder »Dia stille Wasser gründet tiaf, dia seichte heart ma rauscha.«

Nur aus Schwaben kann folgender Spruch sein: »'s isch neama do als i, sait des Kind, und i schlof no.«

Feinsinnigkeit verklärt auch die Kunst Schwabens. Strigel, Holbein, Schaffner und Multscher – um nur einige zu nennen – geben sich dadurch als Schwaben zu erkennen.

Schwäbischer Humor

Bayerischer Humor ist anders als der schwäbische. Wer aus Gesichtern zu lesen versteht, bemerkt dies zum Beispiel, wenn der Augsburger Faschingszug am Perlach vorbeizieht. Die Mienen der Einheimischen sind todernst, interessiert, neugierig-kritisch. Aus diesen »Masken« ringt sich höchstens ein kurzer »Pflätterer« heraus. Aber das innere Visier bleibt verschlossen, als sei es verboten, im Fasching zu lachen. Dieser Frostigkeit wegen kann der Faschingszug in Augsburg nie ein voller Erfolg und Höhepunkt werden.

»Lach am Lech« ist erst ein Erfolg geworden, seit es in Augsburg mehr Fremde als Einheimische gibt.

Wälzt sich der Faschingszug an der Theatinerkirche in München vorbei, so ist ein einziges Lachen und Schreien zu hören. Die Münchner tun mit, fast so wie die Mainzer. Sie schlüpfen in ihre Faschingsrolle und spielen sie meisterhaft.

Ein bayerischer Lehrer, der auch in der Öffentlichkeit gern einen Spaß machte, hatte zur Gaudi seiner Landsleute ein kleines »Theater« mit einem Busfahrer inszeniert. Die Szene wurde auch von den schwäbischen Kollegen und Kolleginnen schmunzelnd zur Kenntnis genommen.

Der Fahrgast redete also eindringlich auf den Busfahrer ein, ihm sein »Billiettl« doch billiger zu geben. Als geplagter Familienvater von drei großen Töchtern vermöge er sonst die Fahrt kaum zu zahlen. Dabei zeigte er auf drei resche Dirndln, die hinten im Bus saßen. Der Fahrer begriff den Scherz sofort: »Jo, wos mengans dann zoin?« Lachend strich er aber die ganze Summe ein.

»Vota, wuischt wos pumpt ham? Mir leichen der scho a Fufzgerl«, kicherten die bayerischen Dirndln aus ihrer Ecke. Und so ging es weiter in einem äußerst vergnügten Hin und Her. Das »Theater« war komplett. Als die bayerischen Damen aussteigen mußten, winkten sie ihrem »Vater« zu: »Servus, Votr, pfia di God!«

So offenherzige Heiterkeit gibt es in Schwaben nicht. Auf viele Schwaben paßt:

»Der lacht nu äll Johr oimaul, und dau goht'r aufs Korahaus nauf, daß eahn koi Mensch siecht.«

So ein Schwabe meint gewiß: »Ma muaß oft d' Leut lache lau!«

Keiner soll von ihm sagen, er lache »wia dr Narr im Gätter«.

»Am Lacha kennt ma nämli d' Narra und an de Fedra da Vogl.«

»Wer alleweil lacht, isch a Spitzbue« meint schwäbische Volksweisheit und von einem, der nicht einmal weiß, warum er lacht, sagt sie treffend: »Der lacht d'r Spur nauch.«

So benimmt sich der Schwabe gesetzt und östlicher Weisheit folgend: »D'r Narr lacht, d'r Weise lächelt.«

Therapeutische Einsicht scheint in dem Satz verborgen zu sein:

»Du lachscht ebbes U'glachts, daß's mit am G'lachta fortkommt.«

Manchmal treibt der Schwabe den Scherz bis ins völlig Sinnwidrige: »Gelt, dau muascht lache, 's Weib isch g'storba und 's Kind isch zum Sterba krank.«

Im Volksmund trifft den Lacher auch regelmäßig die Strafe:

»A lachende Braut geit a woinends Weib« oder »Dia frühe Vögl frißt d' Katz.«

Muß der Schwabe mit seinen zusammengekniffenen Lippen nicht als humorloser Patron erscheinen? Als Leimsieder, Mießmacher?

Sebastian Sailer hat den sauertöpfischen Krittler so gezeichnet:

> Wer Gsichter macht, sauer wia Essig
> ond wäret diea G'schpäß
> noh so g'schpässig,
> wean guatmüatigs Lache
> bloß traurig ka mache,
> dersell ischt e trauriger G'sell.
> Ma ka doch et älleweil flenna,
> ma muaß doch au luschtig sei könna.
> I seng wia mr's z'muat ischt,
> obs schleacht odr guat ischt,
> ond d' Krittler, dia könnet mi äll ...
> Hinc quaedam cantabo,
> nec multum curabo,
> si rodat me criticus dens.

Wer den Schwaben aber genau kennt, weiß es anders. Sobald er unter Seinesgleichen ist, etwa in der eigenen Familie, kann er fröhlich sein und herzhaft lachen, was er in Anwesenheit Fremder nicht gern tut. Da kommt es höchstens zu einem Feixen oder versteckten Schmunzeln.

Der Schwabe ist »hoimle« lustig, »hehlinga« heiter und fröhlich, aber so verkappt wie dauerhaft. Da es selten laute Ausbrüche gibt, ist diese Heiterkeit sozusagen ein Unterton des Lebens, eine Stimmung, ein Temperiertsein, obwohl Böswillige behaupten, das sei Wärme unter dem Nullpunkt.

Auch das braucht nicht zu verwundern. Der Rheinländer hat es leicht, lustig zu sein, denn an den Hängen des Rheins wächst guter Wein. Vom Wein profitiert auch der Badenser. Ein milder Tropfen erheitert ihn im Notfall. Der Franke hat zwar nicht alle Hänge voll Wein, aber sein »Appelwee« gibt auch Feuer. Der Schwabe kann sich nur auf den Most verlassen.

Ein Ostschwabe saß mit einem Bekannten in einer rheinischen Weinstube und trank von der schweren Sorte »Lacrima Christi«. Dabei kam er ins Sinnieren, nahm das Gläschen in die Hand und sagte versonnen: »Wenn bloß unser Herrgöttle au a wengle über unserm Ländle griena hätt'!«

Als Ersatz für die belebende Kraft des Weines hat der Schwabe nur die Arbeit – sei Ärbetle oder G'schäftle. Beim Werkeln übermannt ihn sein eigentliches Lebensgefühl. Da ist er heiter und guter Dinge. Selbst Zorn und Groll lösen sich auf, wenn er vor sich hinbasteln kann.

Natürlich muß es eine »gemäße« Arbeit sein, nicht gerade eine ungeliebte. Der eine findet sie im Gärtle, der andere in der Hobbywerkstatt und eine Schwäbin in der Küche.

Da erwacht wie liebliche Musik ein Unterton von Freude. Aus dem wachsenden Werk strömt stilles Vergnügen. »Adagio« möchte ich diese heitere Stimmung in der Familie nennen. Sie umfaßt alle: den werkenden Vater, die schaffende Mutter und das Kind, das mit der Puppe spielt.

Gibt es also in Schwaben doch Humor?

Danach einen Schwaben direkt zu fragen, wäre falsch. Er wüßte gar nicht, wie es gemeint ist und erst recht nicht, was mit dieser plumpen Fragerei gemeint sein könnte.

Wer den Schwaben unter Seinesgleichen beobachtet, merkt bald, daß er zu den humorvollsten Menschen zählt. Er verfügt über Geist und Mutterwitz und besitzt einen fast unerschöpflichen Schatz von Spruchweisheiten. Die anderen hat er so scharf im Auge wie sich selbst.

Der Schwabe lacht gern, wenn auch Fremden gegenüber am liebsten auf den hinteren Stockzähnen.

Seine Trümpfe reichen weit. Sein Humor ist schlagfertig und trifft ins Schwarze. Nicht zu erwarten ist ein endloses »Gepflätter« oder ein enthusiastisches Bejubeln. Dazu ist der Schwabe zu nüchtern. Da zieht sein Wirklichkeitssinn sofort die Bremse, damit alles »sei richtige Sach' häb und im rechta Gleis bleiba tät.«

Bremsen sind dem inneren Organismus des Schwaben eingebaut als Zweifelsucht, als Urskepsis. Er ist sich sicher: »Der Spaß isch bloß a Weile schö« oder »Ma ka ebbes im Spaß sage und im Ernscht moina.«

Aber ehe man sich's versieht, wird aus dem Spaß Ernst.

Und dieser Ernst kann plötzlich, ja hinterrücks, durchbrechen:

»Mach mir koine Späß! I han a Katz im Sack.«

Umgekehrt kann aber auch aus Ernst plötzlich Spaß werden. Eine geschäftige Schwäbin hat sich im Landeschild getäuscht und verlangt in der Apotheke eine Vorhangstange. Der Apotheker schüttelt den Kopf: »Mei liabs Fraule, isch des dei Ernscht?« Die Frau meint, der Apotheker frage nach ihrem Büble, das sie an der Hand führt und antwortet eifrig: »Noi, noi, des isch it mei Ernschtle, des isch's Seppele. 's Ernschtle isch grad voarher in Dreck nei g'falla.«

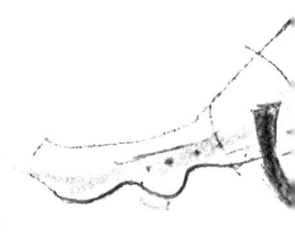

»Wer z'letzt lacht, lacht am beschta.« Also doch der, der sich's vorher verbeißt:
»Der auf de hintere Stockzäh lacht, wia a Muck.«
Wer des Schwäbischen mächtig ist, ist immer Mitwisser, auch wenn er nicht unmittelbar eingeweiht ist. Er lacht entweder hell heraus oder er »verdruckt das Lachen«, denn er weiß warum.
Dem Fremden erscheint diese Art des Schwaben undurchsichtig, nicht offen und deshalb gefährlich. Er sieht sich da plötzlich vor einer Wand und weiß nicht warum. In seinem Unmut schilt er den Schwaben falsch, verschlagen oder unehrlich.
Aber es ist in Wahrheit nichts anderes als wissender Humor, der eine viel-

fältige Resonanz erfordert und sie im vertrauten Kreis auch bekommt. Oft steckt ein philosophischer Kern in ihm.

Um schwäbischen Humor zu schildern, haben wir das Glück, auf einen Mann hinweisen zu können, der der Prototyp des heiteren Schwaben ist, auf Sebastian Sailer, der 1714 in Weißenhorn geboren wurde.

Die ehrwürdigen Erscheinungen der Prämonstratenser Stiftsherren, die er in seinem Heimatstädtchen kennenlernte, haben es ihm schon in der Jugend so angetan, daß er sich gleichfalls entschloß, in den Orden einzutreten. Nicht in Weißenhorn, sondern in Obermarchtal – im angrenzenden Württemberg – wurde er in den Orden aufgenommen. Mit ihm bekam das Kloster auch seinen Hausdichter, so wie es dort Hausmusiker und Hausmimen gab.

Wie es in einem barocken Kloster zuging, hat schon Hauntinger nach seinem Besuch im Reichsstift Ottobeuren ausführlich beschrieben.

Nicht nur fahrende Schriftsteller, auch hohe Persönlichkeiten, wie Maria Antoinette von Österreich bei ihrer Brautfahrt nach Frankreich, kehrten in diesem gastlichen Kloster ein. Solche Besuche waren Anlaß für Huldigungsgedichte, die im damaligen Bauernschwäbisch recht herzhaft klangen.

> O liabe Schwoba! ey jauchzet und schreyat,
> und dui schoe Frau doa nu reacht benadeyat.
> Mier euser Leabalang weand itt vergeasse
> solang mar könnat noh sauffa und freassa;
> solang mar leabat bey Roß und bey Rinder,
> bei eusara Weiber, bei eusara Kinder.
> Zu de Franzosa rois' glückle sui nei,
> o! euser Herrgott schtets bey ar soll sei!

Ein paar Proben seiner geistlichen Dichtkunst sind in diesem Buche eingestreut, Verse von der Erschaffung der Erde und Evas Klaggesang.

Von überschäumender Bauernkraft, die das Himmlische im Gleichnis des Irdischen sieht, eben im Erwerkeln einer Scheune oder in der Sorge einer fleißigen schwäbischen Hausfrau, sind diese Gedichte geschrieben, gebärdenfreudig und von einem unverwüstlichen Humor. Da ist der Obermarchtaler Pater ganz in seinem Element, denn er braucht aus seiner schwäbischen Seele keine Mördergrube zu machen. Es ist die oben genannte Behaglichkeit des schwäbischen »Mächelers« und die selbstkritische, schmunzelnde Beobachtung dieser Situation, die das Ganze so echt und unmittelbar macht.

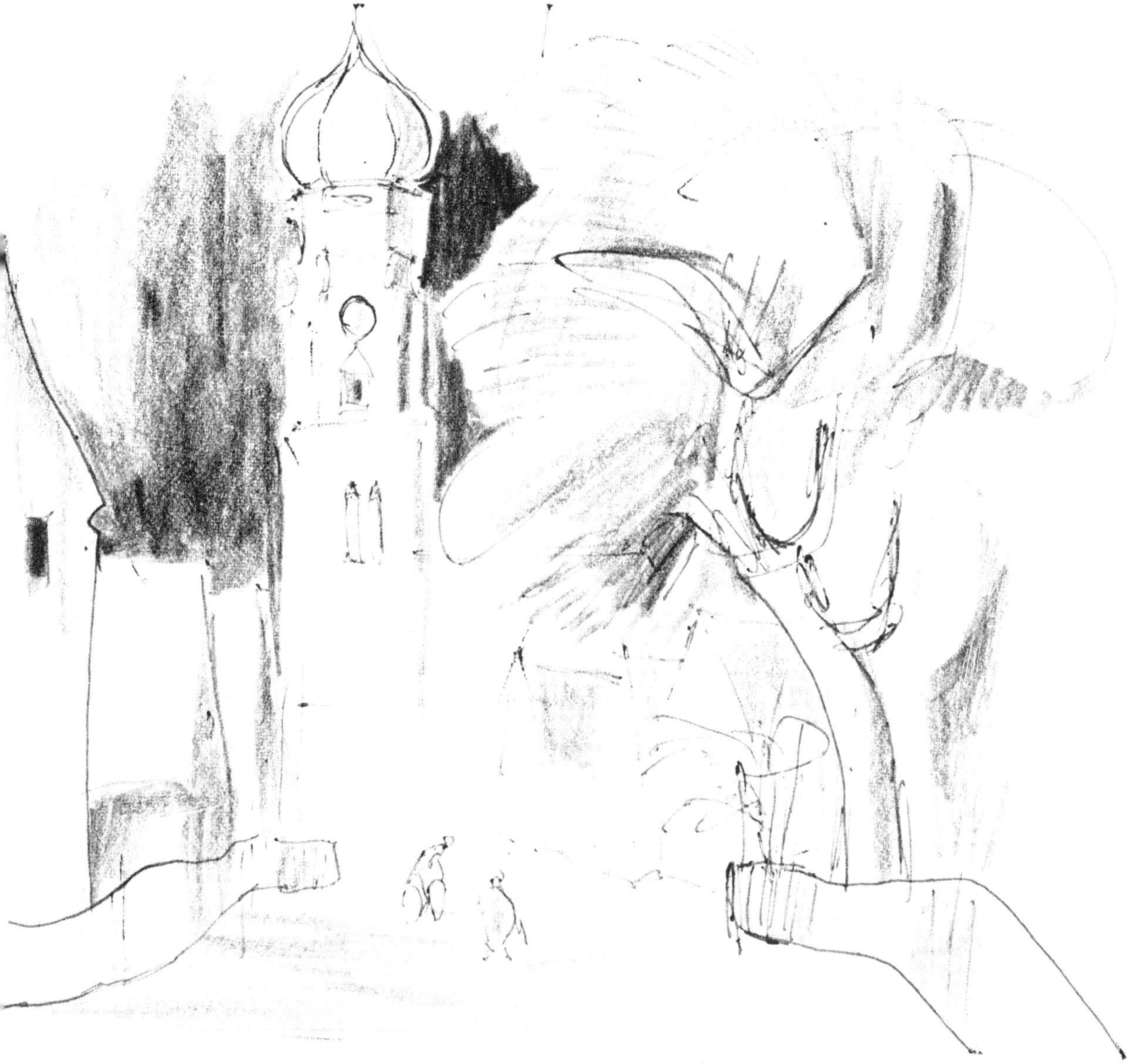

Aus dem Singspiel »Die Schöpfung«
der Anfang des I. Aufzugs:

    Nuits ist nuits und wead nuits weare',
    drum hao'n i wölle' e' Wealt gebäare',
    grad um dui Zeit,
    wos nimme viel schneit
    und bessere Lüftle' geit.

    I bi' schao' längst mit deam Wease'n umgange',
    do denk i endli, wills gaoh' nu' im Früahling a'fange',
    wenn d' Lerche' singet und kummet dia Schwalme',
    wenn der Schnai vergoht und blühet dia Palme'.
    Nohdeam i gschlofe' wenig Nächt,
    hao'n i dächt:
    Jetz will i gaoh' dra', weils an mer ist,
    Im Name' des gekreuzigte' Hearre' Jese' Christ.

    I ka's wohl sage',
    i hao' schao' gar oft de' Kolender ufgschlage'
    und gucket, wenns Zoiche' am beste',
    in was für em Maonet, in was für e' Zeit;
    und endli der hoilig Goist des mir ei'geit:
    Im Früahling gang dra',
    im Früahling fang a';
    do ka'st so hearstelle' mit wenige Köste'.

    So ists derbei bliebe', und oabe', im Meeze',
    daß is reacht sag:
    am fai'fazwanzgaste' Tag,
    hao'n i a'zunde' Sonn, Mao', Planeite' und älle himmlische Keeze'.
    Fai'f Täg dernoh, aest huir,
    hao'n i verschaffe' Holz, Stoi', Metall, Luft, Wasser, Erde'
        und Fuir.

    Beim Sappermeant!
    Siebe' wonderschöane Elameant!

Ällerloi Tier mit Flügel und Füaße'
hao't mer ussam stockfai'stere' Nuits raus müasse'.
Und des älls, bei meiner Trui!
in oim Otem, in oim Hui.
Gschwind
wia der Wind,
hutig und schneall,
i vo' mer seall!

Aohne Hammer, aohne Schlegel,
aohne Breatter, aohne Nägel,
aohne Schaufel, aohne Kelle',
aohne Buabe', aohne Gselle'
    aohne Schiefer, aohne Stoi',
    i sealber alloi'.
Aohne Ziagel, aohne Platte',
aohne Sparre', aohne Latte',
aohne Kalch und aohne Möatel,
freili mit ganz bsondere Vöatel;
    aohne Hobel, aohne Säage'
    Hao'n i älles brocht so zweage'.
Aohne Feile', aohne Zange',
aohne Raötel, aohne Stange',
aohne Zirkel, aohne Schnüare',
aohne Riß und aoh' Probiere',
    aohne Richtscheit und Lingier
    ists grote' glei mir.
Aohne Foahre', aohne Tanne',
aohne Tiegel, aohne Pfanne',
aohne Klammer, aohne Winde',
aohne Näbber hao'n is kinnde'.
    Aohne Mensche', aohne Goister
    bin i seall der Zimmermoister.
Es seah' mers zwor Niemed a',
weil i schao' so en alter Ma';
und denischt ist e' gotzigs Woat, des i lateinisch g'sait
des i noh as Bua in der Schual hao' ghaöt
mei' oi'ziger Handwerkdzuig gwea': FIAT! es soll gescheah'!

Und was da alles zur Sprache kommt, wie jede Kleinigkeit fein beobachtet und ins Blickfeld des Humors gerückt ist!

Man hat Sailer den Vorwurf gemacht, daß er das Heilige verunglimpfe, Blasphemien über Gott und das Jenseits verbreite. Die dürre Zeit der Aufklärung, die das saft- und kraftvolle Denken der Barock- und Rokokozeit nicht mehr billigen mochte und für ihre Sprachgewalt nichts übrig hatte, legte einen engherzig theologischen Maßstab an diese Dichtungen an, so daß sich Sailer vor seinem Konstanzer Vorgesetzten, dem Kardinal von Roth, verantworten mußte. Dieser las die Schöpfung. Sailer selbst führte sie ihm anschließend vor. Der Kardinal nahm das Werk mit solchem Beifall auf, daß Sailer gerechtfertigt war und seine Denunzianten belächelt wurden.

Im Vorwort seiner Dichtung hat Sailer ja erklärt, daß es um ein Spiel, nicht um die Nachahmung der Wirklichkeit gehe. Ein spielender Gott erlaube auch seinen Kindern die Heiterkeit des Spielens.

Der Kapitular Sailer soll ein sehr schlagfertiger, um treffende Antworten nie verlegener Mann gewesen sein.

Als ihn einmal ein besonders kluger Bauer herausfordern wollte:

»Ei, Herr Pfarrer, ich habe schon oft gehört, daß Gott für jeden Menschen des Tags ein Maß Wein erschaffen habe. Ich bekomme aber diesen Wein nicht und weiß auch nicht, wer ihn trinkt«, belehrte ihn Sailer:

»Auch ich habe gehört, daß Gott für jeden Mann ein Weib erschaffen habe und dennoch habe ich keins. Ich will euch die Sache kurz erklären. Ihr habt nämlich mein Weib und ich trinke euren Wein.«

»Näh na schwätze« ist schwäbische Art. So machte es auch Sailer mit seinem Vorgesetzten, der ihm einige Zeit »nicht grün gewesen ist«. Als sich der Prälat anschickte auszureiten, ging Sailer auf ihn zu und streichelte das Pferd mit den Worten »Wie dauerst du mi doch, du arms Tierle!« Verwundert fragte der Prälat, was das bedeuten solle. Schmollend antwortete Sailer:

»Des woiß, wia es ischt, wenn oin d'r Abt reytet.« Sprachs und machte sich aus dem Staub.

So vielem Charm und Witz war auch der Herr Prälat nicht gewachsen. Er gab auf und von nun an herrscht zwischen beiden wieder Harmonie.

Ein Geistlicher vom guten alten Schlag, der den Bauern aufs Maul und auf die werkenden Hände schaute, ist mit Sailer aus der Welt gegangen. Sein Humor ist bildhaft gewordene schwäbische Lustigkeit. Eine Reihe von bäuerlichen Dichtungen religiöser Art hat er eingeleitet, etwa die »Schwäbische Bauernbibel« von Arthur Maximilian Miller oder die »Drei Könige im Schwabenland« von Alfred Weitnauer.

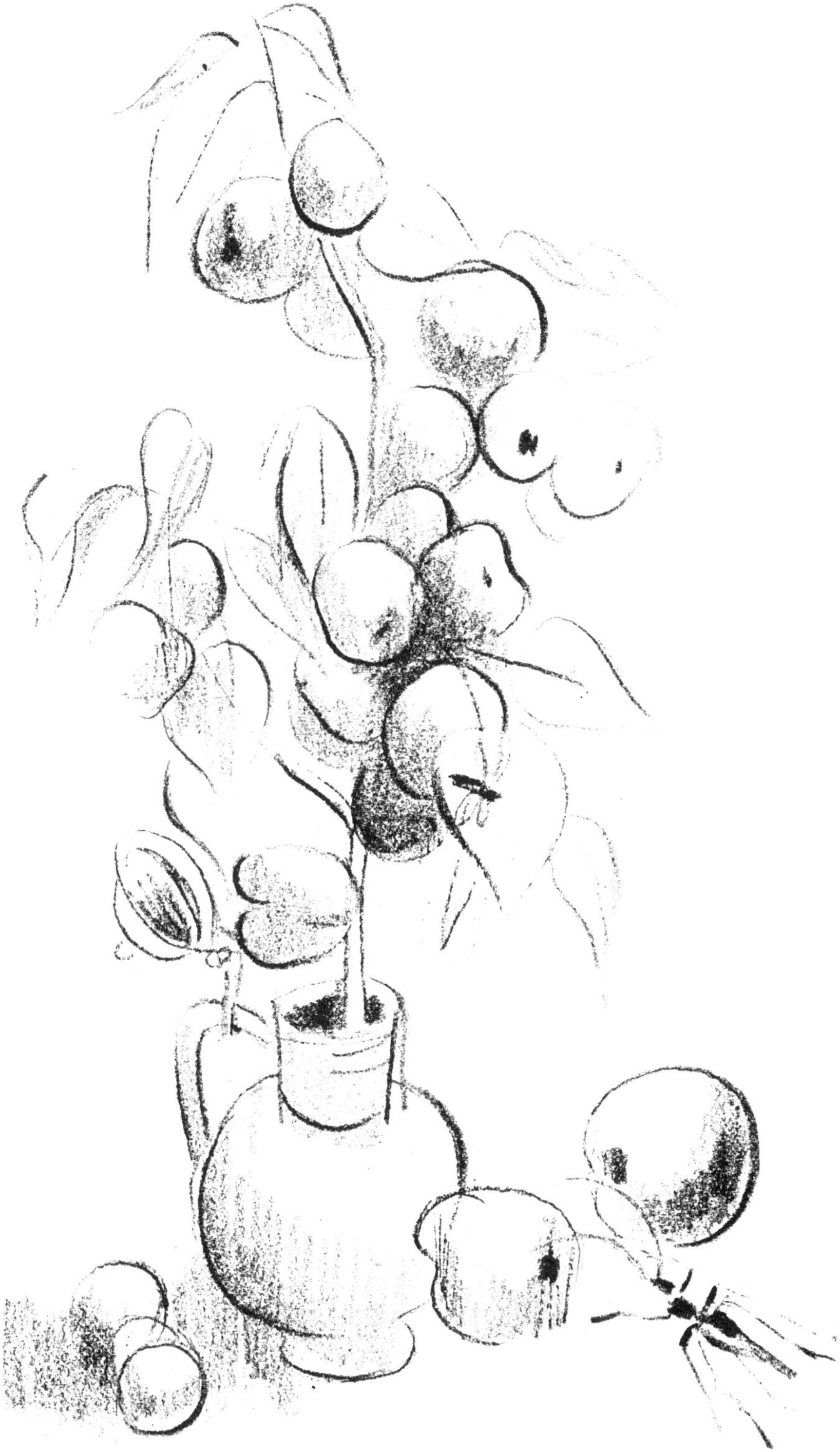

Die Schwaben können's also doch! Was andere Verschlossenheit nennen, ist oft nur eine kleine Wartepause; eine Anfrage, ob's so recht sei.
Auf ihre angestammte Art können sie auch Fasnacht feiern. Und das ist ebenso lustig wie Fasching in München oder Karneval in Köln oder Mainz. Wenn die Schwaben »mittendrin sind«, brandet die Lustigkeit auch einmal über.
Zwei Fasnachtssprüche des aus Waldkirch stammenden und 1954 in Lautrach im Landkreis Unterallgäu verstorbenen Lehrers und Heimatdichters Hermann Sandtner lassen die hintergründige und auch etwas derbe schwäbische »Fasnachtsluschtigkeit« erahnen:

1947

I bi scho greist a ziemlis Schtuck,
auf Lautre bin i gange
und auf der alte Illerbruck
hau i en Narre gfange.
Dean hau i auszog' bis auf d' Haut
und hau ean no verschlage
und hau ean gfresse auf'm Kraut,
dau isch er in meim Mage.
Itzt bin i luschtig wia der Narr
und hau sei Häs a'zoga.
Bloß Taler, die sind fichtig rar.
Die Gschicht ischt it verloga.

Mei Muettr ischt a luschtigs Weib,
mei Vattr haut en Kropf;
die hand en nette Zeitvertreib,
sie packet se beim Schopf.

1948

I bi die Marie von Nuibeure,
i dät halt füchtig gera heure.
O gend mer doch en föschte Ma,
dean i au richtig bluie ka.
Wenn's renget, duet's mi allet schlauche,
i tät halt no a Dächle brauche.
Mir fehlt au no a Heuratsguet,
i hau nix, wia dean alte Huat.

Kritikgeist und die Ironie des Schwaben

Ma werd z' früh alt und z' spät g'scheit

Der Humor ist im Wesen des Schwaben als sonnige Grundstimmung zu erkennen – trotz angemeldeter Zweifel.

Die Ironie geht einige Schritte weiter. Sie ist zugespitzter Humor mit kritischer Tendenz. Deshalb hat sie etwas Scharfes, sogar Verletzendes.

Beim Untersuchen der schwäbischen Spruchweisheit fällt auf, daß die ironischen Redensarten die humorvollen, begütigenden an Zahl weit übersteigen. Es »kracht« geradezu vor Ironie, wenn es um religionskritische, autoritätskritische oder sozialkritische Bemerkungen geht.

»Vor amma Überfromma muaß ma da Sack zuamacha« warnt der Schwabe. Oder er bedauert: »Zur scheana Predigt vom Pfarrer hot'r d' Orgel treta.« Er will damit sagen, daß einer nichts von der Predigt für sich profitiert habe. Aus Sailers »Schöpfung« stammt der Satz:

»Oadam moit, er sei a Gott und schproizt si wia a Gatakrott.«

Der Schwabe Abraham a Santa Clara bringt in seinen Predigten Kritik und Ironie ins Spiel, wie zum Beispiel in seiner Fasnachtspredigt:

> Als wär es stäte Fastnacht, so lebet ihr. Bei allen Tafeln, bei allen Gesellschaften trinkt ihr auf die Gesundheit des Leibes, dieses groben Lümmels, aber der Gesundheit der Seele, dieses teuren Schatzes, ist selten, ja oft niemals einer eingedenk. Wollt ihr euch einst im Himmel wiedersehen, dann müßt ihr auf Erden besser zueinanderstehen, gute Zähne haben und gar oft etwas verbeißen können. Müsset einen festen Magen haben, um auch mal einen harten Brocken schlucken zu können. Und an der Leber darf euch auch nichts fehlen, denn es läuft oftmals etwas darüber. Habt Geduld mit euch, wie sie der Herr auch hat, sonst holt euch schon morgen der Teufel. (1698)

Gegen die Autorität gerichtet sind volkstümliche Redensarten wie »Der ka älls macha, au Eiszapfa und gläserne Zwilchkittel« oder »Je heacher der Aff steigt, desto mehr siecht ma eahm ens Fiedla.«

Der hot a guats Redhaus.

Der isch reich, der hot simnerlei Läus.

Jed's Ämtle hot a Schlämple.

Du sichscht emme Spitzbuaba gleich, wia a Spatz emma Vogl.

Desmaul hosch vo d'r Wohret g'schwätzt.

So scheint doch die Ironie stark im schwäbischen Denken verwurzelt zu sein. Sie wird zwar eher »hählinga« geäußert, heimlich, hinter der Stubentüre, aber sie läßt nichts an Deutlichkeit und Bildhaftigkeit vermissen. Manchmal geht

dieser Zug ins »Säuerliche«, ins »Miesmachen« über: »Des g'hört se, daß d'r Bettelma Läus hot. Er hätt' ja sonst koi Vieh.« Oder: »Ja, wenn du net wärst, nau müaßt ma d' Wassersupp' trinka und 's Wasser drzua heula.«
Das ostschwäbische Genie der Ironie, des auf die Gesellschaft mit all ihren Institutionen hingewendeten Witzes, ist kein geringerer als der Schreiber des »Weltbuches«, Sebastian Franck, an dem wir, als dem Prototyp ironischen schwäbischen Denkens, auch die Richtung, Art und geschliffene Form dieser abwägenden und scharf beurteilenden Kritiklust ablesen können.
Man hat ihm mit gleicher Münze heimbezahlt und ihn »des Teufels liebstes Lästermaul« genannt.
Er ist im 16. Jh. in Schwäbischwörd, dem heutigen Donauwörth, geboren. Seine Eltern gehörten zu den ärmlichen Webersleuten, die ohnehin wegen ihrer schlechten sozialen Verhältnisse dem Sektierertum näher standen als die Bürger. Die Waldenserbewegung, die als obrigkeitsfeindlich galt, fand in ihren Reihen starken Anhang. Wo sich Not mit religiösem Fanatismus paart, ist Sprengstoff vorhanden. Armut macht hellsichtig, heißt es in Schwaben. Kritische Augen waren auf die Hände der weltlichen und kirchlichen Obrigkeit gerichtet.
Sebastian Franck war trotz seiner niedrigen Herkunft ein hochbegabter und weltgewandter Mann, der sich dank seiner geschliffenen Intelligenz eine um-

fangreiche, für die Renaissancezeit bezeichnende Bildung erwarb. Daß ihm sein Zuhause keine musische Erziehung mitgab, ist verständlich, aber er behauptet, insgesamt »in einer barbarischen Zeit« geboren zu sein. Den Religiösen seiner Zeit warf er vor, das Glaubensbekenntnis als »Ruhepolster des Gewissens« aufzufassen, wobei er sich außerhalb des lutherischen Lagers begibt, mit dem er erst sympathisierte (Selig werden auf Grund des Glaubens und der Gnade).

Von »vier zwieträchtigen Kirchen, deren jede die ander verhasset und verdammet« redet er und antwortet auf diese These mit den Versen: »Ich will und mag nicht bäpstisch sein«, indem er die Ausschweifungen und den übertriebenen Reichtum der damaligen Kirchenfürsten anprangerte.

Und weiter: »Ich will und mag nicht luttrisch sein«, weil er die vielgepriesene Gewissensfreiheit mit den Füßen getreten sieht. (Erst würden die Reformatoren Gewissensfreiheit verkünden, aber sobald sie vom Staat anerkannt seien und in dessen Schlepptau hingen, sei sie völlig vergessen).

Er fährt fort: »Die Zwinglianer seind auch nitt rein«, so daß er also auch von denen nicht das Heil erwartet.

Weiter heißt es: »Kein Widerthäuffer will ich sein«, wenn auch diese »neher bei Gott dan all anderen drey Hauffen« sind.

Nicht in der äußeren konfessionellen Bindung sah er in dieser brandungsreichen Zeit die Lösung der religiösen Probleme, sondern im Streben nach dem Wesentlichen in einem gelebten Christentum.

Als katholischer Geistlicher im Bistum Augsburg hat er vergebens versucht, mit sittenstrengen Predigten die Moral seiner Gemeinden zu heben, was ihm bei aller Mühe nicht gelang. Die alten Propheten hätten schon gewußt, daß auf 1000 Böse nur ein Frommer kommt. Seine Schlüsse aus solchen Mißerfolgen enden in einem ausweglosen Pessimismus, so daß er schließlich sein Priesteramt aufgab. Schon früher hatte er an der Ingolstädter Universität die freien Künste studiert: Grammatik, Rhetorik, Mathematik, Physik, Methaphysik und Moral und hat sich dort 1517 das Bakkalaureat erworben, um dann an der Heidelberger Universität weiter theologische und philosophische Studien zu betreiben.

Zwiespältig, rastlos und kritisch stand er inmitten der starken Zeitströmungen, die eine Weltuntergangsstimmung im Sinne der Bilder von Breughel und Hieronymus Bosch an den Horizont malten. Nach Joachim von Fiore ersehnte er in der Zukunft die »Geistkirche«, in der die mündig gewordenen Menschen allein durch den Heiligen Geist belehrt und alle konfessionellen Äußerlichkeiten und Überspitzungen abfallen würden.

Die ungehorsamen Frauen in Deutschland, nicht nur die religiösen Zustände, fanden seine Kritik.

Franck heiratete als entkanonisierter Geistlicher und hat wahrscheinlich eine Xanthippe zu Hause gehabt. Gewiß weiß man es nicht. Die Frauen hier seien »wahrlich schier rechte Amazonas«, sagte er einmal. Als seine erste Frau starb, konnte er trotz seiner Weiberfeindlichkeit kaum die Trauerzeit abwarten und hat sich schon im nächsten Jahr mit der Straßburger Buchdruckerstochter Margarethe Beck verheiratet.

Seine Landsleute rügt Franck wegen der Vorliebe zum Trinken und Fluchen und will auch nicht ihre sprichwörtliche Rührigkeit als Tugend anerkennen. Die Expansionskraft und Reiselust der Schwaben führt er auf ihren großen Kinderreichtum zurück. Von ihm stammt das Sprichwort »Schwaben und böß Geld führt der Teufel in alle Welt«. Trotzdem ist er darauf stolz, »daß die Schwaben als Lehrer und Künstler, auf den Universitäten und in Kriegen am erfolgreichsten seien und auch die anderen Deutschen oft regiert hätten.«

Typischer schwäbischer Dualismus steckt im Titel seiner Schrift: »Das Kriegsbüchlein des Friedens« mit der Grundfrage »Wer weiß, was Gott zu allen Zeiten jedem ins Ohr gesagt hat?« Hier trägt er Sprüche und Redensarten in spritzig-geistvoller Form vor. Monumental allein ist ihm das Evangelium, an dessen Grundsätzen er nicht rüttelt. Er betont den übermoralischen Charakter des Evangeliums.

Als »unparteiische Geschichtsschreiber« läßt er nur die Römer gelten und deckt die vielen Geschichtsfälschungen aller Zeiten auf, die in der Liebedienerei an Fürsten und Staatssystemen gemästet sind. Er versucht auch Karl dem Großen seinen Nimbus zu nehmen, »der nit eitel Seide gesponnen« habe, und bezweifelt, daß dieser gewalttätige Herr seinen Platz in der jenseitigen Welt wohl einnehmen könnte.

Staatsfeindliche Tendenzen hat er durch die schlimmen Erfahrungen seines Säkulums in sich aufgenommen: »Jedes Gebilde, auf das die Menschheit stolz ist, ist Narrheit und diese Narrheit ist der Staat.« In ihm sieht er organisierte Masseninstinkte und bezeichnet diese Strebung des Pöbels mit »Herr Omnes«, womit der »Landgott« gemeint ist.

Nicht die besitzlose Klasse ist für ihn der Pöbel, sondern die geistlosen Materialisten sind es, die nur ihren Vorteilen nachjagen und sich »vom Fleische leiten lassen«. Zu ihnen gehören Menschen aller Schichten, auch die Adeligen, Bürger und Gelehrten. Da der Pöbel ständig im Übergewicht sei, könnten die Geschichtsbücher unmöglich »Lobbücher« sein.

Bei seinen sozialen Feststellungen ist die Bemerkung wichtig, daß nicht nur die »Macht von oben« gefährlich sei, sondern auch die »Macht von unten«. In den Bauernkriegen hat er sicher die Nase voll bekommen. Die entartete Demokratie könne noch viel ärger sein als die Monarchie.

Obwohl alle diese Gedanken mit der Zeit der Religionskriege und ihren heftigen politischen Spannungen zusammenhängen, sind sie doch zeitlos und modern. Man meint, Bert Brecht zu hören oder Sailer, Goßner und Boos bei seinen ökumenischen Bemühungen, die Fehden zwischen den Konfessionen beizulegen. Der Kern liegt im Hinweis auf das Wesentliche eines gelebten Christentums. Denn »Gott will nicht, daß man um Worte streitet.«
Daß er seine Beziehung zum Cusanus (Nikolaus von Cues) in weitem Bogen bis ins Moseltal spannte, hatte ja entsprechende ökumenische Gründe, nämlich in der Vielheit die Einheit zu sehen in einer Wesensschau der Dinge. »Es kann ja ein- und dieselbe Wahrheit verschiedenen Abglanz haben.«

Im platten materialistischen Denken, in der Vergötzung des Geldes und in der baren Macht sieht Franke die eigentlichen Widersacher des Religiösen. Seine Satire: »Des großen Nothelfers und Weltheiligen Sankt Geldes oder Sankt Pfennigs Lobgesang« bringt das deutlich zum Ausdruck. Als Zeitkritiker ist er einer der fortschrittlichsten, zur Selbst- und Fremdreflexion fähigen Geister. Er leitet mit dieser Begabung, feinstens zu differenzieren, die Neuzeit ein. Seine Ironie setzt überall an. Er kritisiert schonungslos und zielsicher, mit unbeirrbarem Mut und einer bewundernswerten Unbestechlichkeit. Ja er setzt diese Ironie an seiner eigenen Person an. Die humanistische Bildungswelle habe ihn nicht glatt genug geleckt, so daß er »keinen feinen Stil schreibe und kein schönes Latein beherrsche.«
Dieses typisch schwäbische Tiefstapeln kann ihm nur zur Ehre gereichen, denn er hat sich zum berühmten Schriftsteller emporgebildet, der Luther an sprachschöpferischer Begabung gleichkommt, wenn nicht gar übertrifft.
Zum Ausklang noch ein paar saftige ironische Sprüche:

   Der steigt wia's Bettelmanns Laus und dia isch oba zum Huat 'naus.
   Wenn d'r kloine Ma auf's Pferd kommt, so reitet er 's z' Tod.
   Der fürnehmst Gaul stolpert am schnellsta.
   Des isch oiner, der am Teufl aus'm Krätta g'juckt isch.

Im Denken des sinnierischen, bilderfreudigen Schwaben steckt immer auch ein Teil der Gedankenwelt von Sebastian Franck.

Bescheidenheit – Tiefstapeln

Daß Förster unnachgiebig sind, wenn sie Wilddieben auf die Spur kommen, ist verständlich.
Früher hat mancher Bauer sich heimlich in der Nacht einen Hasenbraten verschafft. Ich meine nicht den Braten eines Dachhasen, wie man in diesem Fall einen Katzenbraten nennt, denn ein Dachhas stünde ja im Besitz des Bauern.
Es war schon ein richtiger Feldhas, der sich, angelockt von fetten Kohlstrünken, zu nah an die Rückseite des Stadels herangewagt hatte. In der warmen Herbstnacht stand der Bauer Posten, um was besonders Gutes in die »Bratrenna« zu bekommen.

Von einem neidischen Nachbarn wurde er verpetzt und anschließend zum Förster geladen.
Zugeben mußte es der Bauer. Alle Beweise standen gegen ihn. Da drehte und wendete er sich und verdeutlichte mit beiden Händen, die Winzigkeit des Bratens:
's' isch ja bloß a Häsle gwea, a *ganz kloins Häsle!*
»Has isch Has!« herrschte ihn der Förster an.
's Kleinsein macht ein Delikt nicht ungeschehen.
's Vronele, ein nettes Mädchen vom Dorf, hat ledig ein Kind bekommen. Die Hebamme wurde ins Haus gerufen und tat dort ihren Dienst. Sie legte der Vroni das Neugeborene in die Arme und sagte:
Isch des a winzigs Kendle, so a klois han i alle Johr durch no it auf d' Welt bringa helfa.
Da ist die Vroni rot angelaufen und flüsterte ganz verschämt:
's hätt ja gar kois werda solla.
Das Putzige und Winzige findet beim Schwaben Sympathie. Er macht auch alles durch die Nachsilbe »Le« klein und zierlich.
Der Has ist ein Häsle, das Kind ist ein Kindle, der Kopf ist ein Köpfle, der Baum ist ein Bäumle, Gott ist das Herrgöttle.
Selbst der Teufel verliert seine Gefährlichkeit, wenn er zu einem Teufele abgestempelt wird. Hausnamen in Schwaben heißen: Hämmerle, Köberle, Knöpfle, Enderle, Megerle, Häberle, Mengele, Kimmerle, Bruile, Kinzle usw. Schimpfnamen sind: Tröpfle, Siachle, Seckele, Lümple, Muschterle, Gaunerle, Menschle.
Eine norddeutsche Dame soll sich dazu entschieden haben, einen Schwaben zu heiraten, weil es ihr die liebeswürdige Gemütlichkeit der Aussprache angetan hatte. Sie sagte, als ein Bub vorbeikam: »Ist das nicht ein netter Junge?« Was ihr der Schwabe mit den Worten bestätigte: »Ja, des isch a herzig's Büable.« Damit hatte er ihr Herz für immer gewonnen.
Wenn ein Schwabe gar noch »Guat's Nächtle!« sagt, isch's für manche a wengle z'viel.
Die Liebe zum Kleinen ist wieder ein so merkwürdiger Kontrast in der Seele des Schwaben, gemessen an seiner sprichwörtlichen Großzügigkeit und seinem Drang nach Besitz. Beides erscheint ihm als kein unvereinbarer Gegensatz, neigt er doch in seinem Denken und Spintisieren dazu, das Kleine im Großen und das Große im Kleinen zu sehen.
Dieses Gedicht von Hermann Sandtner, dem mehrfach zitierten Schwaben, bringt uns das Vergnügen nahe, eine »Kleinwelt mit Hingabe zu betrachten«.

Es ist aber auch zugleich ein Beispiel für den »Verkleinerungsdrang der Schwaben.

> Kloine Viecherle
> Im Haus weard mir's so ödele,
> a frische Luft isch guat.
> I luag auf's Wiesabödele
> und siech, wear dau was tuat:
>
> Um d' Füaß rom laufet Käferle,
> des krabbelt, scherret, juckt;
> bei jedem Wurzlfäserle
> weard in a Löchle guckt.
>
> Nau dont se weidle boahrele –
> und was kommt hintadrei? –
> Se fahret mit de Hoarele
> wia wild in d' Löcher nei.
>
> Und Hagameisa wieselet
> oim hoimle d' Wada nauf;
> nau, wenn se gifteg pieselet,
> hoißt's: Herrgöttle, o lauf!
>
> Jetzt aber dont se kicherle,
> en Jubel hant se g'hött. –
> Ja, mit de kloine Viecherle
> hascht oft a arg groaß Gfrött.

 Des sind Wada! hat d' Ameis g'sait und hot ihre zeigt.
 Des got kloi her, hot seler Fuchs gsait und hot Schnauka gfanga.
Bis zum Kleinsten wird die Natur beobachtet, so genau, daß diese Bildvergleiche zu den schönsten schwäbischen Sprichwörtern gehören.
Der schwäbische Bauer früherer Zeit wurde meist in »kleine Verhältnisse« hineingeboren.
Es lag nun am Einzelnen, aus dem Wenigen »hehlings« ein Viel zu machen. Mit unendlichem Fleiß und Verheimlichen seiner eigentlichen Besitzverhältnisse gelang es ihm meistens. Neider wimmelte er ab.

D'r Wenn und d'r Hätt haut no nia was ghett, sagt schwäbischer Sinn für Nüchternheit und Solidität.

Trotzdem kann der Schwabe ebenso verstohlen stolz auf seine Leistung sein und sie durchaus realistisch einschätzen.

Das kann man dem Gespräch eines Pfarrers mit einem jungen Bauern, der schwitzend in seinem Gärtle werkelt und schuftet, damit er ja alles »auf Hochglanz« bringt, entnehmen.

»Schorschl, isch des a scheaner Garta woara. Mit d'r Hilf vo userm Herrgott hosch es ja groaßartig g'schafft.« Drauf der Schorschl: »Isch scho recht, Herr Pfarrer, nix gega da liaba Gott, ab'r se hättat des Grundschtück seaha solla, wias unser Herr no alloi bewirtschaftet hot.«

Der Schwabe ist aber auch so frei, dem anderen die Schuld in die Schuhe zu schieben, selbst dem lieben Gott, wenn einmal etwas nicht so gut gelungen ist. Steht das Getreide hoch und schwer im Feld, so ist sein Bauernstolz nicht zu übersehen. Aber ist die Ernte kümmerlich ausgefallen, so kann man hören: »Unser Herrgott hot's halt it besser geaba.«

Werden dem Schwaben Minderwertigkeitskomplexe eingeimpft, wird seine Leistung zu Unrecht in Frage gestellt, so kann man erleben, daß er dies ganz auf seine Art überspielt. Eine solche Herausforderung könnte beantwortet werden: »Dau möcht' i ab'r scho was Saudumms froga!« Wer nicht genügend Menschenkenntnis besitzt, fällt vielleicht drauf rein, indem er nicht den letzten, gut sitzenden Trumpf des Schwaben, sondern dafür wirklich etwas »Unausgebachenes« erwartet.

Unaufgefordert wird ein echter Schwabe nie seine Vorzüge oder seine Leistung herausheben. Die bescheiden klingenden Redewendungen »Es war ja bloß mei Schuldigkeit« oder »'s isch it d'r Red' wert« schließen den ganzen Stolz, etwas Ordentliches geleistet zu haben, mit ein. Sie zeigen aber zugleich die Verachtung des Großsprechers.

Wenn er an der Arbeit ist, so wird ständig herumgefeilt und verbessert, als ob es eine Lust wäre, solche Klein- und Feinarbeit zu leisten. Er ist der ewige »Bäschtler«, der aus einem inneren Behagen heraus eine Sache immer weiter treiben muß, bis sie einigermaßen die angestrebte Vollkommenheit erreicht hat.

Was dabei herauskommt, nennt er a »Versüchle«, a »Probiererle«, was andere als kühnen Entwurf oder tolle Unternehmung bezeichnen würden.

Dabei fehlen dem Schwaben Selbstwertgefühle keineswegs. Qualitätsempfinden ist ihm unbedingt zuzutrauen sowie hoher Anspruch in der Leistung. Er weiß genau, was er kann. Auch darin ist er sachlich-realistisch und läßt die

Bäume der Anerkennung oder Selbsteinschätzung nicht in den Himmel wachsen.
Er kennt auch seine Grenzen, ist aber in zähem Fleiße bemüht, diese Grenzen seines Wissens und Könnens ständig auszuweiten. Das ist in groben Umrissen schwäbischer Leistungswillen, den man bei einfachen Handwerkern und Bauersleuten auf dem Dorfe genauso beobachten kann wie etwa bei einem Ingenieur in der Stadt.
Schwäbisches »Understatement« verbietet, daraus eine große Sache zu

machen. Sein Bestes zu leisten, ist ja die größte Selbstverständlichkeit der Welt.

Leider geschieht es dann oft, was die Kehrseite der Medaille ist, daß durch das dauernde Herumbasteln und Verbessernwollen manches Werk nicht zum Abschluß kommt. Viel Gutes tritt so nicht ins Blickfeld der Öffentlichkeit, während wendigere Zeitgenossen ihre viel weniger gelungene Arbeit in die Lücke stellen. So wird der Schwabe wegen seiner ewigen Tüftelei gern überrundet.

Der Volksmund weiß davon: »Wenn Henna guat hocket, scherret se so lang, bis se schlecht hocket.«

»Nur net hudla« heißt es im Volke. Nicht, daß etwas schnell fertig, sondern daß es gut wird, ist wichtig. »Der Mensch isch koi Dampfroß, koi Lokomotiv.«

Wir sind vom Verkleinern, vom Verniedlichen ausgegangen und kamen dabei zum schwäbischen Tiefstapeln, das einem gemütlich-emsigen Lebensstil entspricht, dem Großsprecherei und Verdrängungswille fernliegen. Am Sonntag haben die Schwaben nicht einmal ihren »Griebigen«, sie »bäschteln allweil so ani«. Das verursacht ihnen Behagen und darf ihnen nicht genommen werden.

»A luschtigs Leaba macht a kloins Testament« sagt zwar ein schwäbisches Sprüchlein. Aber Gewohnheit des Schwaben ist, nicht zu ruhen, nicht das Leben zu genießen, sondern unermüdlich zu schaffen und zu horten, womöglich für Generationen im voraus. »An Griabiga hot er net.« Nichts ist so gefürchtet wie die Armut.

»D' Armut isch koi Schand, abr a Schad.«

»'s Bettla macht it arm, abr u'wert«, kann man aus dem Mund der größeren Bauern hören. Einem Geistlichen, der eines Opfers zur Restaurierung der Kirche wegen zum Obera Baura ging, wurde dies feine Sprüchlein auf den Hundertmarkschein obenauf gelegt.

Von drastischer Bildhaftigkeit sind die schwäbischen Sprüche, die die Armut zum Thema haben:

»Er hot nix wia Gott's Armut emmana Säckla und des isch mit Elend zuabunda.«

»Bei deam greinet d' Mäus auf d'r Bodatrepp.«

»Wenn der sein Huat aufsetzt, nau isch sei Dach deckt.«

»Der isch so arm, daß d'r Bettelsack an d'r Wand vrzweifel.«

Ein armer »Liederli« singt »Iatz han i mein Goißbock auf's Dächle nauf tua, daß andr Leit seachen, daß i au a Vieh hau«.

Mit einem Augenzwinkern meint aber ein ganz Wiefer: »Besser arm und Sach gnua als reich und nix hau.«

Auf den wirklichen Stand der Dinge kommt es an, nicht auf das »Gelten«. Ohne große Reden zu führen, wünscht er im Maßhalten die Fülle.

So, nun haben wir's wieder. Die Gegensätze sind vereinigt und der Schwabe ist, Gott sei Dank, in seinem seelischen Gleichgewicht, in der »Mitte seiner Weltanschauung, auf dem Gipfel seines Lebensgefühles«.

Um wieder zum Anfang zu kommen:

Wegen ihrem Hang zum Verkleinern hat man die Schwaben arg verspottet. Ein solcher Spottreim heißt

»Ei du, mei liabs Herrgöttle,
was hant mer dir denn tau,
daß du uns arme Schwäbele
wit numme leba lau«

Die Verkleinerungsform mit dem geliebten »le« kann man ihm aber nicht abgewöhnen.

Dickköpfigkeit

Es wird erzählt, daß ein Schwabe mit dem Kopf durch die Wand wollte. Aber das sei ihm nicht gelungen, denn genau an dieser Stelle, jenseits der Wand, stand mit der gleichen Absicht ein anderer Schwabe.

Sturheit gilt nur bedingt als Schwäche, Dickköpfigkeit dagegen schon fast als Tugend. Von dieser sind die Weiber nicht ausgenommen.

Der Spruch »Weibergwalt gaut üb'r Gottes Allmacht« läßt tief blicken.

Einmal haben Mann und Frau arg miteinander gestritten. Fast wäre der Streit schon beigelegt gewesen, als die Frau sagte: »I winsch d'r grad dessel, des du mir winschst.« Das war nicht liebevoll gemeint. »Du elend's Luadr, fangscht scho meah a!« hat der Mann darauf geantwortet.

Franz Keller – 1824 in Günzburg geboren und 1897 in Unterroth bei Illertissen gestorben – berichtet vom Ausgleich zwischen einem streitenden Paar unter der Überschrift »Streit und Versühning«:

> Em Jodler von d'r Hammerschmitt
> (Ear ischt scho' lang iez gschtorba)
> Deam hat maul 's Weib den Appetit
> Of lange Zeit v'rdorba',
> Doch will 'r it in Pfarrhof gau;
> Wia richt 'r dös? Jez geand nu' Acht!
> Ear hat a Breat in 's Eahbött gmacht.
>
> Jez leit a Jeds im bsondra Bött,
> Ma ischt leibhaftig gschieda;
> Ma hat koi Wöartle zäma grödt,
> Natürle! 's fehlt d'r Frieda.
> D'r Jodler schillet grimmig num,
> Und d'r Jodlere ganz fuirig rum;
> Und ear hat Recht, und Recht hat sui,
> So ischt ma' scho vier Wucha schui.
>
> Dau fangt d'r Jodler z' nießan a,
> Mueß z' Nacht zwoi, druimaul nießa;
> Und d' Jodlere schreit: »Helfgott Ma'!«
> Wia wenn's hätt so sei müeßa.
>
> »Weib isch d'r Earescht? sag's nu frei!«
> »Ja freile, Ma'! es bleibt d'rbei!«
> »Ja wenn dös so ischt, Lisabeath,
> Ja Lisabeath, raus mit'm Breat!«

Daß es Schädel gibt, an denen Maßkrüge zerbrechen, ohne daß sie den geringsten Schaden erleiden, ist keine Seltenheit. In Kutzenhausen wäre bei einer Rauferei beinahe ein Todschlag passiert, wenn nicht der Schädel des Betroffenen so hart gewesen wäre.

Nach dem Zuruf »Wennt net aufhearscht, hau i zua!« ist es dem Luisl nicht schnell genug gelungen, seinen Kopf vor dem herabsausenden Stuhl in Sicherheit zu bringen.

Trotz der Wucht des Aufschlags war die Folge nur ein kurzer Krankenhausaufhalt.

Als es zur Gerichtsverhandlung kam, mußte er erleben, daß der Verteidiger des angeklageten Zuschlägers sagte »Oins isch eahm hoah a'zrechna. Er isch glei am earschta Sonndä g'komma, om se z' entschuldiga ond hot eahm an groaßa Bluamaschtrauß ins Krankahaus brocht!«

»An Dreck hot 'r se entschuldigt«, rief der Betroffene aus.

»Er hot bloß zu mir g'sagt: »Gell, des hosch it denkt, daß i Earescht macha dät!«

Statt sich zu entschuldigen, gehen solche hagebuachenen Schwaben eher zum Angriff über.

In Oberstdorf hat ein betrunkener Forstarbeiter einen friedlichen Bürger mit dem Rad angefahren, so daß dieser zusammensackte und schimpfend am Wegrand liegen blieb. Keine Rede von Mitleid oder Hilfsbereitschaft des

Täters: »Hearens doch auf mit uirem Gschrei!, Dr kennat mr ja dankbar sei, daß dr net hi send.«

Dickköpfig im übertragenen Sinne war sicher ein Büblein, das sich weigerte, einem Fremden den Weg nach Kempten zu zeigen. Auf den Vorhalt, er komme bei solcher Unverschämtheit nicht in den Himmel, antwortete der Lausbub: »Und du kommscht it noch Kempta.« Diese Dickköpfe bedienen sich einer herausfordernden Wortkargheit. Diese Allgäuer Geschichte ist die Parallele zu einer Anekdote, die aus den Aufzeichnungen der Gebrüder Grimm stammt:

Ein Ratsherr trifft auf der Weide ein weinendes Büblein und will es trösten. Da kommt er aber schlecht an.

> Büble, was greinscht? – Ha lache wurd i et.
> Hot dir dr Wolf dei Schäfle gnomme? – Ha, gebe han i's em et.
> Ischt er mit über's Brückle gsprunga? – Ha, unna dure et.
> Büble, sei et so grob, i bin a Ratsherr! –
> No rot, wenn du a Rotsherr bisch, was i in meiner Tascha han!
> Ha, was wirsch du au drenna han! Dei Veschperbrot. –
> Jo Dreckle! Meine Hä'dschich!

Da gibts kein »Ja« und kein »Nein«, sondern nur bildhafte Umschreibung, durch die auf patzige Art das Interesse des Fremden abgewehrt wird. Schließlich geht der Kleine von der Defensive in die Offensive über und sagt: »No rot, wenn du a Rotsherr bisch!« Wieder eines der Wortspiele, die das Volk so liebt.

So was gibt's auch in unserer Zeit:

Am Abend hallen in Steinheim die letzten Dengelschläge durchs Dorf. Da tritt ein Berliner an den Zaun und will verbindlich mit dem Hofbauern das Reden anfangen: »Scheenes Wetter heute, nich wahr!« Der Bauer hat gar keine Zeit, schaut weder von seiner Sense noch von seinem Hammer weg und sagt nichts drauf, denn daß schönes Wetter ist, merkt ja jeder selber. Da wendet sich der Berliner verärgert ab:

»Sind recht doofe Leute hier!«

»Ja sell scho«, sagt der Bauer, »aber dia gangen nach acht bis zeha Däg wiedr furt!«

Wer im Leben dickköpfig war, ist es auch im Sterben.

»Trink mer no a Halbe, hot der seal Baur gsait, i leab ja doch numma lang; aber wenn se mi narrat machet, nochat stirb i überhaupts it.«

Reinlichkeit, Sparsamkeit

»Döscht g'schpässig«, hots Weible gsait, »d' Händ wäscht ba allbott und d' Füaß gar nie«, müßte man über das Kapitel Reinlichkeit schreiben. Die Ansicht, daß man durch vieles Waschen die Haut abnütze, weist auf die Wechselbeziehung zwischen Sauberkeit zur Sparsamkeit hin.

Daß manche Leute nicht nur die Seife, sondern auch das Waschpulver sparen, kann man aus diesem Bauernsprüchlein hören: »Wenns bloß wieder nuibelet«, hats Weible gsagt und hat sei Häs in d'r Mischtlache ausgwäscha. Das ist aber kein Grund für Kulturhistoriker, Vergleiche mit der frühesten Antike anzustellen, in der feines Leinenzeug in Urin gelegt wurde, da dieser laugenartige Substanzen enthält. Auch Aschenlauge wurde verwendet, um verschmutzte Wäsche wieder sauber zu bekommen.

Wenn eine Bäuerin beim Tod ihres Mannes darüber klagt, daß er noch elf »Hemmadr« von einem ganzen Dutzend aus dem Heiratsgut gehabt habe, war sie nach fünfzigjährigem Zusammenleben nicht gerade freigebig mit frischer Wäsche. Nicht nur an Hemden, auch an Taschentüchern wird gelegentlich gespart, und zwar nicht wie jenes Zigeunermädle im Sprichwort, das sein Hemdle und Taschentüchle am Samstag wäscht, damit beides wieder für den Sonntag sauber ist. Als ich als Kind dieses Sprüchlein zum ersten Mal hörte, habe ich mir viele Gedanken gemacht, was denn dieses arme Mädle in der Zeit wohl getragen habe, in der das Hemdchen trocknen mußte.

Ein Stumpa-Liedle aus Mittelschwaben lautet: »Am Mädle seim Feascht'r hangt a Rotzglocka dra, wenn a anderer Bua kommt, daß er au läuta ka.«

Vielleicht ist diese vom ersten Liebhaber übrig geblieben, der aus verkannter Liebe seinen Tränen freien Lauf ließ. Er hätte besser mit einem anderen Stumpaliedle geantwortet: »Schätzle, guat Nacht, weil mir net hascht aufgmacht. Aber vor dei Fenscht'r her, bringt mi koi Deifl mehr!« oder etwas feiner mit den Worten von Hyazinth Wäckerle: »I duck it, i ruck it, i guck it ums Eck. Willscht lieber alloi sei, nau bleibscht du halt weg.«

Ein Freund könnte den enttäuschten Liebhaber trösten: »Traurig muascht gar net sei, du dummer Bua, d' Welt isch koi Hennastiag, Föhla geits gnua!«

Fein ist das nicht, aber es zeigt den lebenspraktischen Sinn des Schwaben, der seine Vergleiche gern aus der ländlichen Umwelt herholt, sind ja die meisten Schwaben, wenn man nur ein paar Generationen zurückgeht, bäuerlichen Ursprungs.

Der Bauer lebte mit seinem Vieh unter einem Dach, teilte den Lebensraum und damit den Zustand körperlicher und seelischer Naturhaftigkeit und Gesundheit mit ihm.

Immerhin waren die Bauernställe von früher, als der Bauer noch nicht »aufgeklärter Unternehmer« war, viel humaner als heute. Ich atme in Erinnerung noch die Wärme und die Gemütlichkeit solcher Kuhställe mit dem Kobel für die Schweinchen in der Ecke, womöglich darüber die Sitzstangen für das Federvieh – so richtig Bilder zum Malen.

Kann man, was Hygiene und Gesundheit anbelangt, von einem Fortschritt reden, wenn man an die heutige Art der Tierhaltung (Verschläge für Kälbchen, in denen sie verkrüppeln, Roste im Kuhstall, auf denen die Kühe krummbeinig und gichtig werden, elektrische Melkvorrichtungen, Legebatterien für Hühner usw.) denkt? Wie liebevoll wurde, gleichsam als Entschädigung für das harte Arbeitspensum, das Vieh gefüttert und gestriegelt. Die Sorge für jedes einzelne »Küale, Huischele und Bibberle« lief mit den Familiensorgen parallel.

Rückwirkend hat aber gerade diese nahe Beziehung zum Tier Grunderfahrungen des bäuerlichen Menschen entwickelt, hat ihm eine Ursicherheit und ein Urbehagen mitgeteilt, bis hinein ins Gemüt. Seine Lebensweisheit, sein medizinisches Wissen bezieht der Schwabe dieser bäuerlichen Herkunft wegen gerne aus Vergleichen mit der Tierwelt.

Sau und Dreck kennet anand.
A blinde Henn findt au a Korn.
Alte Küah schleckat au no gean a Salz.
Alte Vögel lont se schwer rupfa.
Frühe Vögl frißt d' Katz.
Au' er g'scheite Katz ka amol a Maus vertrinna.
Wenn's am Esel z'wohl isch, gaut'r aufs Eis.
S'isch, als wenn ma an Goißbock übern Zau lupfa müaßt.
D' Katz laßt's Mausa net.
D' Schuesterweiber und d' Schmiedroß gond barfueß.
Sau isch Sau ond wargelet em Dreck.
Uns'r Herrgott hat an groaßa Tiergarta.

Oder in Redensarten: »Mir isch's sauwohl, a saumäßigs netts Mädle, dia alt Goiß, der Hundsfött oder hundsmüad sei« usw. Diese Reihe wäre beliebig zu ergänzen.

Manches an Tiervergleichen geht für städtische Ohren zu weit, mag peinlich klingen, aber ein Einheimischer verträgt gerade davon ziemlich viel.

Nun zurück zur Reinlichkeit.

Auf dem Markt hat ein Hafner verschiedene Krüglein und Töpfe verkauft. Bergangers Mari hat sich eins ausgesucht, fand aber beim genaueren Betrachten ein paar Flecken. Interessiert wie sie war, begann sie mit dem Feilschen, »ob ihr net dr Häfner des Häfele wega deane Mausa a weng billiger geaba tät«.

»Wisset se«, moint dr Hafner, »I han Fehler und ui hänt Fehler. Warum sott des Häfele net au a paar Fehler hau?«

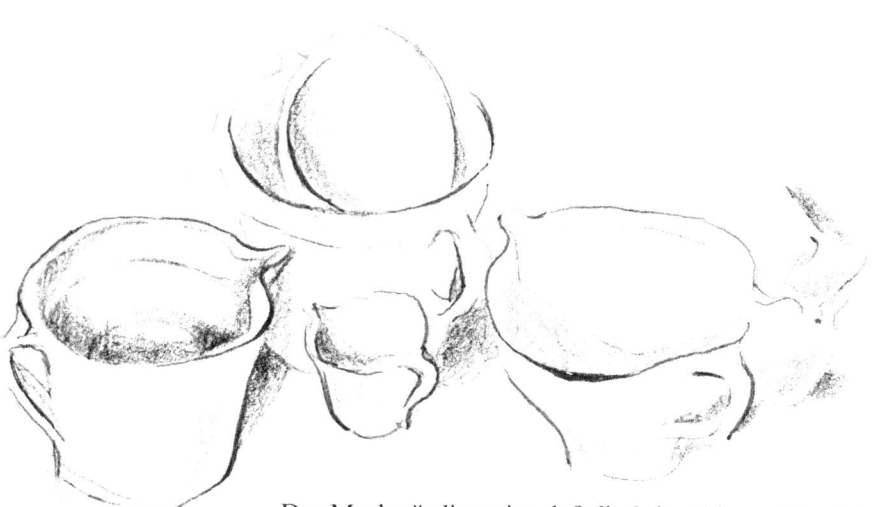

Das Merkwürdigste ist, daß die Schwäbin und der Schwabe auch dem anderen Extrem anhängen, daß sie nämlich auf peinlichste Sauberkeit bedacht sein können. An Putztagen sind die Schwäbinnen wahre Teufel, die der ganzen Familie das Leben sauer machen. Manche scheinen ihr Leben nur dem Ideal Reinlichkeit gewidmet zu haben, so daß Mann und Kinder in den auf Hochglanz gebrachten Zimmern auf dem Kopf gehen müßten. Wäckerle hat eine solche Putzhexe köstlich beschrieben, der man nur durch den Gang zum Wirt entrinnen kann:

Wenn mei Weible putza tuat
oder's geit a Wäschle,
nau staut's mit der Schüssel schlecht
und i gang zum Fläschle.

Dau weard g'soifet, bürschtet, g'licht,
g'sotta und brav g'lauget,
ob der Ma was z'essa haut –
nauch deam weard it g'frauget.

Wenn i schimpf und wenn i fluach,
's will it gar viel helfa,
's kommt koi Supp it auf da Tisch,
und es schlägt scho zwölfa.

Weible, wäsch nu fleißig zua,
laß di d' Müah it ruia!
Bei dear Koscht ka i it b'stau,
i gang jetz zum Bruia!

Oins isch guat am sella Tag:
's geit bei'r Nacht koi Predig;
sie ischt müad und schlauft scho lang
und im Schlauf isch 's' gnädig.

Die Not des Lebens hat den bäuerlichen Menschen, vor allem den Söldner, auf seinen kargen Äckern zu großem Fleiß erzogen. Die Spuren sind nicht nur dem Gesicht und den Händen eingeprägt, sie trägt der ganze Körper. Karl Häfner schildert das in seinem Gedicht greifbar anschaulich:

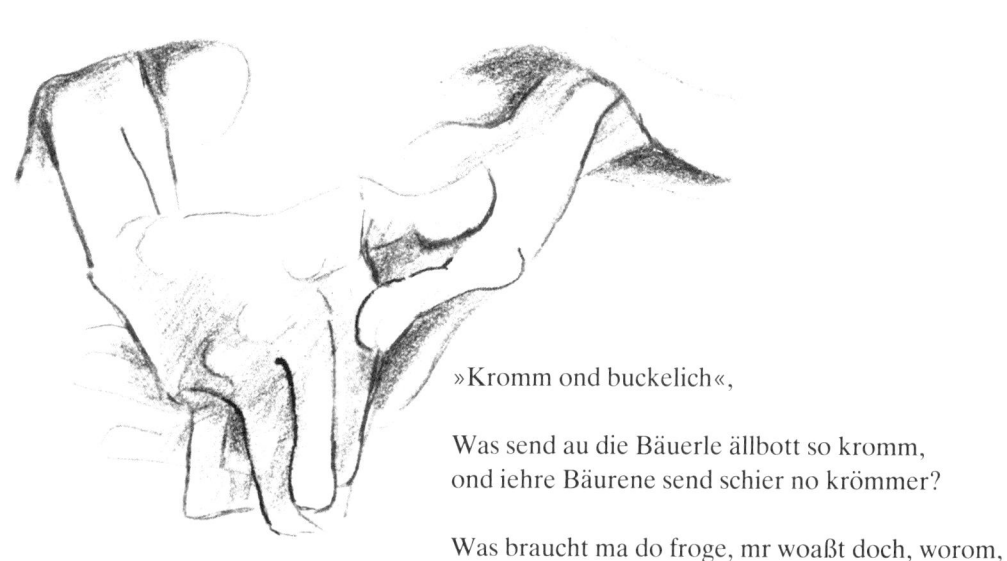

»Kromm ond buckelich«,

Was send au die Bäuerle ällbott so kromm,
ond iehre Bäurene send schier no krömmer?

Was braucht ma do froge, mr woaßt doch, worom,
ond tät mr net sage, no wärd's bloß no schlemmer.

Weil se so arm send, müeßt se se ducke,
zom Bäuerle paßt koi so stärrischer Nacke.
Uf iehre Äckerle müeßt se se bucke,
mit haue ond Karscht müeßt se do hacke
ond schärre ond gruble ond setze, verrupfe.

Härt müesset se dra, net bloß hoffe: Gott geits.
Se könnet vor Müade de Kopf schier net lupfe.
Drom wurd au de Bäuerle lahm oft iehr Kreuz.

Dem Schwaben zu eigen ist die »ewig U-muaß«, die in einem merkwürdigen Gegensatz zu seinem Beharrungsvermögen steht.
Wenn sie sich nur in Geschäftigkeit äußert, mag sie noch erträglich sein. Viel

schlimmer ist die innere U-muaß, die in einer ständigen Betriebsamkeit besteht.

Es ist schwer, wenn nicht gar unmöglich, von Faulheit zu sprechen bei einem Stamm, dem die Arbeit Hobby ist, der sich den Himmel zuallererst als Ort erfolgreicher Tätigkeit vorstellt.

Mir hat einmal eine Lehrerin erzählt, welche Vorstellung sie von der ewigen Seligkeit habe: Eine Klasse der liebsten und nettesten Kinder zu betreuen, Kinder, die beim Unterricht mittun, daß es nur so eine Freude ist.

's Schaffa steht in der schwäbischen Ethik an oberster Stelle. Neben dem emsigen Fleiß gehören noch weitere Tugenden zum Ehrenkodex des Schwaben: Sauberkeit und Sparsamkeit, Nüchternheit und Fortschrittsdenken. Adolf Paul, ein Donauschwabe aus Günzburg, beschreibt einen »Putzteufel«:

De fleißig Nauchb're

Mei Nauchb're isch a fleißig's Weib,
A jöd'r muaß fei loba,
Dia putzt iahr Haus da ganza Ta',
Bald hunta und bald doba.

Und bald se doba fertig isch,
Gats hunta glei' meah a',
Se wischt, wau gar koi Schtaible leit,
Und reibt so arg se ka'.

Wia schimpft iahr Ma' oft rum im Haus,
Tuat Flüach als wia'n a Reit'r,
Doch d' Nauchb're bringt koi' Mensch net draus.
Se reibt und putzt halt weit'r.

Wenn dia amaul in Himm'l fährt,
Was werd d'r Petrus saga?
Wenn dia mit iahr'm Schropp'r kommt,
Wia werd dear Ma' net klaga!

Denn dia fangt glei' zum Putza a',
Zum Wischa und zum Schtauba;
Dia putzt'm d' Sonn vom Himm'l weg
Ihr derfat's keckle glauba!

So weit wird diese Reinlichkeit betrieben, ja übertrieben, daß an dieser Tugend mit zusammengekniffenem Mund Wert und Unwert der Nachbarinnen gemessen wird.

Eigentlich ist hier eine Parallele zu sehen zu der merkwürdigen Erscheinung, daß neben der sprichwörtlichen Sparsamkeit des Schwaben eine unerwartete Großzügigkeit im Ausgeben steht. Fugger, der sparsame Kaufmann, hat mit viel Gescheitheit und zäher Ausdauer in Unternehmungen, die für die damalige Zeit neu und äußerst gewagt waren, Geld zusammengescheffelt. Gleichzeitig hat er aber auch im Stil des großen Mannes das Geld ausgegeben. Ohne mit der Wimper zu zucken, nahm er die Schuldscheine Kaiser Maximilians und Kaiser Karls V. aus Spanien an, obwohl er ziemlich sicher wußte, daß dieses Geld verloren war. Diese Großzügigkeit gehört genauso wie die Sparsamkeit zur schwäbischen Eigenart. »Schwäbisch isch gäbisch.«

Man sagt, daß die »beasescht Weiber die sauberscht Wäsch hättet«, daß gerade sie die Reinlichkeit übertreiben, das läßt tief blicken.

Je mehr man in Schwaben vom Osten nach dem Westen kommt, desto mehr ist dieser Hang zu Ordnung und Reinlichkeit zu spüren.

Das malerische Element hingegen nimmt ab. Es fällt der Sucht zum Opfer, alles sauber und neu zu machen. Wertvolles Kulturgut, wie Kirchen und Kapellen, behäbige Bauernwirtschaften und Bauernhäuser, alte Friedhöfe mit ihren Stein- und Eisenkreuzen sollen neuen Gebäuden und Ausstattungen weichen. Aus den gemütlichen Bauernstuben mit Herrgottswinkel und breitem Eisenofen werden halbmoderne Zimmer im Kaufhausstil. Die Möbel, wie bemalte Bauernschränke oder Kantenbretter und die dazugehörigen irdenen Schüsseln, verschwinden. Heute kommt es sogar wieder vor, daß sich reiche Bauersleute mit Bauernmöbeln aus dem Antiquitätenladen einrichten. Soweit sie nicht durch die Zerstörungswut der letzten, neuerungssüchtigen Generation vernichtet wurden, füllen diese stilechten farbigen Bauernmöbel und sonstiger Hausrat mit ihrer Schönheit und Behaglichkeit die Wohnungen kunstverständiger Städter.

Es ist wirklich ein großes heimatpflegerisches Problem, gerade in Bayerisch-Schwaben gegen diese Modernisierungswut anzugehen. Leider haben manche Dörfer durch diese Rührigkeit, übertriebene Sauberkeit und durch den ins Sterile gesteigerten Ordnungstrieb ihr ursprüngliches Gesicht weitgehend verloren.

Die Sieben Schwaben

Der Schwabe nimmt sich gerne selbst auf den Arm. Er mag es nur nicht, wenn ihn andere auf den Arm nehmen. Da wird er sauer.

Oft ist der Anlaß, über sich selbst zu lachen, nur ganz unbedeutend und klein, aber doch eine lustige Geschichte, bei der man sich selbst an der Nase nimmt.

Ja man sinniert direkt herum, wie dieses oder jenes Erlebnis, dieses kleine Mißgeschick oder jener Mißgriff auf humorvolle Weise ausgeschlachtet werden könnten.
Aber selbst muß man es tun. Selbst muß man kleine Lächerlichkeiten oder Schwächen eingestehen, um so recht herzlich darüber lachen zu können, vielleicht mit dem Nachsatz: »Ma werd halt alt« oder
»Was ma net in de Füaß hot, des muaß ma im Kopf haba« oder umgekehrt ...
Würde aber ein anderer auf diese Schwächen zeigen oder sie gar aufblähen, so wäre der Schwabe beleidigt und würde sich in sein Schneckenhaus zurückziehen. Sich selbst kann man aber auf die erdenklichste Weise bloßstellen; über sich selbst kann man lachen und andere dazu bewegen, es ebenfalls zu tun.
Ich glaube, daß so die Geschichte der Sieben Schwaben entstanden ist, daß der Auerbach Ludwig aus Türkheim, dem sowieso der Schalk hinter den Ohren saß, sich selbst und seinen Landsleuten einen Spiegel vorhalten wollte.

»Schaugt's her, so send mir«. Diese haben herzhaft mitgelacht und haben mit Vergnügen und Sinn für Karikatur und Ironie ihre eigenen Züge entdeckt. So gut muß diese Geschichte gefallen haben, daß sie landauf, landab kursierte, untereinander erzählt und schließlich über Jahre hinweg zum »Bildungsgut« erhoben wurde, als Lesestoff, der in jedem ordentlichen schwäbischen Schulbuch zu finden war.

Diese Geschichte war aber für die eigenen Landsleute bestimmt. Sie setzte die gleiche Wellenlänge der Leser voraus und die gleiche Freude an der sarkastischen Selbstbeobachtung und Selbstdarstellung. Vielleicht war sie auch als kleiner Stupser gedacht, es nicht allzubunt zu treiben, auf daß man nicht etwa mit dem Knöpflesschwab verwechselt werde. Das »Volksbüchlein von den 7 Schwaben« wurde in München gedruckt, wo Auerbach als Lehrer und freier Schriftsteller tätig war.

Natürlich hat diese Geschichte auch über Schwabens Grenze hinaus gut gefallen, denn sie läßt nichts an Humor und drastischer Bildhaftigkeit vermissen. Nur haben die Fremden, im heimischen Idiom unerfahren, die Sache umgedreht und haben aus der selbstironischen Darstellung des zünftigen Türkheimers (der übrigens als Bub ein recht hoffnungsschwaches Bürschlein war) ein bis in jede Äußerung ernst zu nehmendes Abbild des schwäbischen Menschen gemacht. Mit wem konnte man das denn besser treiben als mit dem Schwaben? Nun hatte er selber den Stoff für drastischen Spott geliefert.

Auerbach hätte es sich gewiß nicht träumen lassen, daß diese Geschichte weltbekannt wurde und mit ihr auch die Schwaben, deren Ländle, verglichen mit der weiten Welt, verschwindend klein ist. Aber leider wurde der Schwabe nur in dieser Darstellung bekannt als der ausgemachte Tölpel, Feigling und Hanswurst, der in ungeheurer Komik alles schief anpackt und zu einem belachenswerten Ende bringt.

Wenn man sich in Skandinavien oder in Frankfurt schüchtern und verschämt einen »Schwaben« nennt, funkt es sofort. Aha, die Sorte von Mensch also, ein solcher DUMMIAN! Ein »blöder Schwabenteifi«, würden die Bayern sagen. Mir erklärten Berufskollegen in Kopenhagen, sie wüßten auch was von den Schwaben und erzählten in gebrochenem Deutsch ein paar Bruchstücke aus dieser Geschichte.

Damit wird ein so schlimmes Pauschalurteil über den Schwaben gefällt, daß es viele nicht mehr für wert halten, sich ernsthaft mit schwäbischer Mentalität auseinanderzusetzen.

Über schwäbische Dummheit und Klugheit

Oft erscheint der Schwabe als dumm, weil man ihn nicht versteht. Er ist nie und nimmer ein Hochstapler. Im allgemeinen weiß er nur nicht seine Qualitäten richtig einzuschätzen. Wenn ein Preuße sagt: »Mir ist eine großartige Idee gekommen«, sagt bei gleich guten Gedanken der Schwabe: »Des isch net amaul so dumm.«
Aus Schwaben kommt auch das Sprüchlein: »Zwoi Dumme geabet no koin Gscheite.« Und trotzdem funktioniert's im bayerischen und württembergischen Schwaben so ausgezeichnet, daß sie richtige Musterländle geworden sind. Die Schwaben, die so gerne tiefstapeln, sind also nicht gerade dumm, wenn es ihnen auch manchmal zugeschrieben wird. In der Untertreibung steckt Bescheidenheit: Ist ja gar nicht der Mühe wert, darüber zu reden! Die

Hauptsache ist, daß wir nicht auf den Kopf gefallen sind. Wie viel ich weiß und kann, geht andere gar nichts an.

Der Schwabe wird ja auch nicht zugeben, reich zu sein: Mei Sach isch bloß a Sächle.

Natürlich versucht er, sich auch durchzusetzen. Er muß es ja, aber immerhin nicht mit den üblichen Mitteln der Verdrängung. Häufig läßt er sich allzuschnell verunsichern.

Ganz selbstverständlich gilt hierzulande der Spruch: »Imponier am andera, wenn a Scheißkerle bisch!« Also gilts, zuerst etwas zu sein.

Wie stehts mit der Intelligenz des Schwaben?

Das schwäbische Donautal war vor etwa 300 Jahren Zeuge der Schlacht bei Blenheim, dem heutigen Blindheim, bei der Prinz Eugen zusammen mit dem englischen Herzog Marlborough die französische Armee besiegte. Die Kinder aus den Orten Höchstädt, Unterglauheim, Schwenningen hören in der Schule besonders viel von diesem damaligen Ereignis, so daß die Namen der beiden großen Feldherren in der Gegend wohl bekannt sind.

Eines Tages tauchte ein gut aussehender, gemütlicher Herr in Blindheim auf und setzte sich zu den Bauern an den Stammtisch. In vorgerückter Stunde gab er sich als Gesandter der Herzöge aus Marlborough zu erkennen. Dieses edle Geschlecht habe die ruhmreiche Schlacht nicht vergessen und wolle mit dem Dorfe Blenheim freundschaftliche Beziehungen anknüpfen, die ruhig auch etwas kosten dürften, etwa neue Glocken für die St. Martinskirche oder eine Restauration der Kirche, denn die Marlboroughs seien fromme Leute.

So sprach der Fremdling in wohlgesetzten Worten. Jeder Zoll an ihm verriet den weltgewandten Gesandten, bis auf die bayrisch angehauchte Aussprache. Als am anderen Tag die Landwirte vom Herzog und seinen Geldspenden hörten, erwachte der nüchterne, bäuerliche Geschäftssinn und sie luden den hochherrschaftlichen Wohltäter ins Haus, bewirteten ihn und stellten ihm das eigene Auto zur Verfügung. Der Bürgermeister und der Herr Pfarrer kamen

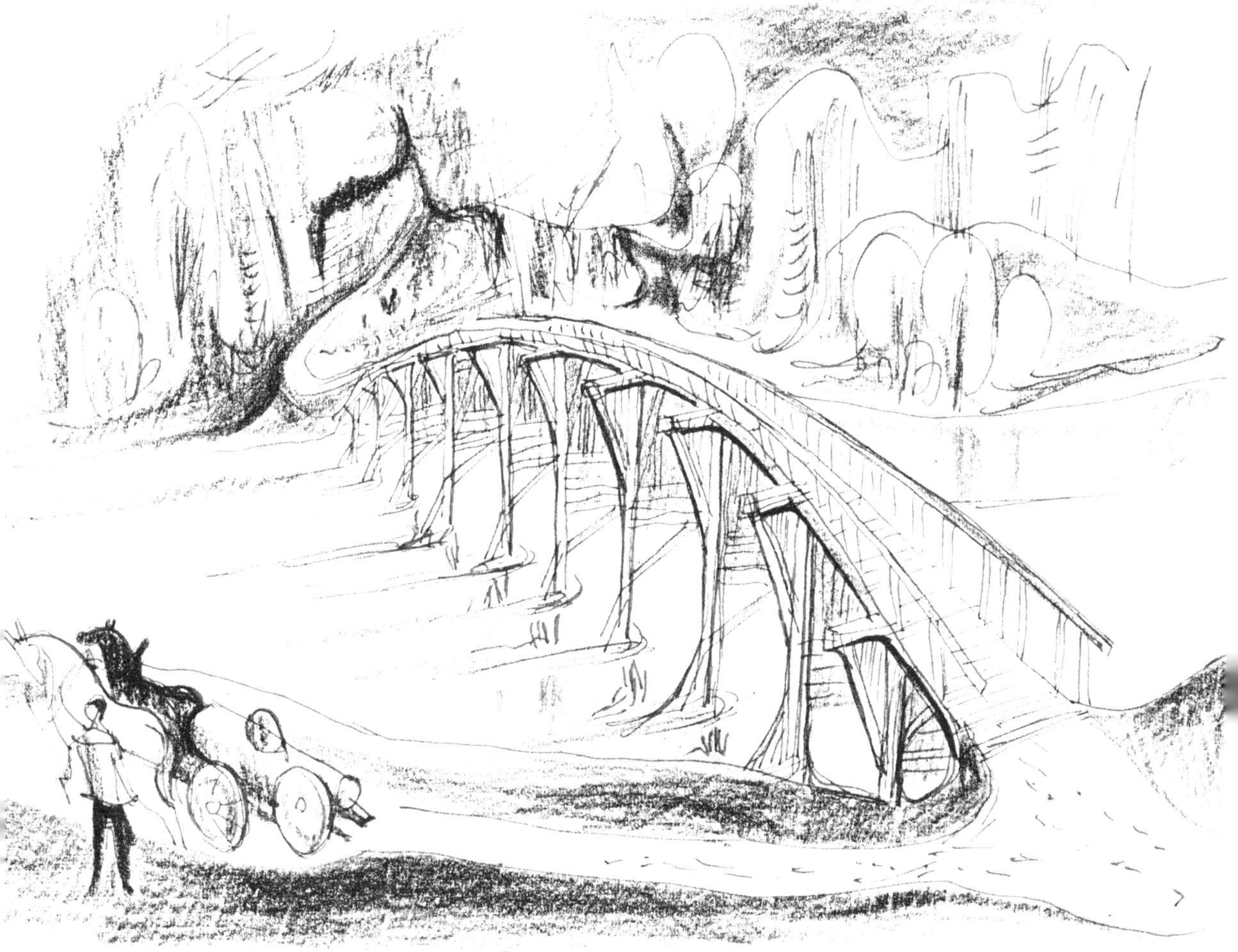

persönlich, um den Abgeordneten des großen englischen Reiches im kleinen Blindheim aufs herzlichste willkommen zu heißen.

Als gar der großherzige Mäzen einen Baukostenzuschuß für die Kirche mit 100 000 DM im Auftrag des Hauses Marlborough unterschrieb, war die Freude nicht mehr zu bremsen. Das Beste und Schönste war gerade noch gut genug für den Umbau der Kirche, bei dem der seriöse Fremde die Oberaufsicht führte. Bald beliefen sich die Kosten auf 274 000 DM.

Freilich sagte der Bürgermeister vorsichtig abwägend: »Zearscht müaßa m'r des viele Geld, vo deam der schwätzt, en d'r Tasch hau!« Aber um diesen Einwand kümmerten sich die Blindheimer nicht: »Wir wollen eahn zum Ehrabürger macha, an Gedenkstoi wolle mer eahm setza!«

Der Blindheimer Pfarrer hielt es aber doch für ratsam, den Abgesandten des Herzogs in dem vermeintlichen Palais in München zu besuchen, in das er sich angeblich ab und zu wegen dringender Staatsgeschäfte zurückzog. »Ma woiß it, wofür 's guat sei ka!« Es verschlug ihm die Sprache, als er den hohen Gönner in einer armseligen Wohnung im Trainingsanzug antraf, gar nicht mehr hochherrschaftlich. Es war der Münchner Drucktechniker Erich Veh, der, wie seine Kameraden erzählten, über eine gehörige Portion Humor verfügte und sich gelegentlich solche Späße erlaubte. Die Polizei klärte schließlich auch die Besitzverhältnisse auf. Beim vermeintlichen Gesandten war nichts zu holen und die 274 000 DM Bauschulden blieben ungedeckt.

So hat ein schlauer Bayer sich einen Spaß daraus gemacht, ein schwäbisches

Dorf samt Pfarrer und Bürgermeister zum Narren zu halten. Seine ganze Ausrede war: »Sie wären ja sonst nicht zu einer renovierten Kirche gekommen. Ich hab' ihnen ja draufhelfen müssen.« Nach Blindheim traute er sich aber nicht mehr zurück. »Die sind ja stocksauer auf mich.«

Diese Geschichte zeigt nicht nur das gute Einvernehmen zwischen Bayern und Schwaben. Sie beweist neben viel Schlauheit und bäuerlichem Pragmatismus eine hinterwäldlerische Lebensferne mancher Landsleute.

Von den hervorstechenden Eigenschaften des Schwaben kann man nicht eine »herausklauben« und gesondert behandeln. Man muß immer mindestens zwei zugleich im Auge behalten und fährt am besten damit, die gegensätzlichsten in einem Zug zu behandeln, zum Beispiel die Verbindung von schwäbischer Intelligenz mit Tolpatschigkeit.

Eigenständige Logik

In der Gescheitheit des Schwaben ist zuweilen soviel Sinniererisch-Umständliches verborgen, ein Hang, tiefer und noch tiefer zu schürfen, der ihn aber im Sinne preußischer Gewandtheit gar nicht »helle« erscheinen läßt. Auch dem Bayern gegenüber ist der Schwabe im Nachteil. Dem Buche von Alfred Weitnauer »Die Bayern und die Schwaben« möchte ich eine Stelle entnehmen, die recht typisch den flotten Denkablauf der Bayern charakterisiert, während der Schwabe um drei Ecken herum denkt und vor lauter Bäumen den Wald nicht sieht.

An den Briefkastenonkel einer schwäbischen Tageszeitung richtet eine Einsenderin, die aus eigener Kraft mit den Welträtseln nicht mehr fertig wurde, die folgende Anfrage:

1. Ist bei den Herrenhüten der Rand angenäht oder besteht der ganze Hut aus einem Stück?
2. Sind die Tragflächen am Flugzeugrumpf angeschweißt oder angenietet?
3. Wie lautet das klassische Zitat des Götz von Berlichingen korrekt – »im« oder »am«?

Der Briefkastenonkel, ein Bayer und deshalb weniger grüblerisch und kompliziert, antwortete ein paar Tage später in seinem Blättle in der Briefkastenspalte:

Frage 1 und 2 verstehen sich im Sinne von Frage 3. Bei dieser ist es gleichgültig ob »im« oder »am«, Hauptsache: »mich«. Wenn die Schwäbin nicht mit der faustdicken »Hinterfotzigkeit« der Bayern rechnete, ist sie sicher aus dieser Auskunft nicht klug geworden.

»Dumm stelle, aber net dumm sei«, bringt dem Schwaben immer Erfolg, meistens im Materiellen. Es ist der Preis für die ihm zugeschriebene Tolpatschigkeit.

Als ein Gendarm den Lederle Xaver zur Rede stellte, weil er bei Nacht die vorgeschriebene Laterne nicht an den Wagen gehängt hatte, meinte jener: »Mei Gaul isch blind. Der ka au mit 'm Liacht nix seha.«

Vor Gericht wurde einmal ein junger Bursche aus Nesselwang überführt, ein Fahrrad von der Friedhofsmauer weg gestohlen zu haben. Er sagte ganz harmlos: »Dau miaßt 'r scho entschuldiga! Weil 's an d'r gottsackermaur gschtanda isch, han i denkt, 's hot's oiner vo deane dau drin schteha lassa ond dia brauchens ja nemme.«

Beim Zauberkünstler bleibt dem Kaspar der Mund offen, so überrascht ist er von dessen Kunst.

»Wia macht er des nocher?« will er wissen. »Geschwindigkeit ist keine Kunst«, klärt man ihn auf. Das leuchtet ihm aber nicht ein. »Wenn er ebbes könnt, bräucht er doch net schwindla.«

Zwei alte Jungfern wohnten in einer kleinen Mansarde beisammen. Hausierer und Bettler kamen oft an die Türe und wurden von den beiden Frauen mit Geduld und Liebenswürdigkeit behandelt.

Da klopfte an die Tür im dritten Stock ein junger Hausierer, der allerhand Männerkram, wie Hosenträger, Unterhosen und Socken anzubieten hatte. Jedesmal sagte die alte Dame recht freundlich »'s tuat m'r leid, sowas kennat m'r it braucha, m'r send it vrheiratet; m'r hant koine Mand em Haus.«

Als der Hausierer über die Treppen hinabeilte, um Opfer der Kauflust zu finden, zog eine Jungfer die andere hastig herein und sagt zu ihr: »Gell, des derfscht fei ganz gwieß nemma saga, daß bei uns koine Männer send. Sonscht kommt amaul a solcher Hausierer in d'r Nacht und bricht bei uns ei.« »Ja moischt des wirkle? Du kasch recht haba; deam muaß i's glei richtig saga, solang 'r no em Haus isch.« Sie beugte sich über das Treppengeländer und rief über drei Etagen dem eben enteilenden Händler nach »Gellat se, daß s'as bloß wissant, m'r sent zwar it verheirat, ab'r hant all Nacht Mand em Haus.«

Was mit »schwäbischem Fatalismus« gemeint ist, drückt am besten der Spruch aus: »Laß deam Keed sei Luftballöle, denn es fliegt vo sell davöle.«

Ein jugendlicher Autofahrer war mit seiner Mutter und Großmutter auf flotter Fahrt.

Als er zur Stadt Augsburg hereinbrauste, wurde er von einem Polizisten angehalten. Ihm »schwante« Schlimmes, aber Gutes sollte an ihn herankommen, denn der Verwalter öffentlicher Ordnung verkündete ihm, daß er 1000 Mark bekommen solle, da er der 1000. Autofahrer sei, der zum heutigen Fest in die Stadt komme.

Der leutselige Polizist knüpfte beim Überreichen des Geldes ein Gespräch mit dem jungen Mann an. Er fragte ihn, was er mit dem vielen Geld tun wolle. »Mit deam mach i da Führerschei« hörte der Polizist und traute seinen Ohren nicht. Die Hand mit den Banknoten vollzog eine »rückläufige Bewegung«. Das sah die Mutter und wollte die Situation retten, indem sie vorschrie »Des müassens eahm fei net glauba. Er hot a weng a Wei'le trunka.«

Der Polizist sah »rot« und holte den Halbstarken aus dem Auto zum Blasen. Das Ergebnis war: starker Alkoholgenuß.

Da fing die Oma zu jammern an »I hammers ja denkt, daß ma mit deam g'schtohlana Auto net weit kommt.«

Die Moral von der Geschichte heißt: »Üb' immer Treu und Redlichkeit und nimm nie Mama und Oma im gestohlenen Auto mit.«

Verqueres Denken

Warum sagt man eigentlich in Schwaben: »Dees mogs wieder amol«, wenn etwas »schief geht?«
»Heit hots wieder amol g'mecht« sagt der Bäckerbua, wia 'r 's Brot mitsamt am Kretta verspielt hot.
»Hundert Häuser – hundert Küechla« hot der Kierbebeattlar denkt, isch aber schon im erschte nausg'woarfe wore.
»I wär sowieso grad gange«, hot a nochat g'sait.
Der Mißerfolg ist selbstverständlich, bedeutet das. Ich mache gerade noch das Beste daraus.
»Heina sottet ihr, wenn oins auf d' Welt kommt, net wenn oins stirbt« hat eine Austräglerin, der das Leben übel mitgespielt hat, auf dem Totenbett gesagt.
Da wurde ein Herr aus einer Kleinstadt überraschend zu einer Hochzeit eingeladen. Er lief deshalb zum Schneider, damit ihm dieser einen »Geschthintr« mache. Am nächsten Tag ist der Anzug bereits fertig, aber er paßte »hint und vorn« nicht.
Daß er sich beim Schneider deswegen beklagte, war sein gutes Recht. Der aber tröstet ihn, als er den zu langen rechten Ärmel vorführt. »Der stimmt scho. Sie müssen bloß d' Schulter a wengle end' Höh' ziaga.« Bei dem Hinweis auf den viel zu kurzen linken Ärmel sagt der Schneider »Den klemmens in d' Fauscht ond ziagens eahn vor. Aber der Kragen stimmt ja auch nicht« wagte der Mann noch weiter einzuwenden. »Wenn se da Buckl a weng rund machen, schtimmt au der«, behauptete der Schneider.
Da der Herr keinen anderen passenden Anzug hatte, ging er mit dieser Mißgeburt an Kleidung zur Hochzeit, hob die rechte Schulter ein wenig in die Höhe, spannte den linken Ärmel über die Faust, daß er länger erschien, wölbte den Rücken, damit auch der Kragen paßte. In dieser gekrümmten Haltung bewegte er sich zwischen den anderen Gästen.

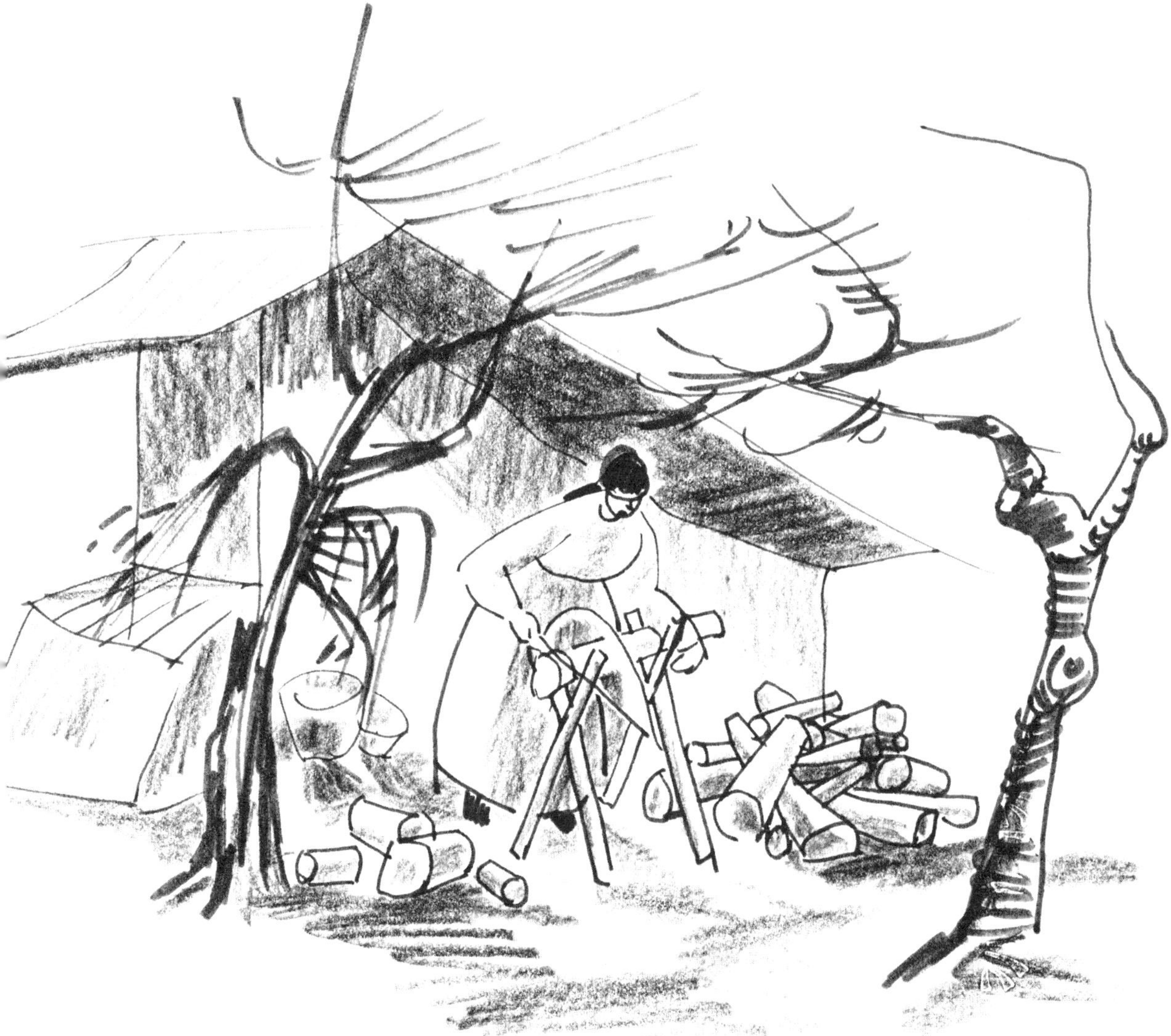

Da zeigten die Leute aus der Hochzeitsgesellschaft auf ihn »Schauts doch dean arma Krüppel a – wia der verwachsa isch! Aber an guat'n Schneider hat'r.«

Das ist Philosophie, die in Witze gekleidet aus dem Leben gegriffen ist.

Solch verqueres Denken, das einem tiefen Pessimismus entstammt, finden wir in diesen Sprüchen:

»Aufwärts gaut's, hot d' Maus g'sagt, wia se d' Katz d' Kellertrepp nauftraga hot.«

»Iatz gibt's wieder Platz auf der Ofabank, hot der sell Vater g'sait, deam 4 Kinder an de Masere g'schtorba send.«

»Hintereinander auf dr Ofabank hot der Schneider gsagt, und hot a gotzige Goiß ghett.«

Auf einer Landtour per Rad fuhr kurze Zeit ein Handwerksbursche neben mir und begann zu philosophieren:

»Das Ausgschämteste, was se Menscha atua können, isch, anand a'z'geaba. Es gibt nix Gemeiner's. Ond, guckat Se, dia Schandarma leban bloß vom A'geaba anderer Leut'; se g'hören also zur niederträchtigsten Gattung der Mensche.« –
(Das wurde feierlich auf Hochdeutsch erklärt.)

Das nennt man Landstreicherphilosophie.

Mit ihrem Pfarrer war eine Gemeinde ganz und gar nicht zufrieden. Seine Messe dauerte zu lange, er war arg streng beim Beichten, dazu barsch und unfreundlich im Umgang.

Eine Abordnung der Gemeinde kam zum Ordinariat, um sich zu beschweren und vielleicht einen anderen Pfarrer zu bekommen.

Das Trüpplein Bauern wurde angehört und entlassen, nachdem jeder Punkt sorgfältig aufgeschrieben war.

Ziemlich geräuschstark ging die Gruppe die Treppe hinunter, als einem noch etwas besonders Wichtiges einfiel. Also schnell nochmals hinauf: »Wissens, 's ärgscht, was eis zuag'muatet werd, send dia langweilige Hiatabriaf, dia er ab und zua verliest.«

Der Pfarrer ist nicht versetzt worden. Die Bauern waren zu harmlos, um die säuerlichen Gesichter im Ordinariat enträtseln zu können.

In Zusmarshausen war die Gemeinde auch nicht mehr mit ihrem Pfarrer zufrieden. Eine Abordnung fuhr nach Augsburg zum Ordinariat. Man möchte halt unbedingt den Pfarrer los werden. Der Generalvikar erkundigte sich: Was habt ihr denn für Gründe? »Moischt Loim und Letta«, gaben die Ökonomen bereitwillig Auskunft.

»Du sollscht net gega da Hemml speia. 's kommt alles wieder z'ruck«, wird den

kleinen Kindern schon im frühen Alter eingeprägt. Diese Abhängigkeit von der Obrigkeit zeigt sich in mehr oder weniger großen Untertänigkeit.
Ein gutes Verhältnis zum lieben Gott zu haben, ist recht nützlich.
»Sei so guat ond helf m'r, liaber Gott, daß mei Fuader no über d' Bruck kommt«, betet herzinnig ein Knecht, der mit Besorgnis seine schwankende Ladung und das aufsteigende Gewitter betrachtet. Er kam gut über die Brücke. Aber drüben angekommen, führte er sein Zwiegespräch weiter »Du, hättscht mer gar net helfa braucha, i hätt's au ohne di kenna.« In dem Moment krachte es und ein brandheller Blitz fuhr direkt vor dem Fuhrwerk in die Tiefe. »Du verschtauscht aber au koi Späßle! oi, oi« jammerte der Knecht.

Hintersinn und Pragmatismus

Ein Schulfreund von Bert Brecht hat einmal einen Kardinalschwindel inszeniert.
Der Lehrer hatte in seiner Aufgabe einen Fehler zuviel angestrichen. Sein Mitschüler strich gleich noch weitere richtige Stellen rot an und meldete sich beim Lehrer, um ihn zu verunsichern und hereinzulegen. Tatsächlich war der Lehrer betreten über »seine Irrtümer« und gab ihm eine bessere Note.
Das ist ein Denken, das hintenherum zum Ziel kommt.
Beim Schwaben paart sich meistens mit Klugheit lebenspraktisches, ökonomisches Denken. Nur um als klug zu gelten, macht er sich nicht die Finger krumm. Das überläßt er anderen.
Dumm ist für ihn eher jemand, der sich ehrenhalber um Posten bemüht, einer wie ihn Hyazinth Wäckerle in seinem Gedicht »So dumm« beschreibt:

    Kaum hat er seine Roß ausg'schirrt,
    Sitzt Häusle Mathes scho beim Wirt.
    Da kommt der Bader-Maxl rei,
    Trinkt eba au a Schöpple Wei'
    Und sait zum Mathes: »Gratulier!
    Dös isch a Ehr, stoß a mit mir!«

    »Was gratulierst, was ist a Ehr?«
    Fragt drauf der Mathes, »was bringst her?«

»Ja, woißt du's no it, alter Schwed?
Im ganza Dörfla isch ja d' Red,
Im Baurav'rei hand's Stimma zählt
Und hant dein Sohn zum Vorstand g'wählt.«

»Was, schreit der Mathes, – nimmt er's a?«
»Ei, wia ma' nu so fraga ka!« –
Dr Mathes sieht so g'spässig d'rei',
Staht woitle auf und zahlt sein Wei'
Und sait: »I hätt's it glaubt, auf Ehr!
Daß mei Hansmichel so dumm wär!« –

»A' gscheita Bries schadet ama dumma Menscha nix« oder
»Dr Gscheitı gibt noch, hot dr Schubkarra zur Lokomotiv g'sagt und isch auf
d' Seita g'fahra« kommt nicht aus dem Mund von dummen Menschen. Es
handelt sich um eine Klugheit, die vorsichtig abschätzt, nicht auf die Barrieren
geht, wenn ein Kampf aussichtslos wäre.
Büacherbaura send nix nutz.

»Der isch blitzhageldumm« heißt, daß es »neaba eham blitza, donnera und
ei'schlaga kennt, ohne daß er's merkt.«
Und wie zeigt sich die Dummheit?
»Zoara ohne Macht werd ausglacht.«
Wer nix aus se macht, werd ausglacht, aber auch wer z'viel aus se macht, wia
dia sell Bürgermeistersfrau, dia vor lauter Umuaß earscht beim Credo in
d' Kirch nei komma isch. D' Leit standet grad auf. Dau winkt se nauch links
und rechts ab und moint: Des brauchet ihr grad it doa, au wenn i d' Bürger-
meistere ben! Des isch doch it nötig!
»Ma moint scho, s'e scheißt a Loch heacher«, werden die Leute gesagt
haben.
»Der Nane hot oba en Bach g'spia und der Näne hot unta drvo trunka.«
»Neu'mol a'gschnitte und no z'ku'z« hot der Tiroler g'sait.
»Es git allat a G'späßle« hot der Tirolarbue g'sait; »Feand isch eis der Hund hi'
wore und huir der Vatter.«
»Dös hilft für d' Mäus« hot der Walsar g'sait und hot sei' Haus a'zunde.
Gerne wird aufgelegte Blödigkeit anderen in die Schuhe geschoben, etwa den
Tirolern oder den Walsern, denn es lacht sich besser, wenn man sich die
Dummheit nicht selber eingestehen muß.

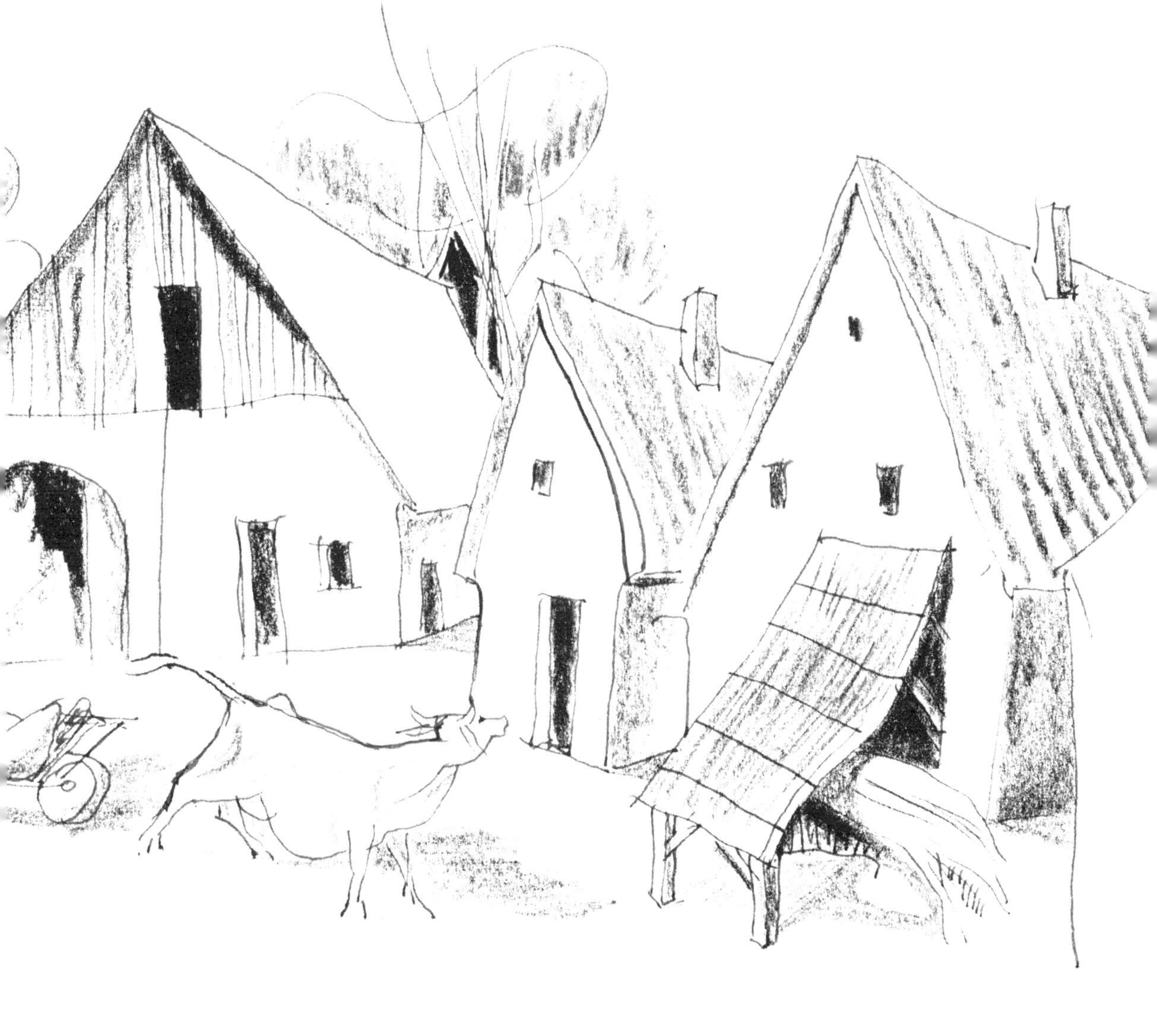

Am besten lacht sich aber, wenn man beim Verfolgen eines Zieles Erfolg hat, und ginge er auch in anderer Richtung.

»Isch au reacht, hot der Bauer g'sait, wie'n er beim Flohe a Laus verdwischt hot.«

»'s Kraut isch guet, hot d' Magd g'sait, und hot de Speck g'freasse.«

So sind wir wieder nach dem kurzen Kapitel über sarkastischen Humor bei der ganz normalen, hellwachen und gesunden Lustigkeit angelangt.

»Des geit se beim Bügla, hat d'r Schneider g'sait, wia d' Hosafalla hint gwesa isch.«

Eine Lauterbrunner Austräglerin hört aus der Scheune in stockdunkler Nacht merkwürdige Geräusche, so als ob Einbrecher am Werk wären. Mit einer Kerze in der Hand geht sie ihnen nach und vernimmt ein kräftiges Rascheln im Hühnerstall. Sie schreit zur Lucke hinein: »Isch dau oimad drin?« Da kommt aus dem Dunkel eine hohe, dünne Stimme zurück: »Noi, bloß mir Henna.«

Wahrscheinlich ging sie beruhigt in ihr Bett zurück.

Selbstironie

Über Dummheit weiß der Schwabe nicht genug zu lachen und wenn nicht ausreichend Stoff vorhanden ist, dann erfindet er Geschichten. So hat sich jede Gemeinde, die etwas auf sich hält, eine zünftige Narrenkappe geschneidert. Die Steinheimer sind zum Beispiel die Herrgottsbader, da sie beim Bittgang übers Ried 's Herrgöttle – das Tragkreuz – als Brücke verwendet haben, um über ein Bächlein zu kommen. Verständlicherweise brach das Kreuz bei so großer frommer Belastung durch und das »Herrgöttle« fiel ins Wasser. Darum werden seitdem die Steinheimer Herrgottsbader genannt, was sie mit einem Schmunzeln quittieren.

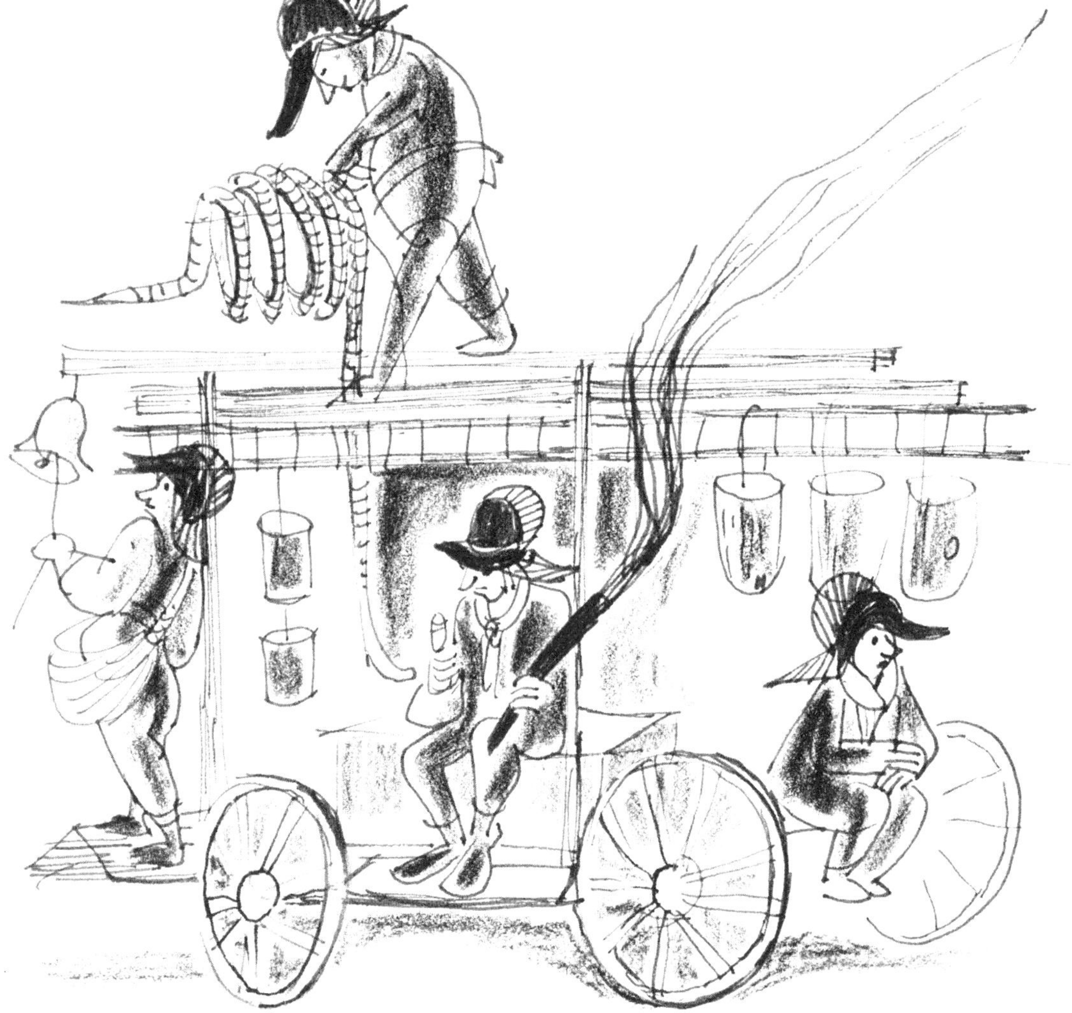

Ein anderes Dorf ist durch einen häuslichen Schultes unsterblich geworden, den Adolf Paul in Versen schildert:

> Brenna tuat's – ma' schturmat scho',
> Es rennat d' Leut wie b'sessa.
> »So teant doch d' Schpritz raus!« schreiat all',
> »Ja, hant'r 's denn vergessa?«
> »Was? d' Schpritz raus?« sait d'r Schultes dau
> »Dös geit's fei net! – verschtanda?!
> Dia isch frisch g'maulat und lackiert,
> Dia ging dau sauber z'schanda!
>
> Nau mücßt ma s' no'maul richta lau, –
> Und Leut, dös kommt fei tuir!
> Drum bleibt die Schpritz im Häusle dinn,
> Und schtänd 's ganz Oart im Fuir!«

So viel Freude beim Betrachten von Borniertheit und Blödheit! Ein solcher Spaß, sie nach allen Seiten zu durchleuchten, hat schon gar nichts mehr mit Dummheit zu tun, denn ein unbedarfter Mensch ist eher darauf aus, jeden Anschein von Dummheit zu vermeiden. Wer lauthals über sich selbst und seine Fehler lachen kann, ist eigentlich … intelligent, denn er hat die Gabe eines reflektierenden Humors und der Kritikfähigkeit sich selbst gegenüber.
»Glücklich ein Land, das seinen Regenten Esel nennen kann. Es wird gewiß gut regiert.«
Viele Witze der Schwaben sind Zeugnisse dieses hintergründigen Humors.
Wegen Beleidigung treffen sich zwei Klienten beim Richter, um ihren Streit auszutragen. Der Bauer Briechle hat mich ein »mistiges Rindvieh« genannt, als ich zu weit in seine Wiese hineinkam. Nun meint der Richter begütigend: »Wisset Se, Herr Belgesch, bei uns sagt ma sowas so obahi und moint des gar net so arg schlimm. Des isch bei Baura halt so dia Redensart, dia Se gar net so ernscht nemme dürfat.« Herr Belgesch wollte sich aber nichts aufschwätzen lassen: »Dem kann ich nicht beistimmen. Was Herr Briechle gesagt hat, war wohlüberlegt, denn er hat mich zuvor lange prüfend angeschaut.«
Das ist schwäbischer Hintersinn, etwas Pfiffig-Schlaues.
Nicht alle Tassen im Schrank hatte der Kämmerle Schorsch von Hinterbuch, der aus diesem Grunde schon wiederholt in Günzburg gewesen ist. Das letzte Mal hat man ihn nach ein paar Monaten wieder entlassen.

Die Hinterbucher und die Modelshauser kamen im Wirtshaus in Streit, in den sich auch der Schorsch einmischte. Sagt ein Modelshauser: »Gang weiter, Kämmerle Schorsch, du spennscht ja.« Wie der aufgefahren ist! »Wer spennt vielleicht? I ben ja der oinzig vo ui alle, dias schwarz auf weiß ham, daß se zurechnungsfähig send.« Ein anderes Mal soll er sogar gedroht haben: »No a Wörtle wenn d' sagscht, nau mach i vo meiner Unzurechnungsfähigkeit Gebrauch!«

Da sind wir genau wieder an der Grenze von scheinbarem Mangel an Intelligenz und raffinierter, überheller Schlauheit.

Kritikfähigkeit

Ist aber Dummheit, der so viel »Wiefes« innewohnt, überhaupt noch eine? Ist das helle Vergnügen, sich über Blödigkeiten auszulassen und gerade diese heikle Grenze zu beleuchten, nicht das Gegenteil von Dummheit?

»Muli, g'wöahn di, hot d' Bäure g'sagt und hat mit d'r Katz da brennenda Backofa auskeahrt.«

In diesem Bauernspruch sind Witz und Hintersinnigkeit vereinigt, eine Mischung, die sich in Schwaben besonderer Beliebtheit erfreut.

In diesem Zusammenhang ist es interessant, das Volksurteil über dumme und gescheite Menschen zu hören. Der Schwabe, der sich durch umständliches, übergründliches Denken auszeichnet, ist so gar nicht klug im Sinn von »clever«. Er schätzt dieses schnelle, geradlinige Denken nicht allzusehr, obwohl er es gelegentlich bewundert.

Diese Art abwägenden Denkens ist nicht flink, eher tüftelig, umständlich, sogar stur, ja um so eigensinniger und verbohrter, je flotter der Gesprächspartner denkt und redet.

Großes Mißtrauen besteht gegen leicht hingeworfene Rede »Der redt 's Blaue vom Hemml ra« oder »Der redt mi in a Mausloch nei« oder »Ma moit, der häb G'scheitheit mit am Löffel g'fressa.«

Die Gewandtheit anderer Stämme trifft hier auf größten Widerstand, etwa: »So Herr, iatz will i bei Eahne an preußische Pfiff b'stellt hau.«

»Der ka mehr als Brot essa« ist ein anerkennendes Wort für Klugheit. »Hinter deam steckt ebbes, mehr als ma denkt« drückt dieses bedächtige Innewerden der Persönlichkeit eines anderen aus. Wenn dann gar noch dazu kommt: »Dabei macht er gar nix aus sich«, dann ist das Lob voll. Selten, daß sich ein Schwabe zu begeistertem Anpreisen versteigt, erst recht nicht zu Lobhudelei oder Schönrederei. Dem Schwaben vom alten Schlag ist solches Getue verhaßt. Die größte Anerkennung, die gegeben werden kann, ist: »Er hot gar koin Stolz«, denn Stolz ist oft Ausdruck von Dummheit und Borniertheit: »Dummheit und Stolz wachset auf oim Holz.« »Dr' Dumm isch mit se seal g'stroft.«

Wenn Dummheit als Gabe Gottes bezeichnet wird, durch die es der Betroffene im Leben leichter habe, so gönnt man diese Gabe doch lieber anderen statt sich selbst. »Mit de Dumme treibt ma d' Welt um.« Da schwingt Mitleid mit. Aber ganz kraß kommt die Verachtung der Dummheit in dieser Redensart zum Vorschein: »Für an Dumma muaß ma beata, dur alle Ritza, über alle Dachlucka naus.«

Die Erfahrung, daß der enge Geist eines kleinen Mannes, eines Emporkömmlings, gefährlich werden kann, faßt das Sprichwort so: »Wenn dr Bettlma aufs Roß kommt, reitet er's z' Schanda« oder »Der steigt wia 's Bettelmas Laus und dia isch oba zum Huat naus.«

Wer so richtig über sich selbst lachen kann, sich selbst nicht allzuernst nimmt, gilt als gescheit. Er besitzt jene bewundernswerte Ausgeglichenheit und Souveränität, die manchem noch so redegewandten Zeitgenossen fehlt. Dagegen kann sie ein Bauer haben.

Klugheit, die aus vielem Beobachten, aus vielem Sinnieren kommt, ist »wissend« und darum vielsagend.

Die Bauern lassen sich nicht übers Ohr hauen. Da hört man Antworten, die ein Mitwissen voraussetzen.

»D' Rieser Nebel ka ma mit de Händ greifa.«

Bemerkenswert sind ihre Urteile über die Dummheit.

Der isch so dumm, daß er moint, unser Herrgott däb mit Wetzstoi handla.

Der isch so blöd, daß er grutzgat.

Du bisch it am dummer Kerl sei Vötter. Du bisch'r scho sell.

Du bisch so dumm, daß d' mit alle dumme Siacha Bruadrschaft trunka hosch.

Eimetwo verrinnts.

's Scheasei und Dummheit fahret oft in oiner Chaise.

Er glänzt vor Dummheit und sie isch a koimnützigs Weibsbild.

Der hot sieba Pfiff: Sechs dumme und oin eifältiga.

Dia dümmschte Baura hant dia greaschte Kartoffel.

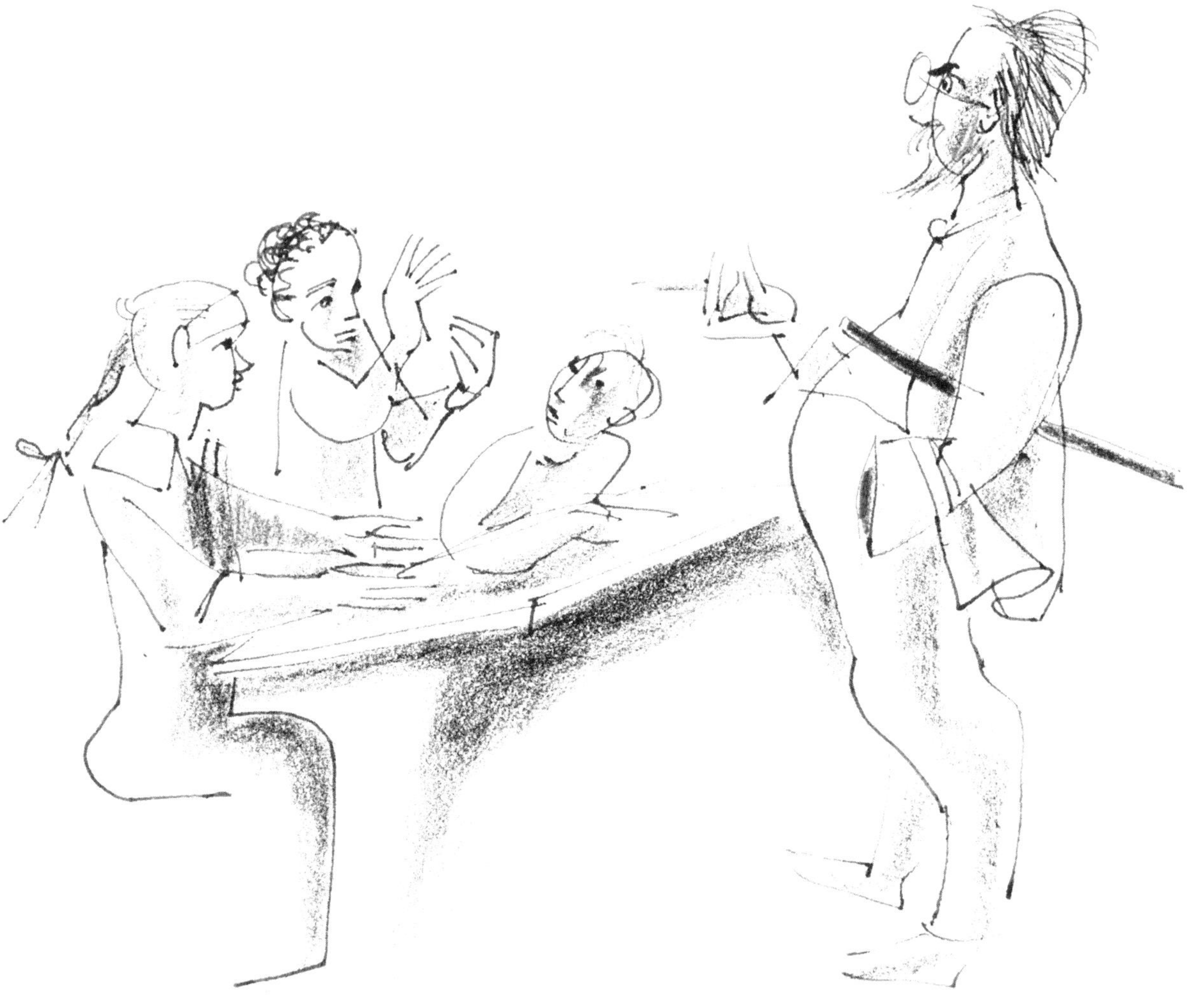

Es gibt genauso viele Arten der Dummheit wie der Gescheitheit. Menschliche **Schlauheit**
Intelligenz ist etwas vom Vielschichtigsten, was es gibt. Dem armen Jörg
kommt sie als Schläue zu Hilfe. Adolf Paul kennt seine »Pappenheimer«:

        D'r g'wexlat Taler
D'r Hansjörg ischt a arm'r Kerl,
Kennt nix wia Noat und Sorga;
Koi' Kreuzerle ischt heut' im Haus,
Und neama' will eahm borga.

Dau gat d'r Tropf zum Nauchbaur num
Und fraugt dean guta Ma':
Ob ear den net im Augablick
An Taler wexla ka'.«

Dreiß'g Nick'l zählt dear auf da Tisch
Und schuibt's em hansjörg zua.
So Hansjörg! – seit'r – seahnt, dau isch
Jetz hant'r Kloi'geld gnua!

G'schwind nimmt d'r Hansjörg 's Geld in d' Händ'!
Furt sind auf oi'maul d' Sorga, –
I dank schea, Nauchbaur! – sait'r nau,
Da Taler bring i morga!

Der pragmatische Sinn der Bauern scheint für diese Form der Klugheit besonders aufgeschlossen zu sein, ob arm oder reich.
»Wia hoißt's 7. Gebot«, hot 's Herrle gfrogt, wierer am Müller übern Weg komma isch. »I hans scho am Soh übergeba.«
Der ist bereits Nutznießer veruntreuten Gutes.
Das elfte Gebot heißt ja: »Du sollscht di it v'rwischa lau.«
Des Nachbarn Kuh hat den Zaun durchbrochen und tat sich gütlich an dem viel fetteren Gras vom Gmähle-Bauern. »Vatter, soll i's verjaga, des Mischtvieh?« »Noi, Bua«, sagt der Vater drauf, »nix wia melka«.
»Wenn der Fuchs predigt, muaß ma d' Gans reitua.«
Wer selber schlau ist, weiß sich auch gegen die Schläue des anderen zu wehren, kennt sie, durchschaut sie.
Der Schlaue traut auch anderen die gleiche Gabe zu, denn so »dumm« wird der au net sei, daß er si »in d' Supp gucka« oder gar »am Zuig flicka läßt«.

Man kann sicher sein, daß der Bauer, der am meisten jammert, am reichsten ist. Mitleid muß man nur mit dem Prahler haben und »ma lobt koin, außer er brauchts«.

Philosophie

Bäuerliche Lebensregeln sind oft voll tiefer Philosophie:
A g'scheiter Feind isch besser als a narreter Freund.
D' Welt lohnt, wia a Bock, deam d' Hörner wachset.
Was it verloga isch, isch deswega no lang it wohr.
Je blinder der Herr, desto heller der Knecht.
Wer lang um da Stuahl lauft, kommt no drauf z'sitza.
Wemma d' Wohrat will vergraba, muaß ma taused Schaufla haba.
Wenn jeder voar seiner Tür kehrt, weard dr Besa stumpet gnua.
's Falla isch menschlich, aber 's Liegableibe isch teuflisch.
Mit ama dreckiga Wasser ka ma se it sauber wascha.
Wer Angst hat, isch em Himmel net sicher.
Wer d' Wohrat geigt, kriagt da Fiedelboga ums Maul.
Auf a jede Zeit a Recht, macht aus am Baura an arma Knecht.
Alle diese Sprüche verraten viel Lebenserfahrung, aber auch die Gabe einer Unterscheidung. Manchen hängt noch Erdgeruch an; etwa: A lahme Sau vrwischt koin warma Dreck.
Besser a kloiner Herr als a groaßer Knecht.
Wenns aufn Herr schütt, nau träufts au aufn Knecht.
Koi Dung isch besser als der, den dr Bauer an de Schua aufs Feld hitragt.
Vor'ma Kornacker, vora Sau und vora Henn soll ma da Huat razieha.
Handfest und derb klingt das, fest gefügt wie ein Bauernhaus, nicht gerade fein, aber gesund und mit der Stimmung eines Pieter Breughel, jenes niederländischen Malers, der ja die Bauern gut gekannt hat. Wie wenig hat sich das Bäuerliche durch die Jahrhunderte hindurch verändert und wie gleicht es sich doch in allen Ländern!
Man vernimmt Schweißgeruch und das Brüllen der Tiere im Hintergrund. Daß Arbeit ehrt und das Leben in Ordnung bringt, daß der Umgang mit der Natur

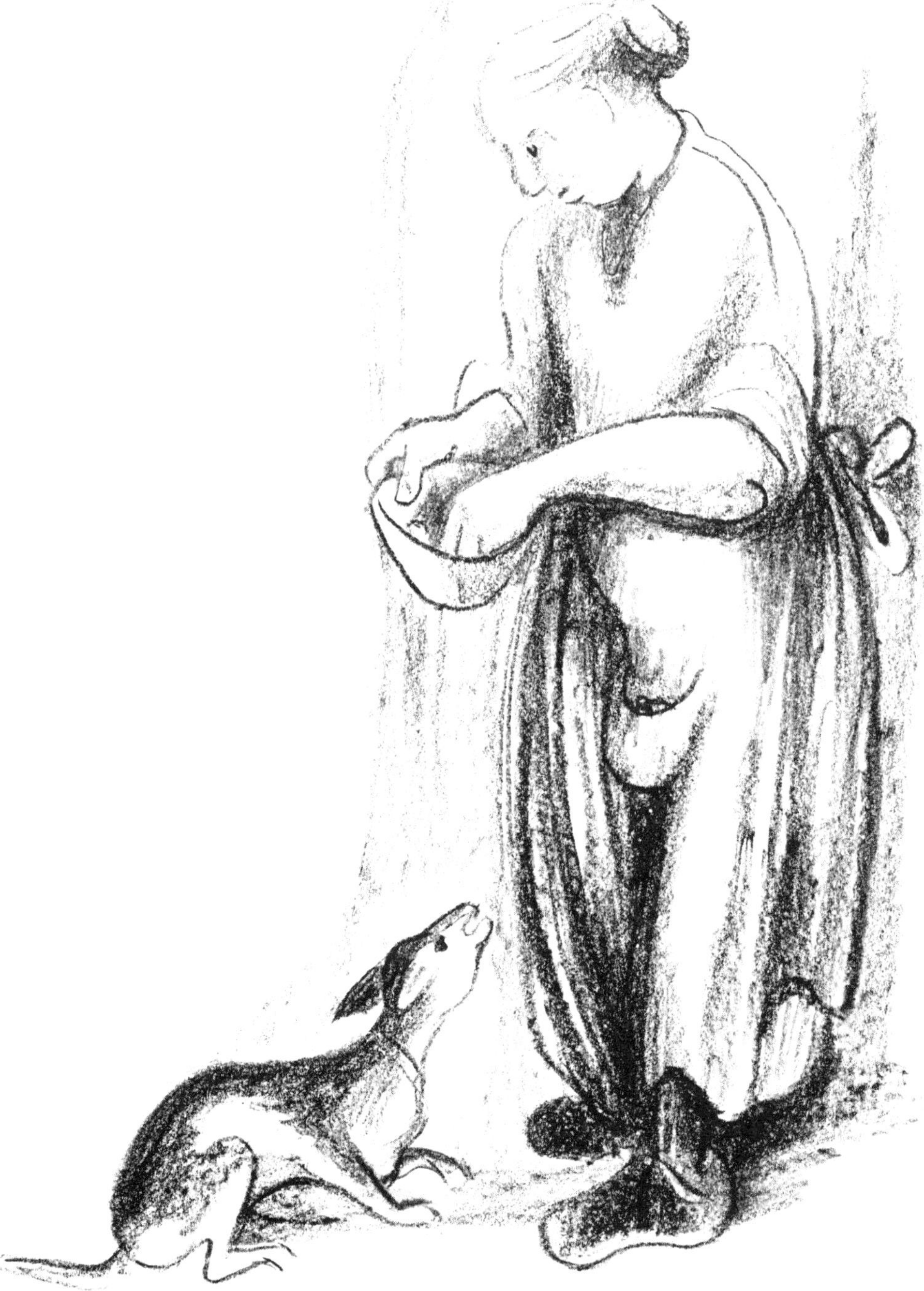

gesund und froh erhält und daß das Leben aus Gottes Händen kommt, gehört zum Bekenntnis des Bauern, wohl auch zu seinem Stolz, zu seinem Selbstbewußtsein, aus der diese Bauernweisheit wächst. Nimmt man sie in ihrem ganzen Umfang, in all ihren Aspekten, so stellt sie eine geschlossene Bauernethik dar.

Xaver als Philosoph

Fast jeder Schwabe, ob bäuerisch oder gebildet, ist ein verkappter Philosoph, der über Gott und die Welt ganz besondere, manchmal recht ausgefallene und oft auch recht tiefgründige Meinungen hat. Was geht doch alles in diesen verqueren Schwabenschädeln vor! Tatsache ist, daß man immer wieder auf Landsleute stößt, die sich jahrelang ganz selbständig mit den schwierigsten Problemen herumschlagen und die, wenn sie Vertrauen gewinnen, auch die »Katze aus dem Sack« lassen und ihre Vorstellungswelt offenbaren.
Ein Wittislinger Viehhändler erzählt: »Meine schönste Schtunda hau i, wenn i en dr Nacht mit meim Kärrele aufm Weag ben und sieh da ganza Hemml voll Steara über mir. Dau packt mi a richtige Freed als ob i en dr Kirch wär: Dr Stearahemml übr mir, mei guats Gwissa in mir und d' Säu hintr mir.«
Das klingt ähnlich wie der berühmte Ausspruch von Kant, daß die göttliche Existenz zu erkennen sei am gestirnten Himmel über uns und am ehernen Gesetz in uns.
Vielleicht hat der Händler von ihm schon gehört, denn die unerwartetste Lektüre findet sich in Bauernkammern. Auf jeden Fall hat der Wittislinger Viehhändler Kant noch übertroffen, indem er eine wichtige Seite der menschlichen Existenz miteinbezogen hat: die unmittelbare Lebenssicherung durch den »Verdeascht«, womit er das Denken auf eine solide ökonomische Basis gestellt hat.
Dieser Hang zum Grübeln, zum »Rumbäschtla« an Gott und der Welt, ist ein Urelement schwäbischen Lebens. Ein Schwabe grübelt mit Leidenschaft.
Die Allgäuerin Mathilde Hochseder-Leimgruber hat den gesamten, schmalen Arbeiterinnenlohn zur Veröffentlichung ihrer Gedichte hingegeben, in denen sie sich mit sozialen und politischen Problemen beschäftigte.
»Gscheiter, ma bedenkt alles, voar ma's sagt, als daß ma alles sagt voar ma denkt«. Die Bedächtigkeit des Schwaben läßt es ungern zu, daß Gewäsch und Geschwätz aufkommen. Er wickelt im Gespräch einen Gedankengang nicht Punkt für Punkt ab, sondern stellt lieber das Ergebnis in konzentrierter

Form vor, aus einer Ökonomie des Sprechens heraus. Begriffe entzünden sich an Bildern. Sie bleiben nicht leer, sondern werden immer wieder mit blutvoller Lebenserfahrung erfüllt.
Man kennt sie doch! So sind diese alten schwäbischen Bauern und Bäuerinnen. Es ist schön, mit einem alten Schäfer zu sprechen ... wenn erst einmal das Vertrauen gewonnen ist.

> »Es führt a tiafer Brunnaschacht
> tiaf nei in Volk und Leaba
> Aus deam kasch schöpfa Tag und Nacht
> Er will no allweil geaba ...«

schreibt der Rieser Heimatdichter Michael Eberhart und meint damit den unerschöpflichen Schatz an Spruchweisheit aus dem Volke.
Als Kostprobe gleich ein Sprüchlein, das in seiner Bescheidenheit und Bedächtigkeit echt schwäbisch ist.
»Ma trinkt aus de kloina Brunna au g'nua. Ma muaß bloß s' Maul länger naheba.«
Aus dem Kleinen wächst das Große, das sonst nicht gedeihen kann.
Warum soll nicht die ganze Welt in der Welt des Bauern enthalten sein? Warum soll nicht alles, was Leben bedeutet, sein Spiegelbild im bäuerlichen Leben finden? Kleiner zwar, bescheiden wie das Modell Gott Vaters, das er bei Erschaffung des Kosmos der Erde einverleibt haben soll.
Sebastian Sailer hat es in seiner Schöpfungsgeschichte so gesehen. Mit der Auffassung, daß das Kleine im Großen enthalten und vorgeformt ist, kommt schwäbisches Forschen und Grübeln dem Urwissen um kosmische, physiologische und psychologische Tatsachen sehr nahe. Diese Bilder sind landläufig und bodenständig und bieten den Rahmen für religiöse und philosophische Erkenntnisse. Sie sind volkstümlich, wie Bauernkunst auch, die in sich die hohe Kunst aufgenommen hat, vereinfacht zwar, aber doch mit der gesamten Fülle menschlichen Erlebens gespeist.
Will man das Lebensbild des Bauern als Ganzes fassen, so findet man alle markanten Züge in der Geschichte, die der Spiegelschwab beim Schlottermilchessen vom Hausvater erfuhr. Sie beginnt mit der Skepsis vor geheuchelter Frömmigkeit, führt über tiefsinnige Betrachtungen zur Anerkennung göttlichen Waltens und endet mit einem Loblied auf die Bescheidenheit. Sie würde jedem das Glück sichern, wenn die Menschen das begreifen würden.

Als nach vollbrachter Heldentat der Allgäuer und der Spiegelschwab nach Hindelang kamen und des Allgäuers Vaterhaus betraten, setzte die Mutter den beiden Ankömmlingen sogleich eine Schüssel bester und dickster Allgäuer Schlottermilch vor, macht Brotbröckle darein und sprach: »Laßt's euch schmecken!«
Der Hausvater aber, der wie alle anderen auch mithielt, nahm den Löffel und rührte zuvörderst in der Schüssel den Rahm unter die gestockte Milch und die Brocken. Da der Spiegelschwab als ein Fremder am Tisch saß, glaubte ihm der Hindelanger Hausvater eine Erklärung für dieses offenbar ungastliche Tun des Milchumrührens schuldig zu sein.

Er sprach: »Um das Schlotteressen ist's eine ganz eigene Sache. Ich werd's dem Herrn erklären. Zuerst aber muß ich ihm die Geschichte erzählen, wie ich zu der Gewohnheit gekommten bin. Mein früherer Dienstherr, bei dem ich einmal als Knecht gearbeitet habe, pflegte jedesmal, wenn Schlottermilch auf den Tisch kam, mit seinem Löffel das Zeichen des Kreuzes über die Schüssel zu machen und, während er die Worte ›Im Namen des Vaters und des Sohnes und des Heiligen Geistes‹ sprach, den ganzen Rahm auf seine Seite zu streichen. Das verdroß mich eines Tages. Ich nahm meinen Löffel und sagte: ›Im Namen der allerheiligsten Dreifaltigkeit!‹ und rührte geschwind alles durcheinander. Seit der Zeit, so oft ein Schlotter aufgesetzt wird, muß ich umrühren, ob ich will oder nicht.

Der Herr wird mir aber recht geben, wenn er einmal in seinem Leben bemerkt hat, wie beim Schlotteressen alle menschlichen Leidenschaften ins Spiel kommen. Schau er nur einmal Kindern zu! Das furchtsame getraut sich kaum einen richtigen Schub zu nehmen. Das geizige rahmt rechts und links ab, nur nicht an seinem Stück. Das neidische frißt und mampft in sich hinein, als wenn's nicht genug bekommen könnte. Das zornige schlägt den anderen auf den Löffel oder auf die Hand, wenn sie diese zu weit ausstrecken. Aber keinem fällt's ein, dem andern einen guten Brocken zuzustecken.«
»Es geht bei uns Großen auch so zu«, sagte der Spiegelschwab, »und überhaupt in der Welt.« »Und darum ist's gut«, sagte der Alte, »daß unser lieber Herrgott auch alles so untereinander rührt; es gibt so weniger Streit und Händel und mehr Zufriedenheit unter den Menschen.« »Oft nimmt er aber einem den Rahm weg«, sagte der Spiegelschwab, »und läßt ihm nur die pure Milch oder gar nur das Käswasser.« »So ist's dennoch sein Geschenk«, sagte der Alte, »und wir müssen eben vorlieb nehmen mit dem, was er uns vorsetzt.«

Essen und Trinken

»'s Essa und Trinka hält Leib ond Seal z'samm«, heißt es hier. Tatsächlich scheinen die Schwaben ein besonders gutes Verhältnis zu diesen irdischen Genüssen zu haben.
Im Riegele-Gasthaus in Augsburg, wo es schwäbische Schmankerl gibt, steht noch der Spruch:
»Es gibt nix bessers, als was Guats.«
Davon schwärmte schon im vorigen Jahrhundert der Rieser Schriftsteller Melchior Meyr, der ein bäuerliches Schlachtfest folgendermaßen beschreibt:
»Schöne Momente bezeichnete die Metzelsuppe, die sich bei dem wohlhabenden Bauer zwei- bis dreimal wiederholt. Und wer es gesehen, der wird uns

beistimmen, wenn wir sagen, daß eine speckschneidende, gelegentlich von den eßbaren Teilen naschende, mit allerlei Späßen sich unterhaltende, der milden Autorität des erprobten Metzgers und Wurstmachers sich fügende Bauernfamilie zu den behaglichsten menschlichen Bildern gehört.«

Auch der »Zwetschgendatschi« ist so berühmt wegen seiner vorzüglichen Qualität, daß die Augsburger nach ihm »Datschiburger« genannt werden. Italienischer Einfluß ist unverkennbar, da er ja eine Abwandlung der Pizza ist.

Die schwäbisch' Kuch mit ihren vielen Spätzle, Riebele, Datschi, Strudel, Krapfen, Nudeln und Knödel ist ja als besonders gut bekannt, wenn auch manche norddeutsche Besucher, die hauptsächlich an Fleisch und Kartoffelspeisen gewöhnt sind, mit solcher Kost nichts anfangen können.

Dafür schwelgen in ihr die Einheimischen um so mehr. Das Lob der Kochkunst fand sogar seinen Niederschlag in Gedichten. Hyazinth Wäckerle läuft das Wasser im Mund zusammen, wenn er über schwäbische Kost schreibt:

> A Kräutle und a schweinig's Fleisch
> und Knöpfla in d'r Brüah –
> dös wenn ma aus d'r Kuche bringt,
> vertlaufet d' Schwauba nia.
>
> Gar manche möget d' Knöpfla it
> und's Schweinig it und's Kraut –
> ma braucht halt au a schwäbisch G'müat,
> daß ma dia Speis verdaut.
>
> Im Kämi, wenn ma's Säule hat
> und's Kräutle in der Kuaf,
> wenn Meahl gnua in der Truha isch,
> hat's Haus en guata Ruaf.
>
> A sölles Essa ischt a Staat
> und besser – ohne G'späß –
> als Schnepfadreck und Kaviar
> und all dös Teufelsg'fräß.

Von Joseph Bernhart stammt der Ausspruch: »Dia liabschte Speisa send dia, bei deane ma oi Hand in d'r Hosadasch lassa ka. Nämlich: bachene Nudla,

Krapfa und Stritzel«. Daß Schwaben auch den Fisch zu schätzen wissen, geht aus Bernharts »Dank an Xaver Thalhofer« hervor:

> Franz Xaveri – so an Fischzug
> Wie er nächt bei uns da g'scheah,
> Ohne Bächla, ohne Angel,
> Hat ma doch no neana g'seah.
>
> Bringt der Bot an alte Schachtel,
> Reiß i glei da Schpagat ra,
> Lupf da Deckel – hurament au –
> Flackt a Fisch dinn, it zum sa'.
>
> Silberweiß auf seim Papierla,
> Frisch und sauber, gar it riach,
> G'wampat wie die große Herra
> Leit er da, der bucklet Sieach.
>
> Bürschla, han i g'sait, so schea d'bischt,
> Du bischt doch zum Fressa dau.
> 's Messer her und d' Wamp aufgeschnitta,
> D' Flossa weg und 's Köpfla au.
>
> 's Weib ischt um da Butter g'schprunga,
> Und hat weitla 's Fuir g'macht –
> D' Pfanna g'schmierbet, nei dermit! –
> D'r Fisch hat pfutzget, mir hant g'lacht.
>
> Auf oin Sitz nau hammer'n g'essa –
> Bua, isch dös a Fressa g'wea
> Von deam ganze groaße Fischla
> Hascht nix meah als Gräta g'seah.
>
> O Xaveri, sott'scht beim Petrus
> Au it guat a'gschrieba sei,
> La't er di für unser Fischle
> G'wiß amal in Himmel nei.

Die Schwaben sind in ihre Kässpätzle verliebt. Das macht Hermann Sandtner deutlich:

> Kässpätzle, Kässpätzle! Riacht dös heut im Haus!
> Dau hocket drei Kätzle und löfflet 's Böscht raus.
>
> Kässpätzle, Kässpätzle, schtaut d' Katz auf am Schtuahl,
> Tuat d' Fäda verzwirna und wicklet en Knuil.
>
> Kässpätzle, Kässpätzle, d'r Kauter gaut rom,
> Verhangt in de Fäda und gaut seitdem kromm.
>
> Kässpätzle, Kässpätzle! Sitz i auf meim Platz;
> Dau leit no oi Bätzle, oi nacketer Spatz.

Leider ist der gute Wein nicht in Bayerisch-Schwaben zu Hause. Der »Seewein« in der Lindauer Gegend gilt als säuerlich. Er würde nicht einmal ausreichen, die Stadt Lindau zu versorgen.
Dafür gibt es aber in Schwaben gutes Bier, das an Qualität mit dem Münchner Bier Schritt halten kann. Tag für Tag sind ganze Lastwagenladungen mit Weißwürsten aus Schwaben auf dem Weg nach München. Laster bringen auch aus verschiedenen leistungsfähigen Brauereien Bier in die Landeshauptstadt. Die erste Brau-Ordnung stammt aus Schwaben.
Was aber die Schwaben besonders gut können, ist das Mosten von Obst, vor allem von Äpfeln.
Früher hat man von Haus zu Haus gemostet. Jetzt verfügt fast jedes Dorf über eine gutgehende Mosterei, die im Herbst von einer Flut an Äpfeln geradezu überschwemmt wird. Beeren preßt man selber. So gluckst es in den Kellern, Zimmern und Gangecken, wenn im Gärspund die Blasen aufsteigen. Dieses Geräusch ist anheimelnd und verspricht Gemütlichkeit.
Der Most hat es in sich. Wer weiß ihn nicht zu schätzen, wenn er zu Bauerngselchtem und selbstgebackenem Schwarzbrot gereicht wird? Gefährlich aber ist doppelt gegorener Beerenwein, der so gut und süffig ist, daß man leicht die Grenze übersieht.
Wer noch mehr über die gute schwäbische Kost und ihre oft recht komplizierte Herstellung erfahren will, soll das Büchlein von Ägidius Kolb »D' schwäbisch' Kuche« lesen.

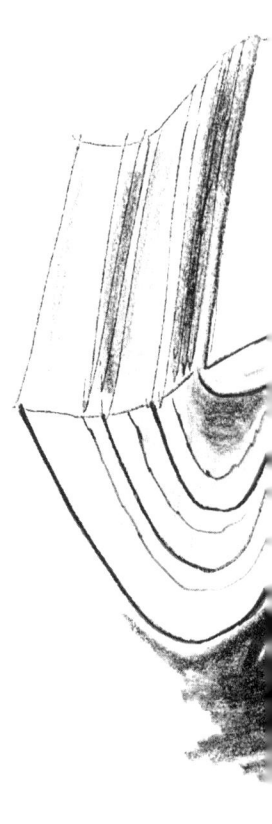

Der fromme Schwabe

Das schwäbische Volk hat eine ausgesprochene Ader für das Religiöse, bis hinein in die feinsten Schattierungen. Schade, daß in unserer Zeit so viel der besten Substanz abgebaut wird!
Aber wo viel Glauben ist, gedeiht auch der Aberglaube. So gibt es heute noch Bauernhöfe, bei denen auf hohen Stangen Sensen gegen den Wind gestellt sind, damit sich an ihnen die Hexen den Bauch aufschlitzen.
Wie sich ein schlichter, gläubiger Mensch auf's Sterben vorbereitet, hat Arthur

Maximilian Miller in dem Gedicht »Der alte Knecht« zu Herzen gehend beschrieben:

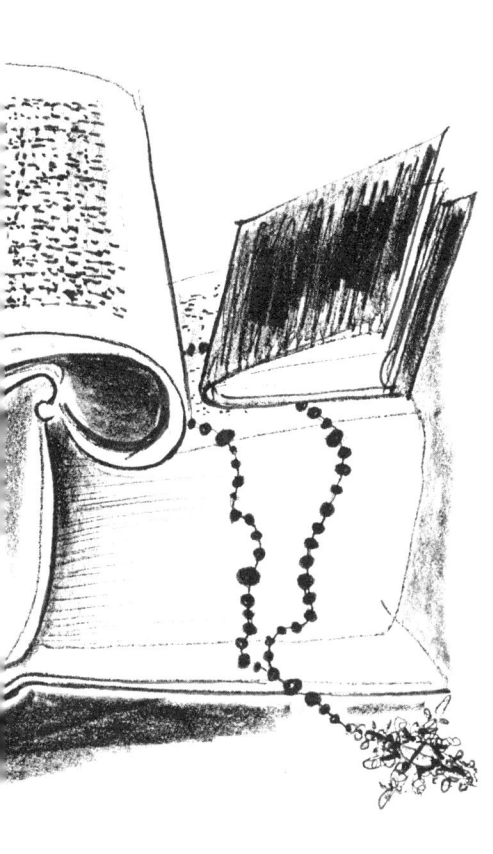

Iatz schliaf i aus meim Wertigshäß
Und richt mei' Hemmad hear.
Am Samstig wenn i sterba sott,
Mi dunkt es gar it schwear.

A linnas Hemmad weiß und guat,
Sell lög i auf da Disch. –
I bin a Mensch und hau a Bluat,
Du weisch scho, wia es isch.

Iatz nimm da Bronna, alter Kerl,
Vom g'weichta Kächala
Und spritz'n dreimaul ibers G'sicht
Und ibers Hemmad na!

Gott Vatter, Sohn und heiliger Geischt,
Du weisch, i dua mei' Pflicht.
Du weisch, i han sa allat doa,
Und also bin i g'richt.

Iatz krettli in mei' Böttstadt nei',
Bi halba drimslig woara.
Komm, Vater, druck mir d'Auga ei'!
Wenn d'willsch, nau wöksch mi moara.

Bäuerliche Lebensweisheit ist häufig von der Religion beeinflußt. Philosophie ist darin ebenso verborgen wie mystisches Denken.
Lebensweisheit im Erkennen:

In an leera Kruag gaut alls nei. In an voala nix.
Unser Herrgott isch mer's Brot und i ben eahm da Tod schuldig.
Im stilla Wasser spiaglet se d'r Himml.
Du muascht hausa auf's ewig Leaba und beata auf's glei Sterba.
Wenn Gott will, schlät 's Besareis aus.
Wer recht z'beata weiß, weiß au recht z'leabat.

Was du hau willscht, des haut di, it du willscht 's Sach; 's Sach will di.
Machs wia du witt, dann folgescht.
Falla isch menschlich, aber liege bleiba isch teuflisch.
D'r Morga g'heart dir, d'r Aubad ama andera.
Hätt eiser Herrgott an andre wälla, nau hätt 'r mi it g'macht.
Ma schtaut nackat auf d' Waug, wenn ma wissa well, wia schwear ma isch.
Der Teufel hot greaßere Martyrer als unser Herrgott.
Ma ka nie wisse, wo Gott hocket.

Wo d'r Herrgott a Kirch hibaut, baut dr Teufel a Kapelle drneaba.
Wer überse haut, dem fallet d' Spä' in d' Auge.
's Roahr isch no it d'r Brunna.
Wenn a Tüar zuafällt, macht dr Herrgott a Fenster auf.
Der Kalendermacher macht de Kalender und d'r Herrgott 's Weatter.

Spruchweisheit im Handeln:

Seit d'r Mensch dia zeha Gebot numma haltet, hölt eiser Herrgott d' Wetterregela numma.
Was ma em Herrgott net ganz gibt, holt se dr Teufel
A beaser Zuaschtand, wenn 's Gwissa da Hals brocha hat!
Was recht isch, muaß recht bleiba.
Da schwerera Teil trägt immer Gott.
D'r Straufa ka ma vertlaufa, ab'r am Gwissa it.
D'r Argwohn isch a Schelm und frißt mit 'm Deifl aus oiner Schüssl. D'r Pfeil hocket in deam seim Fleisch.
Voar ma Oaschtera halta ka', muaß ma d' Karwucha halta.
Eis'r Herrgott zöhlt bloß di hearg'schenkte Gulde. Eiser Herrgott zöhlt dös erscht, wenn 's numme dei isch.
Sei' lau isch guat fürs Beichta. Wer nie G'legaheit hot, hot guat brav sei'.

Tradition im Religiösen

Der Schwabe verrät viel kritischen Sinn im Umgang mit dem Religiösen, das heißt, er reflektiert sehr stark, er wägt ab, denkt nach, will auf den Grund kommen.
Er spart nicht mit Beobachtungen über sich und die fromme Welt um ihn herum: »Vo oigene Sünda isch guat prediga«.
»A Beatschweschtr isch zum Fürchta. Dau macht dr Teifl 's Kreuz, wenn'r fürnaus got.«
»Dau hont wiedr amaul dr Ebene und d'r U-ebene mitnand oin Loib Brot gessa.«
»D'Kranket isch oft besser als diea bescht Predigt.«
Durch die streng religiöse Erziehung, die er über Generationen genoß, haben

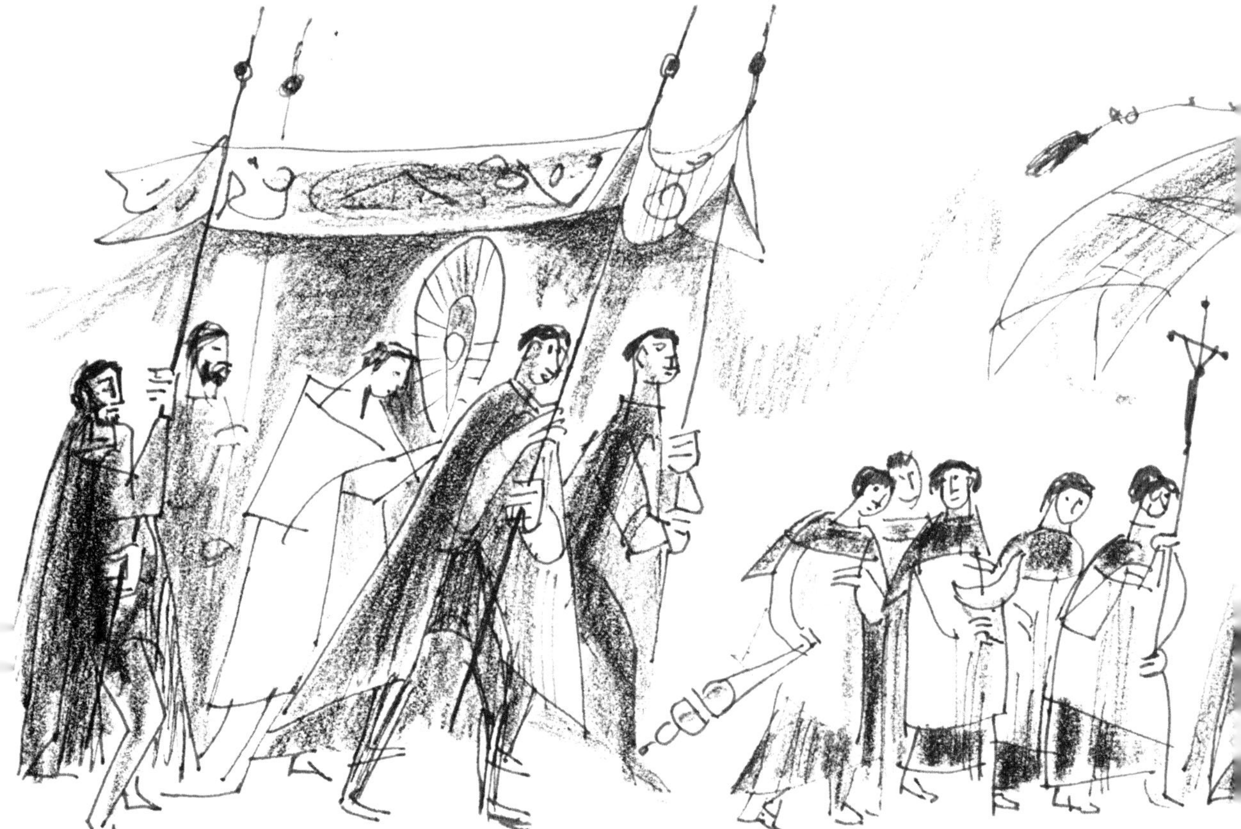

sich Tradition, Lebensart, Grundsatzhaftes herausgebildet. An diesem religiösen Brauchgut ist nicht zu rütteln. Es durchdringt das ganze Leben des Schwaben, auch wenn er nicht ausgesprochen kirchenfromm ist. Der Gruß auf dem Lande heißt heute noch »Grüaß Gott« oder »Pfiad Gott« (Behüt dich Gott!) beim Abschied. Statt »einzig« sagt der Schwabe »gotzig«, was soviel wie Gott-einzig heißt. Es wäre wert, den vielen Wortspielen, die sich aus dem Religiösen ergeben, in Dialekt und Alltagssprache nachzugehen. Selbst der Lump ist nicht ohne Frömmigkeit. Er braucht den lieben Gott wenigstens noch zum Stehlen.

Vor allem hat der Schwabe ein sehr persönliches Verhältnis zu seinem Herrgott, denn seine Frömmigkeit ist zugleich eigenbrötlerisch. Man könnte fast sagen, jeder habe seinen eigenen Glauben, seine eigene Religion, nicht im Sinne von Sektierertum, sondern nur in einem sehr persönlichen Auslegen, Auseinanderfalten und Einordnen der Glaubenswahrheiten.

Man kann sogar von einer spirituellen Frömmigkeit reden, die ihren Ausdruck in Gottsuchern fand, wie Kreszentia von Kaufbeuren, Margarete Ebner von Mödingen, in Albertus Magnus, in Bischof Ulrich von Augsburg, in Heinrich Seuse und neuerdings in Joseph Bernhart. Für diese Heiligen oder Religionsphilosophen ist der Hang zum Mystischen typisch. Er muß also doch schwäbische Art sein.

Aber auch Spitzfindigkeit, unerwartete Gründlichkeit und Hintergründigkeit ist diesen Geistesgrößen zu eigen, liebenswürdige Schalkhaftigkeit und starker Sinn für das Lebenspraktische. Dieses zeichnet besonders Albert von Lauingen aus, den weitgereisten Mann, Professor an der Pariser Universität und späteren Bischof von Regensburg. Er war ein universaler Denker, der auf seinen vielen Reisen, die er nach der damaligen Vorschrift zu Fuß machen mußte, die Natur studierte und in schwäbischem Hintersinn Synthesen zwischen allem Erlebten und dem Göttlichen herstellte. Er war der große Dialektiker, der die Wahrheit im Spannungsfeld zwischen den Gegensätzen zu ergründen suchte.

Schwäbische Dickköpfigkeit, die nicht nur »Eigensinn« ist, sondern die Fähigkeit, mit einer unerhörten Durchhaltekraft den Problemen nachzugehen, charakterisiert Albert von Lauingen, dem die Nachwelt den Beinamen »Der Große« gegeben hat.

Daß ihn die Mitschüler, als er in Padua studierte, wegen seines Benehmens »Schwabentölpel« nannten, ist bedeutsam und schicksalhaft. Diese geschniegelten und gebügelten Bürschlein konnten ihn einige Jahre später als die Leuchte der abendländischen Wissenschaft bewundern.

Er war der große Empiriker, der Naturforscher und Grübler. Es soll ja den Schwaben eigen sein wie der Volkswitz sagt – »drei Meilen hinter Gott zu denken«.

Albert von Lauingen gelang es, die für unüberbrückbar gehaltenen Gegensätze zwischen Denken und Glauben zu verknüpfen und die Zweifel zu besänftigen, die in der Zeit der aufkommenden Wissenschaftlichkeit das Glaubensgut zu zersetzen drohten. Er ist der Scholastiker, der eine Synthese zwischen der Lehre großer Philosophen des Altertums und der christlichen Offenbarung herstellte. Ganz neu für die damalige Zeit war die Erkenntniskraft aus dem Gefühl (intellectus affectivus). Er bezog sie in seine Überlegungen mit ein und beschwor so die Epoche mittelalterlicher Mystik herauf.

In festen Händen hielt er beide Zügel, auch den der Scholastik: zwei Fackeln in eine Flamme vereinigend. Thomas von Aquin hat ausgebaut, was Albert von Lauingen vorgezeichnet hat. Joseph Bernhart umreißt diesen Umstand folgendermaßen: Man soll nicht vergessen, daß die ruhigere Flamme in der Ampel des Genius von Aquino an der unsteteren Fackel des genialisch aufs All gekehrten Donauschwaben entzunden worden ist. Die klare, stille Hoheit des Vollenders steht bei der zeugerischen Drangsal des Beginners in der Schuld.

Albert von Lauingen grüblerische Natur ging den magischen Kräften im All nach, was ihn sogar in den Verdacht der Zauberei brachte. Thomas von Aquin mußte an der Pariser Universität alle Redekraft aufbringen, um den großen Naturforscher gegen Angreifer, die ihn der Häresie bezichtigten, zu rechtfertigen. Typisch für den mächtigen schwäbischen Genius ist auch, daß er nicht seiner selbst wegen gekämpft hat. Er suchte nie die Bestätigung seiner Person. Das Volk erkannte ihn als einen großen Heiligen, bevor die Kirche daranging, ihm diesen Rang zuzugestehen. Erst 1934, als die Qualitäten von Albertus auf breiter Basis wiederentdeckt wurden, verhalf ihm die Kirche zur Ehre der Altäre.

Handfest und sozial war der große Bischof Ulrich eingestellt, der die Ungarn vor Augsburg verjagte. Man sagt ihm besondere Leutseligkeit und Sorgfalt in der Betreuung seiner großen Gemeinde nach. Auf mühsamen Reisen suchte er sie mit dem Ochsenkarren auf, um sich ihre Beschwerden und Bitten anzuhören.

Spitzfindigkeit und liebenswürdige Schalkhaftigkeit paaren sich bei dem Mystiker Heinrich Seuse. Wir lächeln heute, wenn wir erfahren, wie seine Andachtsübungen bis in die kleinste Regung seines Seins, in sein Ruhen, Atmen, Essen hineinreichten. Aß er zum Beispiel Äpfel, von denen es am

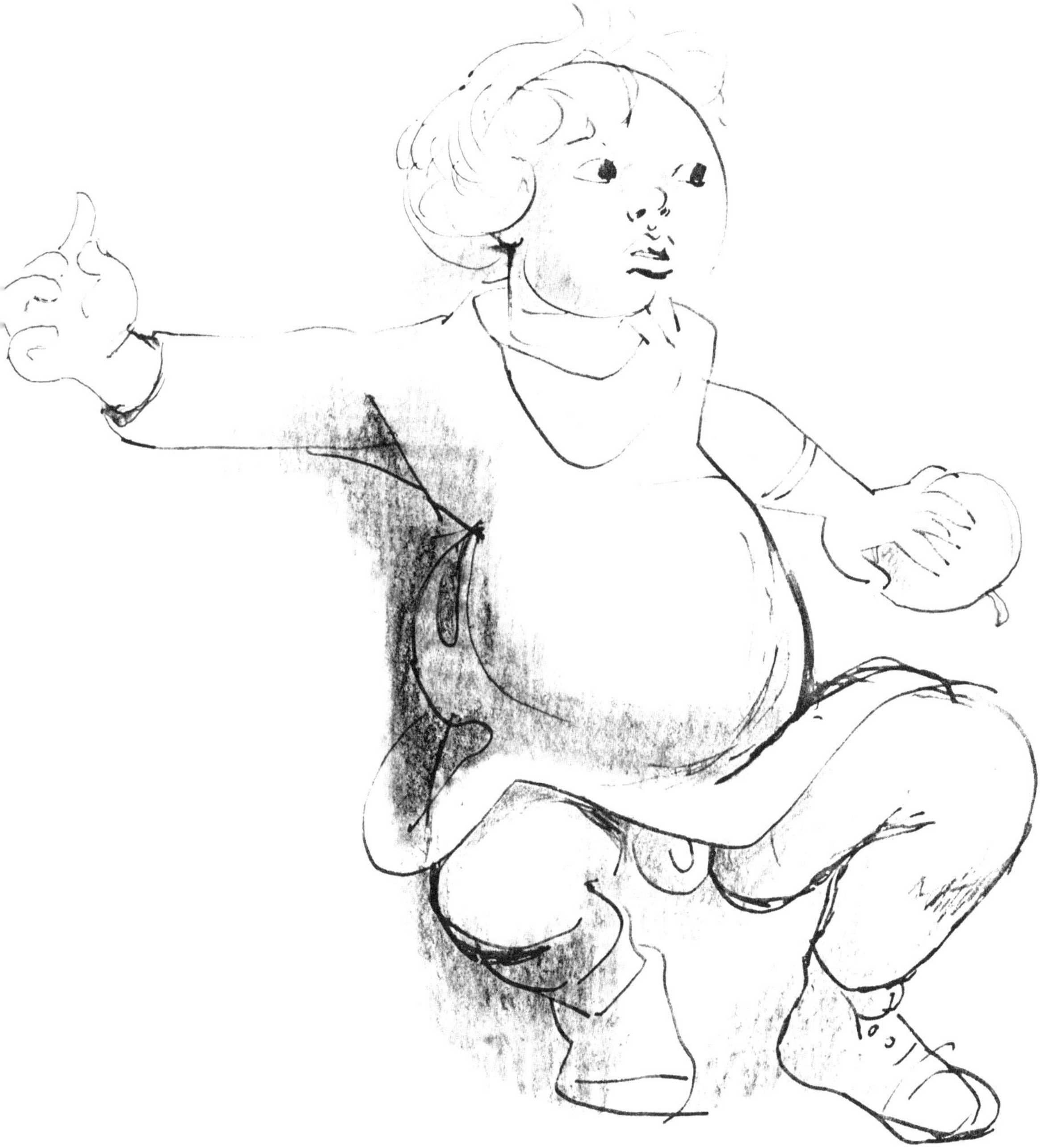

Bodensee schon damals eine Menge gab, so teilte er sie in drei Stücke, für jede göttliche Person eines. Während er die ersten beiden Schnitze säuberlich entkernte und schälte, bevor er sie aß, verzehrte er den letzten samt Kern und Butzen, wie es die Art von Kindern ist. Wie Margarete Ebner verehrte er Christus besonders in seiner Kindergestalt und dachte sich deshalb intensiv in das »Bübchen Jesu« hinein. Das ist schwäbisch, im Blickwinkel des Mittelalters.

Spitzfindig ist das Argument eines geistlichen Geschichtsschreibers aus Mönchsdeggingen, der den ewigen Steit um den Geburtsort von Albertus Magnus wie folgt beendet: Er ist empfangen (receptus) worden in Bollstadt, im Ries, auf der elterlichen Burg, geboren (natus) aber wurde er in Lauingen, in der Stadt, die unter der Obhut des Grafen von Bollstadt stand und deshalb vorübergehend, wie Bollstadt selber, der Aufenthaltsort der Familie war.

Woher wollte er dies so genau wissen? Wir können uns heute eines Schmunzelns nicht erwehren, aber ein geistliches Machtwort war damit gesprochen, das »streitende Kinder in die Schranken wies«.

Eine schwäbische Gestalt von erfrischender Ursprünglichkeit ist Margarete Ebner, das »gottgelobte Herz«. Sie führte im Kloster Maria Medingen ein Leben strengster Askese und Kontemplation. Ihr schwacher, von Krankheit gezeichneter Körper schien unter der auferlegten Qual zu zerbrechen, bis sie in mystischer Verzückung den Durchbruch erlebte. An Stelle ihres eigenen, ängstlichen Herzens fühlte sie das göttliche Herz schlagen, das sie in alle Geheimnisse der diesseitigen und jenseitigen Welt einführte. Wenn man von einer religiösen Genialität sprechen kann, so war sie sicher dieser gottbegnadeten Nonne zuteil.

Vierhundert Jahre später rang in ähnlicher Weise ein schwäbisches Bauernmädchen um die Nähe Gottes, die ihm jeden irdischen Besitz zu übertreffen schien. Es war Kreszentia von Kaufbeuren, ebenfalls eine begnadete Mystikerin. Beiden Schwäbinnen eignet als Stammesmerkmal Durchhaltekraft, bedingungsloses Suchen nach der Wahrheit und die mystische Begabung.

In kühnem Höhenflug erreichten sie die Teilhabe am Göttlichen und trugen lächelnd alle körperlichen Beschwerden, Krankheiten, Ängstigungen und Lasten, als ob diese von fremden Schultern mächtig abgenommen würden. Ihre »Schauungen« trügten nicht. Sie erlebten wie Heinrich Seuse und Heinrich von Nördlingen, der Freund und Lehrer der Ebnerin, das Göttliche als eine alle irdischen Grenzen überschreitende Kraft. Diese verlieh ihnen eine erstaunliche Sicherheit und die Geradlinigkeit ihres Lebens.

Oft sind sie mit Schwärmern verwechselt worden. Es gibt aber genügend

Zeugnisse aus ihrem Leben, daß man ihnen einen hellwachen Verstand bei kritischer, unbeirrbarer Wahrheitssuche zugestehen muß.

Haarscharf im Denken, präzis im Urteil, in alle Ritzen einer tieferen Wesensschau eindringend, stellen sich auch die schwäbischen Maler der Hoch- und Spätgotik vor, von Holbein und Burgkmair bis zu Strigel. Ihnen entsprechend die Bildhauer Mauch, der Meister des Biselbacher Altars, Multscher, Schaffner und Erhart, der Ulmer Bildschnitzer von umfassendster Kapazität.

Hintergründiges stützt als der andere Pol das Vordergründige, das in der präzisen intellektuellen Zerspaltung und zugleich in einer intuitiven Scharfsinnigkeit ohnegleichen die mystische Seinstiefe erkennen läßt und überirdische Schönheit zeigt. Wem stünde dieser »Intellektus affectivus« näher als den Künstlern und besonders nahe, ohne zu übertreiben, den ostschwäbischen in dieser Polarität der greifbaren Wirklichkeit zur Überwirklichkeit in der Wesensschau der Dinge?

In diese Zeit hinein wurde ein weiterer genialer Schwabe geboren, ein vierkantiger Mann, Johannes Eck, aus Egg an der Günz. Erst Freund, dann Gegenspieler Luthers, versuchte er den Grundbestand katholischer Lehre zu retten. Er war, ähnlich wie Albert der Große, ein unermüdlich Forschender und Reisender in Sachen des Glaubens, ein außerordentlich beredter Mann, der als schwäbischer Bauernsohn etwas von erdiger Scholle in seiner Rede hatte. Die Fähigkeit, sich nicht zu schonen, rücksichtslos sich zu verausgaben einer Sache wegen, stellt ihn in die Reihe der vorhin erwähnten Männer. Eine Frage bleibt freilich offen. Ob nicht gerade die vierschrötige Unnachgiebigkeit des Johann Eck berechtigte Ansprüche und die Kritiklust der Reformatoren noch bestärkt und damit die Spaltung vertieft hat. Bewundernswert bleibt immerhin die Treue zur Sache bis zur Selbstaufgabe.

Die innere Reform war nicht so sehr seine Aufgabe. Diese wurde lebendig in der Gegenreformation durch den Geist des Ignatius von Loyola. Die Jesuiten haben von ihrer Dillinger Hochburg, dem Kolleg und Priesterseminar aus, im Sinne dieses »Intellektus affectivus« mit den Mitteln der heiteren Barock- und Rokoko-Kunst die Herzen des südschwäbischen Volkes erobert und zur Vertiefung des Glaubens beigetragen. Eine neue Mystik, in einem sinnenhaften, dem Volke vertrauten Denken, breitete sich aus.

Die vielen Barockkirchen, von denen fast jedes Dorf ein solches Juwel beherbergt, sind Zeugen dieses neuerwachten Geistes einer gemütstiefen, sinnenhaften Frömmigkeit.

Aber auch diese Reform war bald wieder einer Reform bedürftig. Immer

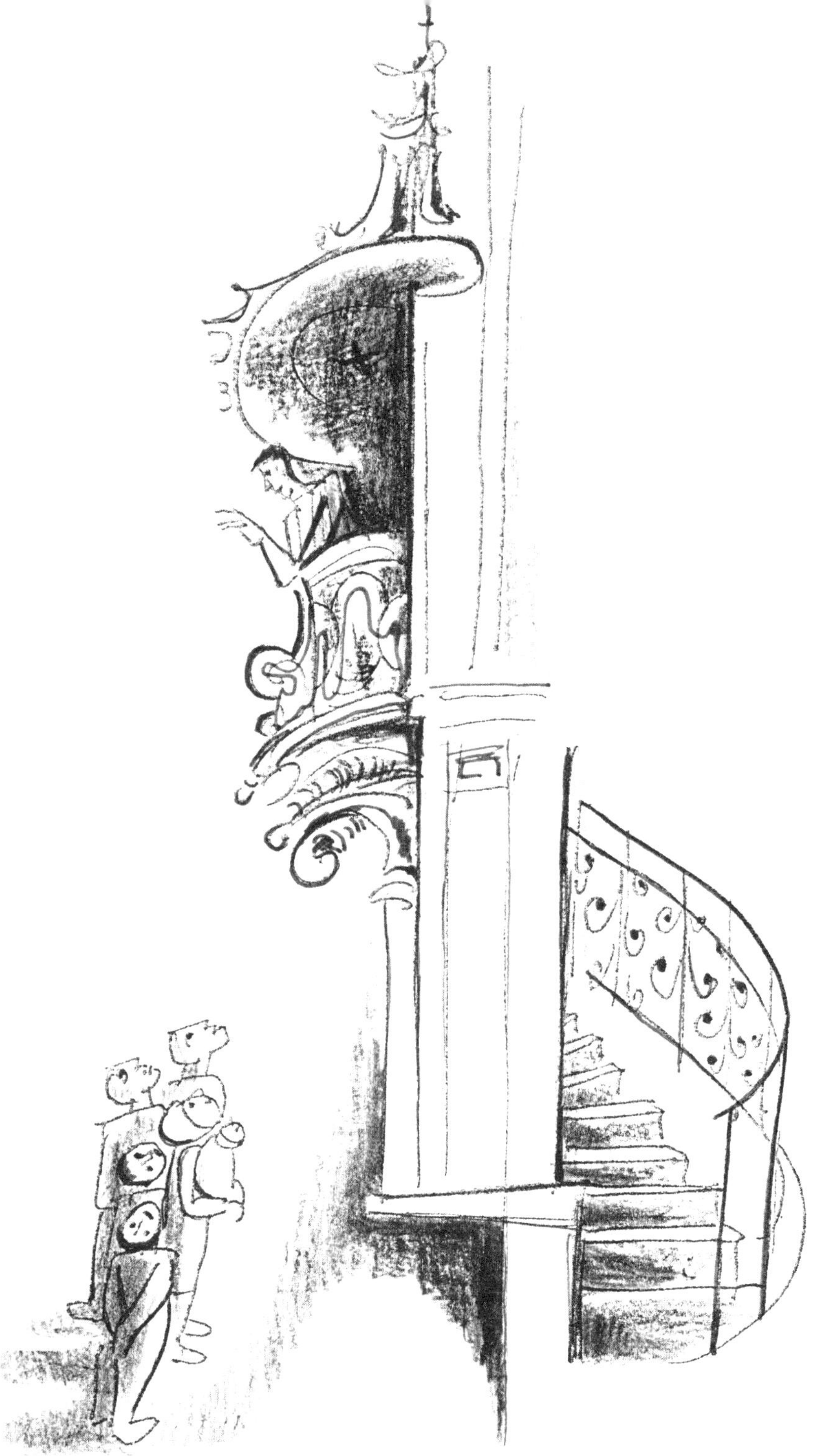

wenn eine Idee im Institutionellen erstarrt, ruft sie zu ihrer Rettung Gegenkräfte ans Werk.

Diese waren es, die zu Ende des 18. Jahrhunderts im Sinne der Mystik die Kirche reinigten, die in Regeln einer falsch praktizierten Wortgläubigkeit festgefahren war.

Einer typisch schwäbischen Form der Frömmigkeit in der Auseinandersetzung mit den Zeitumständen begegnen wir in der Allgäuer spirituellen Erwecker-Bewegung zu Beginn des 18. Jahrhunderts in der Zeit Goethes unter Sailer, Feneberg, Boos, Christoph von Schmid und Goßner. Bis auf Sailer waren alle schwäbischer Herkunft, knorrige Bauernsöhne aus dem Allgäu. Sailer kann aber zu ihnen gerechnet werden, denn er hatte in Schwaben seine Wahlheimat, seinen Wirkungskreis und den Nährboden für seine Ideen.

Wenn man das Schicksal dieser Männer betrachtet, dann wird die schwäbische Landschaft lebendig mit den Orten Seeg, Weißenhorn, Augsburg, Dillingen, Dirlewang, Marktoberdorf. Die Verbindungen dieser Männer nach außen waren weltweit. Geistige Unterstützung fanden sie durch pietistische Kreise, durch Lavater, Görres, Schelling, Schubart und Baader oder durch frühere Mystiker des Protestantismus wie Paul Gerhard, Angelus Silesius und Mathias Claudius. Es war die Zeit der Aufklärung, des Rationalismus, der mit harten Besen auch in der Kirche auskehrte.

Die Unterscheidung der Geister ist aber eine höchste spirituelle Gabe, die nicht jeder besitzt, auch nicht unbedingt ein Bischof oder Prälat. So sind ausgerechnet wahrheitssuchende und tiefreligiöse Männer, wie Sailer, Weber und Zimmer, die in der Hochburg des Katholizismus, im Dillinger Priesterseminar lehrten, von dort unter Umständen verwiesen worden, wie man heute nur mit Beschämung zur Kenntnis nimmt.

Ökumene in Schwaben

Mein sehr verehrter Kollege, der Heimatpfleger Herr Prof. Dr. Endrös, hat mir folgende Geschichte aus seinem Leben erzählt:

Als Student kehrte er im Pfarrhof in Schwabsoien im Allgäu ein. Am Abend wurde ihm nebenan im Mesnerhaus nach altbäuerlicher Art das Lager bereitet. Er begab sich nach den Strapazen des langen Landmarsches früh ins Bett.

In der Nacht stieg ein Gewitter auf und es blitzte und donnerte um den Pfarrhof, daß man hätte glauben können, die bösen Mächte wären allesamt entfesselt. An Schlafen war nicht mehr zu denken. Plötzlich fing es während eines kräftigen Donnerschlages auch im Zimmer zu rumoren an. Ein harter Aufschlag – und gerade unter seinem Bett bewegte sich etwas raschelnd nach vorne. Es fuhr ihm heiß und kalt durch den ganzen Körper hindurch, und er horchte angestrengt, ob sich nicht etwa dieses Geräusch wiederholen würde. Aber es blieb ruhig. Das Gewitter flaute ab und so übermannte ihn trotz der großen Aufregung der Schlaf.

Als er am Morgen aus dem Bette steigen wollte, riß es ihn zurück. Unter dem Holzbrett schaute der Fuß eines Totengerippes hervor. Er brachte selbstverständlich diesen gräßlichen Anblick sofort mit dem nächtlichen Erlebnis in Verbindung. Nachdem sich aber dies seltsame Gebilde nicht rührte, stieg er vorsichtig über die weißen Knochen, die mit Draht zusammengehängt waren, hinweg und begab sich zum Frühstück in die unteren Gemächer.

Der Pfarrherr fragte ihn, ob er das Gewitter erlebt und wie er geschlafen habe. Da erzählte er ihm von dem Krach neben und unter seinem Bett und von dem gräßlichen Knochenfuß, der unter der Bettlade hervorschaue. Erst stutzte der

Pfarrer. Dann lachte er aus vollem Halse. »Das ist ja der Feneberg. Da hat Ihnen der Feneberg einen Streich gespielt. Wir haben ihn hinter das Bett gestellt und während des gräulichen Donnerwetters ist er herabgerutscht.«
Wer war jener Feneberg? Wer von den heutigen Schwaben weiß wohl noch etwas von diesem Manne?
Eine der liebenswürdigsten Gestalten der Erweckerbewegung, die dem Sturm der Zeit standhielten, war dieser Schwabe. Der »von Natur und Gnade uneigennützige Geistliche« hat zeit seines Lebens mit einem kindlichen, lauteren Herzen große Armut und allerhand Unbilden ertragen. Arm war er, da er das Letzte herschenkte und über den Sorgen um seine Verwandtschaft und andere Anvertraute seine eigenen vergaß. Auch drückte ihn die Verantwortung für die Schüler seines kleinen Knabenseminars. Wenn irgendwo zu helfen oder ein Streit zu schlichten war, so war Feneberg zur Stelle. Die Angehörigen der Erweckungsbewegung hatten alle ihre Heimat im Pfarrhof zu Seeg und fanden dort Rat, Trost und Hilfe.
Auf einem Versehgang stürzte Feneberg unglücklich und brach ein Bein. Eine Amputation war notwendig. Was eine solche bei den mangelhaften medizinischen Kenntnissen der Chirurgen des vorigen Jahrhunderts bedeutete, kann man sich denken. Feneberg überstand alle Leiden und ließ sich auch als Stelzfüßiger den Mut nicht nehmen.
Feneberg vergrub sein abgenommenes Beim im Garten. Nach ein paar Jahren holte er es wieder aus der Erde, reinigte es und hob es als Symbol seiner Leidensüberwindung auf. Er soll mit Hilfe dieser Knochen sogar eine lädierte Ehe wieder geflickt haben.
Im religiösen Leben des späten 18. Jahrhunderts war es notwendig, die Aufklärung mit ihrer intellektuellen Erstarrung zu durschauen und Gegenkräfte zur Abwehr zu mobilisieren. Daß diese heftigen Auseinandersetzungen, die im Verborgenen abliefen, gerade im Bayerisch-Schwaben stattfanden, ist bezeichnend. Es entspricht dem verzwickten dualistischen Denken des Schwaben, daß sich der Katholiszismus in Krisenzeiten aus dem Gegenlager der protestantischen Brüder die Waffen gegen Seichtheit und Verflachung geholt hat, daß er in der Zeit des Rationalismus sich der protestantischen Mystik bedient und sich aus einem Christentum der Wortgläubigkeit mit Hilfe des Pietismus herausrettet, um den Rationalismus entlarven zu können. So wurde die Ökumene schon im frühen 18. Jahrhundert im bayerischen Schwaben vorangetrieben, und zwar aus der Not der christlichen Brüder in beiden konfessionell getrennten Lagern.
Sünden gegen den Verstand galten nichts. Sünden gegen das Gefühl aber alles.

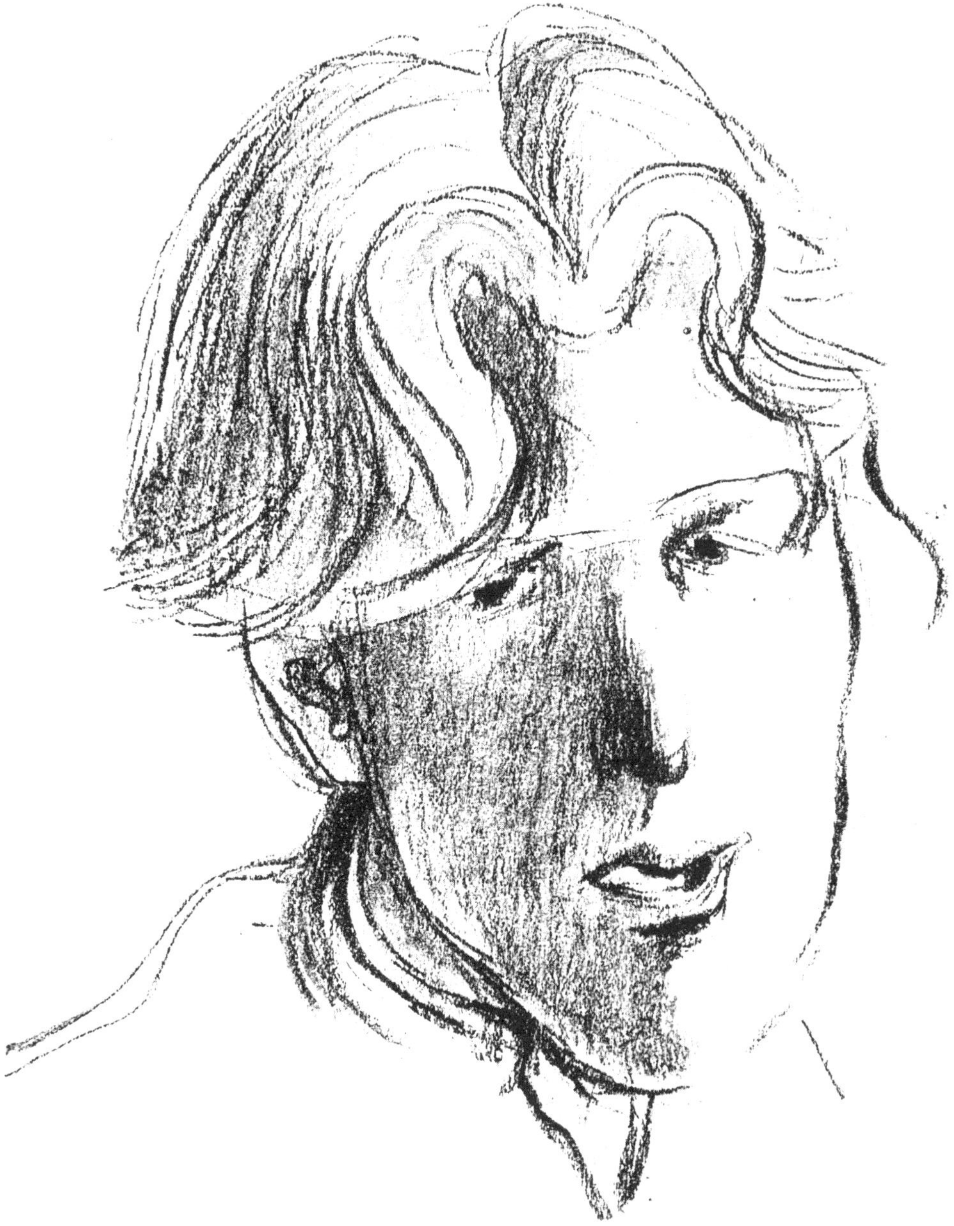

Zum Beispiel sagt Theresia Erdt, eine tüchtige Erweckerin und »Gebär-Mutter«: »Ihr müßt so sein, daß Gott mit dir und deinem Kinde durch Teufel und Menschen machen kann, was er will ... und ihr allen Verstand weglasset«. Brackenhofer sagt, daß Pfarrer Boos, der wichtigste Vertreter der Erweckten, ja nur einen »Verstandesfehler« begangen habe. Von einer anderen Erweckerin, der Magdalena Fischer, meint er, daß sie nur mit dem Verstande, nicht mit dem Herzen von der Kirche gegangen sei und Gott ihr das leicht verzeihe.« Selbst die Säule innerhalb dieser sektiererischen Gemeinde, Michael Sailer, verschrie anfänglich die Vernunft »als einen trügerischen Irrwisch.«*
Den Teufel mit Beelzebub auszutreiben, schien den Intellektuellen damals die einzige und letzte Möglichkeit zu sein, um die gefährdete Kirche zu retten.
Daß diese Erweckerbewegung gerade im Allgäu groß werden konnte, hatte viele Gründe. Irgendwie ist der Allgäuer versponnen, dem Imaginären zugeneigt. Nirgends haben sich die Ahnenkulte länger gehalten als in den Tälern des Allgäus, mit Hexenbeschwörungen und seltsamen Totenbräuchen, ja sogar mit Tieropfern für Heilige, die Gottes Segen über das Vieh herabrufen sollten.
Der Schwabe ist verbissen und kann leicht ins Sektiererische verfallen, wie nie der kontaktfreudige, sinnenhafte Bayer oder der klardenkende Franke. Die Einsamkeit der Einöden und Weiler in den abgelegenen, durch viele Monate verschneiten Alpentälern, die Spintisiererei und Spitzfindigkeit der Kuhbauern und Hirten, die große Entfernung von der Dorfkirche und die Neigung zum »persönlichen Gottesdienst« bahnen den Weg zum Sektenwesen.
So traten einfache Allgäuer Bauernmädchen als Verkünderinnen einer Verinnerlichung des Empfindens auf, um ein Leben mit »Christus in uns« zu führen und andere zu einem solchen Leben durch die Neugeburt, bei der sie als »Gebärmütter« fungierten, zu bringen. Sie verzichteten auf Heimat und Ehe, ihrer inneren Stimme zur »Höheren Berufung« folgend.
Diese Vorgänge im späten 18. Jahrhundert sind typisch schwäbisch. Sie könnten in dieser Intensität kaum in einer anderen Gegend passiert sein.
Therese Erdt soll sehr intelligent gewesen sein, aber ihr Mangel an Bildung hat verhindert, daß sie zu einer richtigen, wirklich bedeutenden Führerpersönlichkeit wurde. »Sailer bekennt zwar, daß er im Gedanken an sie erröte, denn diese habe mehr Menschen zum Christentum gebracht als mancher Pfarrer.«*
Boos, der die Seele dieser Bewegung war, hatte beabsichtigt, durch Therese Erdt und ihre Freundin Magdalena Fischer, Michael Sailer zu bekehren. Sie fuhren deshalb am 18. Dezember des Jahres 1796 auf einem Wägelchen nach Seeg im Allgäu. Die beiden Bauernmädchen, denen etwas »Seherisches, Pro-

phetisches« innewohnte, erklärten Sailer, »daß er zwar ein gutes Herz und viel Kindliches habe, aber doch noch ein Pharisäer und Schriftgelehrter sei und erst vom Geiste wiedergeboren werden müsse«. Sailer hielt zurück, ertrug die Unverschämtheit solcher Reden mit einer bewundernswerten Geduld, fuhr aber gegen die erste Abmachung in aller Herrgottsfrühe des nächsten Tages ab. Ein Brief an Feneberg berichtete von einer »neu errungenen Ruhe des Geistes.« Er war also tief betroffen und bemühte sich, dieser Begegnung gerecht zu werden. Viele sprechen von einer schweren religiösen Krise, die er im Anschluß an diese Begegnung hatte*.

Auf solche und ähnliche Weise »bekehrten« mystizistische schwäbische Bauernmädchen als sogenannte »Gebärmütter« bedeutende Persönlichkeiten unter den Geistlichen, die dadurch aus der »Kindlichkeit ihrer Anschauungen und ihres Gemütes zur Mannheit eines gelebten, vertieften Christentums erwuchsen.« So feierlich ging es bei Feneberg, Bayer und Sailer her, während

* Nach Dussler, »Johann Michael Feneberg und die Allgäuer Erweckerbewegung«.

Xaver Schmid die Wiedergeburt – als armseliger Mensch entlarvt – zu Füßen der Erdtin fand. Mystisch-pietistische Schriften der Protestanten und die verwandten quäkerischen Ansichten und Gepflogenheiten schienen einen guten Nährboden im stockkatholischen Schwaben gefunden zu haben. Als eine »Kirche in der Kirche« sahen sich die Erweckten. Die Idee der »Gottesunmittelbarkeit, die schon zur Zeit Alberts des Großen die Rieser Brüder bewegte, feierte ihre Urständ.

Sailer warnte, je mehr er innerlich Abstand gewann, vor dem Sinnlich-Schwärmerischen, das er als Betörung des Denkens und ein Berücken des Gefühls ansah.

Die seelischen Erregungszustände, in die sich die »Erweckten« hineinsteigerten, zeigten sich nach zeitgenössischen Beschreibungen so: »Manche werden in den Versammlungen von einem Schauergefühl ergriffen, stürzen zu Boden, zucken und schäumen ... Wer solche Personen aufhob oder stützte, hatte das Gefühl, als ob sie ein Fluidum, der Geist, durchströmte.«*

Den »Inquisitionen« hielten die Erweckten stand. Der Ort der Rückgewinnung in die Kirche war das Priesterhaus in Göggingen, in dem zum Beispiel Goßner zur Bewährung einige Zeit verbringen mußte. Sie ertrugen, wie Feneberg – wohl der lauterste, heiligmäßigste von ihnen – Unbilden mit einer großen Sanftmut und Geduld, ohne Widerstand, zur Läuterung des inneren Menschen. Sie wurden als Erweckte noch wacher in der Seelsorge als bisher, noch opferbereiter im urchristlichen Sinne.

Magnus Jochem, einer der ihren, nennt die Erweckerbewegung »ein Reinigungsfeuer, das die Schlacken einer sich damals erhebenden sentimentalen Frömmigkeit verbrannte und dem Kleinod des lebendigen Glaubens zu Jesus Christus Vollkommenheit und unvergänglichen Wert verliehen hat«.

Merkwürdige Formen und Umwege sind es doch, die der Geist benützt, um sein Ziel zu erreichen. Auch von kirchlicher Seite wurde schließlich der religiöse Ernst dieser Männer anerkannt. Das Wort »Aftermystizismus«, das man ihnen erst entgegenschleuderte, verschwand. Alle diese verzweifelten Versuche einer kleinen Gruppe von Menschen schienen durchwegs zum Nutzen der Kirche, zu ihrer inneren Reform und Läuterung auszuschlagen. Persönlichkeiten wie Sailer, Goßner, Feneberg, Christoph von Schmid, Bayer sind durch diese Erweckerbewegung geprägt worden und haben in ihr ihre höhere geistige Berufung erfahren, sicher auch die Frauen, Prophetinnen und Mütter der Wiedergeburt, die sehr stark in diese Bewegung hineingewirkt

* Nach Dussler, »Johann Michael Feneberg und die Allgäuer Erweckerbewegung.

haben. Es hat wohl keine von ihnen bereut, sich in den Dienst der Sache gestellt zu haben, obwohl sie durchwegs ein recht bedauernswertes Schicksal ereilte. Die meisten starben unverheiratet, manche an Auszehrung, vereinsamt und vergessen.

Die gleiche Erdtin, die durch ihre ablehnende Haltung den Kaplan Xaver Schmid in größte Bestürzung versetzte, als er anzüglich wurde, so daß er zu Füßen dieses damals seherischen, unberührten Mädchens ein Sündenbekenntnis ablegte und eine echte Wende seines Lebens errang, hat sich weiter in den Kreisen der Geistlichen aufgehalten. Ihrer hohen Intelligenz und religiösen Berufung wegen wirkte sie anregend, bewegend. Sie konnte aber die Distanz reiner schwesterlicher Liebe auf die Dauer nicht wahren und hat schließlich als Mätresse eines Geistlichen und als verkannte Mutter seiner Kinder ein recht unstetes, von Leiden gezeichnetes Ende gefunden. Die Kirche sah ihre Warnungen und ihre Vorsicht bestätigt.

Bei den »Gebärmüttern«, die als Vermittlerinnen des Glaubens und intuitiv gewonnener Einsichten auftreten, zeigt sich ein typisch romantischer Zug. Für Novalis wird seine Geliebte, ein blutjunges, unberührtes Mädchen, Mittlerin der Erlösung (Hymnen an die Nacht) und Hölderlin erfährt durch Diotima seine innere Befreiung und das Heil.

Es ist auch gut, diese urschwäbischen Ereignisse in die schwäbische Kunstentwicklung hineinzudenken.

Feneberg, der soweit mit der barocken Tradition gebrochen hatte, daß ihm in der Basilika Ottobeuren nur mehr das romanische Kurzifix gefallen hat, geht geistig in die klassizistische Epoche ein, bis er überwechselt zur gefühlsbetonten Romantik.

Oberschwaben besitzt in der Kathedrale von Salem genau das Beispiel des Stilüberganges von der Rokokokunst zum Empirestil romantischer Prägung. Die weichen, pietistisch anmutenden Reliefs und Marmorfiguren vermitteln den Ausdruck beseelter Leiblichkeit und sind die Antipoden des Rationalismus und des Positivismus.

Der Schweizer Religionsphilosoph Lavater kreuzte die Wege der schwäbischen Erweckerbewegung. Besonders innig gestaltete sich sein Verhältnis zu Sailer. Sie verstanden sich sofort und ergänzten sich im Kampfe um die »Erneuerung der Kirche von innen her.« Sie gaben ihr den mystischen Glaubensweg, entgegen aller rationalistischen Verhärtung, wieder zurück ... etwas anders zwar, als es Feneberg beabsichtigte, weniger schwärmerisch, mehr die Lebenswirklichkeit beachtend.

Görres spricht später voll Hochachtung von ihm: »Sailer hat mit allen Formen

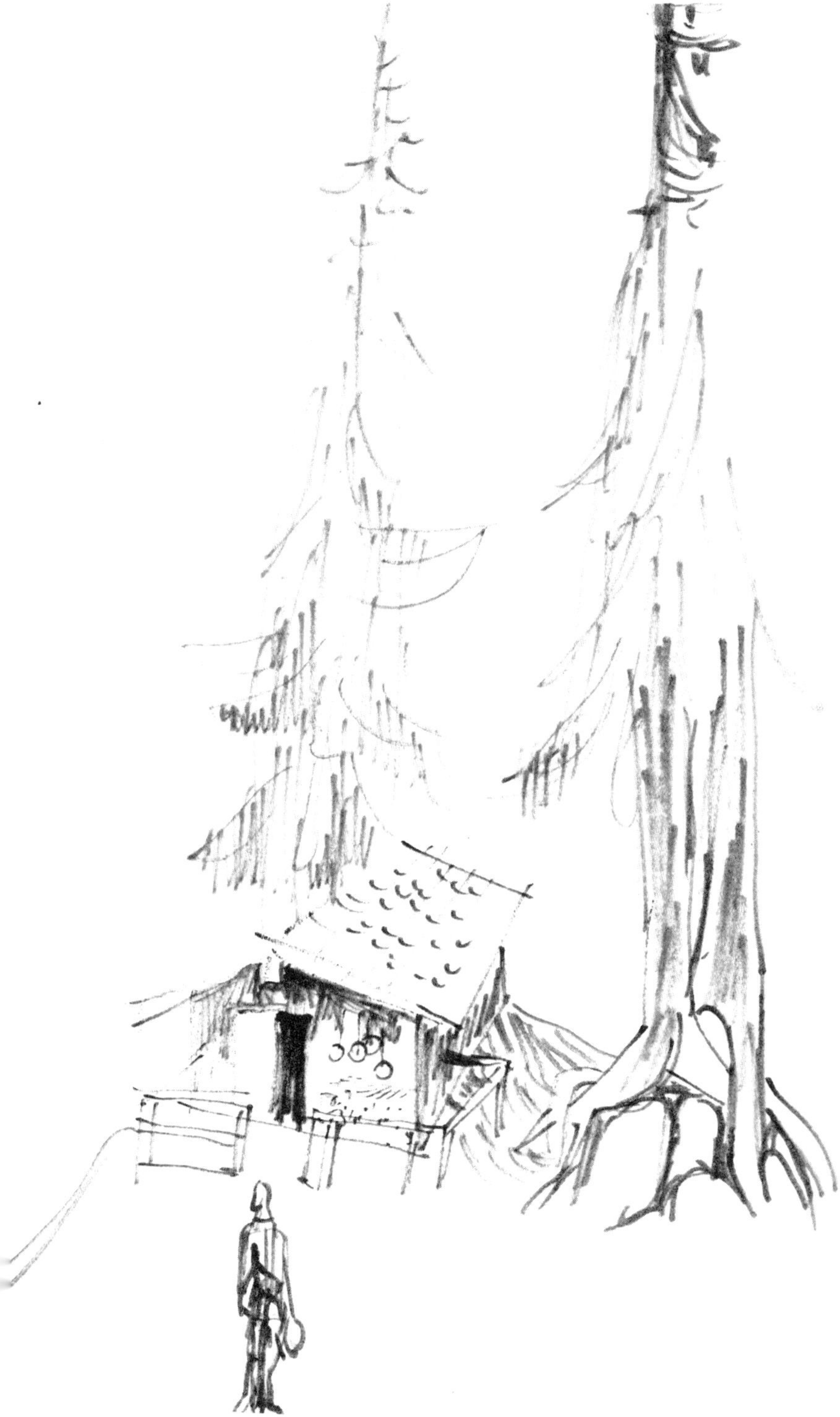

des Zeitgeistes gerungen, die er angenommen, so Stufe um Stufe das Kreuz höher hinauf getragen.« Die Strahlkraft, die von da auf viele romantische Zeitgenossen ausging, auf Eckartshausen, Baader, auf Savigny, Brentano, Friedrich Schlegel, Günther, wird erst in den hier entwickelten dialektischen Zusammenhängen verständlich. Auf den bewußten Mißbrauch, den planmäßigen Abbau des Katholizismus, folgte seine Rechtfertigung und Erneuerung.« Die Geschichte vom verworfenen Stein, der zum Eckstein wurde, erfüllte sich mit Joh. Michael Sailer.*

Einige der Genannten sind zum katholischen Glauben übergetreten, so stark war seine innere Kraft gewachsen. München wurde zu einer Metropole des romantischen Geistes. In fruchtbaren Auseinandersetzungen konnte sich religiöses Denken erneuern, sowohl das katholischer wie das protestantischer Prägung.

Aber fast noch eineinhalb Jahrhunderte waren notwendig, bis die Ökumene in einem tieferen Verstehen der katholischen mit den protestantischen Brüdern im Sinne eines gelebten Christentums möglich war.

Diese Männer haben nicht umsonst gelitten, um in ihrem schweren Kampfe gegen Verflachung und Rationalismus das Wesentliche an der Substanz des Glaubens zu retten.

Die geistigen Kämpfe, die sich im vorigen Jahrhundert in Schwaben abspielten, sind weit über die Grenzen unseres Landes hinaus bekannt geworden. In Linz, Basel, Petersburg, Odessa, am Schwarzen Meer und am Ganges sind Stützpunkte dieser Idee.

Clemens Brentano fragt im Jahre 1816: »Was weiß der Papst von dem inneren Zustand der Christenheit? Hat er wohl einen Begriff von dem deutschen Geiste Sailers, Fenebergs und seiner Freunde? Was ist ein Statthalter Christi, der seinen Herrn nicht zu verstehen imstande ist, wo er am lebendigsten erscheint?«*

Daß diese Ereignisse nicht einmalig sind, daß sie wiederkehren, bloß in anderer Form, lehrt die Geschichte. Rund hundert Jahre später ist wieder unser Ostschwaben im ähnlichen Sinne Ort geistiger Auseinandersetzungen, die starke ökumenische Nachwirkung haben.

* Dussler, O. S. B. »Johann Michael Feneberg und die Allgäuer Erweckerbewegung«, Verlag für Heimatpflege, Kempten 1959.

Im gleichen Jahr empfingen drei bedeutende junge Menschen die Priesterweihe: Peter Dörfler, Joseph Bernhart und Franz Fendt. Sie waren alle drei eigenwillige Persönlichkeiten, mit einem Zug ins Geniale.
Das Schicksal des jungen Geistlichen Fendt war in manchem eine Wiederholung der Ereignisse um Goßner. Bei seinem geistigen Suchen und Ringen

sympathisierte er stark mit der evangelischen Kirche und trat schließlich zum protestantischen Glauben über. Dank seiner großen Begabung und religiösen Tiefe wurde aus dem schwäbischen Bauernsohn ein bedeutender Gelehrter und Verkünder des Protestantismus. Er erhielt an der Universität Berlin in der Nachfolge Prof. Harnacks den theologischen Lehrstuhl.

Im Alter trieb es ihn wieder in seine Heimatstadt zurück. Als kranker Mann fand er im Augsburger Vinzentinum Aufnahme und Pflege.

Das letzte Ereignis seines Lebens kennzeichnet ihn als ökumenisch im wahrsten Sinne des Wortes. Vor seinem Tode wurde ihm im Vinzentinum nach katholischem Ritus die letzte Ölung gereicht, selbstverständlich mit seinem Einverständnis. Kurz darauf starb er. Die Katholiken sahen in der Annahme des Sakraments seine Rückkehr zum Glauben seiner Kindheit und bahnten ein katholisches Begräbnis an. Dagegen erhoben die Protestanten, voran der oberste Konsistorialrat der Stadt Augsburg, Einspruch. Jede der beiden Konfessionen sah in diesem großen Mann einen der ihren. Er wurde nach protestantischem Ritus begraben.

Unmittelbar neben dem katholischen Ulrichsmünster steht in Augsburg die protestantische Afrakirche als das Symbol der möglichen Zwiesprache und gar der »geschwisterlichen Vereinigung«.

In der Krise mag immer wieder nach dem dialektischen Gesetz aus dem Gegenpol die Erklärung des Problems, schließlich die Erkenntnis des Mangels und die Hilfe kommen. Wer aber dazu berufen ist, gegen den Strom zu schwimmen und sein besseres Wissen gegen Verleumdungen und Mißachtung zu bewahren und zu verteidigen, gehört zu diesen stillen Märtyrern des Geistes.

Auch Joseph Bernhart ist ein Vorkämpfer der Ökumene, wenn auch in einer ganz anderen Weise als Franz Fendt. Nicht in der Öffentlichkeit, sondern in aller Stille spielten sich seine Auseinandersetzungen ab, auf geistigem Gebiet. Schon während seiner Kaplanszeit ist es ihm klar geworden, daß er nicht als Priester, sondern als Dichter und Wissenschaftler seinen Weg gehen müsse. Die Ehe war nicht Grund seines Rücktritts, sondern eine der Konsequenzen, die er aus seiner inneren Berufung zog. Das wird vielfach falsch gesehen.

Exkommuniziert von der Kirche, hat er nicht mit Gewalt dieses persönliche Problem gelöst, sondern hat in einer ganz anders gearteten, in Schmerzen neuerworbenen Treue an der Reform der Kirche von innen gearbeitet.

Er gehört zu jenen Schwaben, denen ein feiner religiöser Spürsinn als Erbe mitgegeben ist und die als Vermächtnis die mystische Ader besitzen, den »Intellektus affectivus«, der den hellen, scharfgeschliffenen Intellekt des

Wachbewußtseins in ungemessene Tiefen ausweitet, aber dabei doch unter Kontrolle hält.

Er ist trotz seiner seelsorgerlichen Begabung und seiner katholisch-spirituellen Frömmigkeit als der geborene Geistliche den schwierigsten Weg gegangen. Er verzichtete auf sein Amt in einer hartnäckigen Treue zu seiner Berufung bis zur Selbstaufgabe. Mit der *Wahrheit des Geistes* besiegte er plumpe Gewalt und Machtwillen (den eigenen und fremden).

Die Zeit war noch nicht reif für andere Lösungen. Ausgerechnet seine Frau hat ihm zu diesem Wege verholfen. Was diese beiden Menschen in ihrer Liebe und kompromißlosen Frömmigkeit für die innere Erneuerung der Kirche gelitten, gekämpft und errungen haben, ist als Schatz und Segen erst nach und nach zu heben. Die heutige Kirche weiß es und ist sich dieser Verdienste voll bewußt.

Beim Tode seiner Frau legte Joseph Bernhart in einem Briefe an Dirr folgendes Geständnis ab:

»Von Herzen danke ich Ihnen für das gute, wahre Wort Ihrer Teilnahme zum Tode meiner Frau. Es hat mich im Grund berührt und bewegt. Die Beraubung ist über alles Sagen schwer, weil ein Bund von beispielhafter Tiefe und Reinheit des Zusammenklangs – es war dies ohne unser Verdienst – in der Sichtbarkeit aufgehört hat. Mit welchen Opfern haben wir unsere Vereinigung erkauft, und welches Werk der Läuterung des Geistes und der Seele hat die große Persönlichkeit, die meine Frau gewesen ist, an mir vollbracht. Sollte ich je mein Leben erzählen können, so wäre mehr von ihr als von mir zu sagen.

Ihr Sterben ist ihrer würdig gewesen. Ich stand die letzten 14 Stunden an ihrem Lager und war der Zeuge einer klaren, strengen Verselbstung für den Eintritt der Ewigkeit. Als ich ihr die großen spendenden Augen geschlossen hatte, konnte ich nicht anders, als laut zu mir selbst zu sagen: Nun sind wir ganz beisammen. So ist es nun und so bleibt es. Ganz nach ihrem letzten Willen werde ich dem Werk, für das sie ihr Leben ins meinige hineingeopfert hat, die Treue halten. Wie seither schon, ja noch inniger, denke und schreibe ich in der Fühlung mit ihr, und keinen Augenblick bin ich ohne die Empfindung ihres liebenden wachsamen Zublicks aus der Erhabenheit. Wie kann doch ein Mensch dem Menschen Mittel der Gnade sein.«*

Das Brett an der dicksten Stelle zu durchbohren, scheint zu den Eigenschaften der besten Schwaben zu gehören. Durch unendliche Ausdauer, nicht durch

---

* Vermittelt durch Fr. Fanni Wenger, die den Nachlaß v. Prof. Bernhart verwaltet.

Gewalt, Stein für Stein zu lösen und neu zu bauen, erfordert mehr Kraft als mit roher Absicht Gebäude einzureißen, denn dabei kommt auch das Gute mit zu Falle. Der Schwabe ist »konservativ und fortschrittlich in einem«, wie Feneberg und Albert von Lauingen, und bedient sich dabei ungewöhnlicher Mittel, die aus starker seelischer Kraft kommen. Nicht jeder versteht das, denn hier tut sich innerhalb des Gehorsams im schöpferischen Akt das Neue.

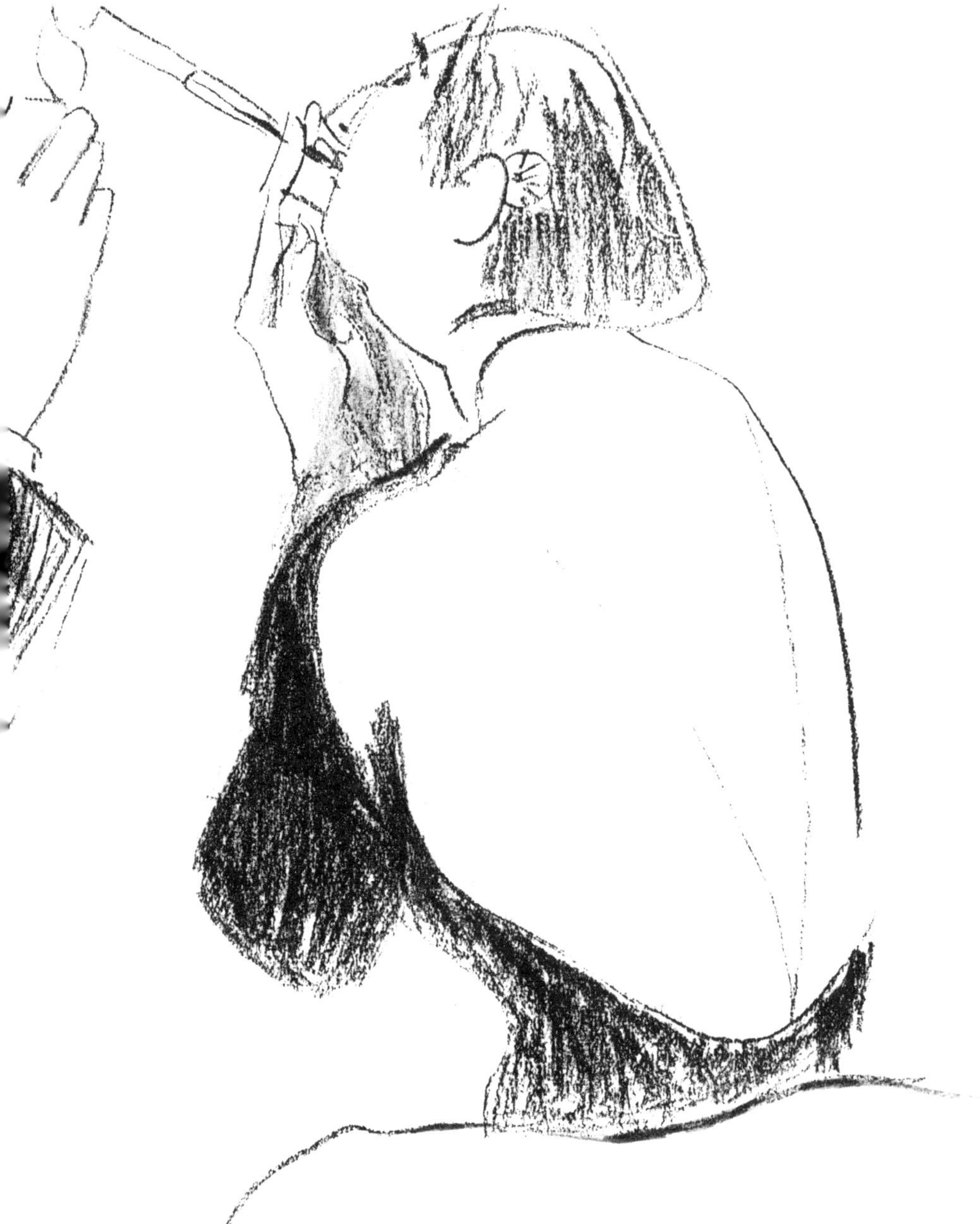

Es ist sicher ungewöhnlich, aber gewiß nicht abwegig, in dieser Reihe der Gottsucher auch einen Augsburger Dichter, nämlich Bert Brecht, zu nennen. Er war im tiefsten Grund seiner Seele religiös, wenn auch dieser Drang auf eine nicht alltägliche Weise zum Ausdruck kam.

Er suchte Gott in dem zu ergründen, was er nicht ist, alle konventionellen und institutionellen Wege kirchlicher Frömmigkeit hassend. Es ging ihm um die Wahrheit bis zur nackten Offenbarung in der Zerstörung und im Zerstörten, in gequälten, mißachteten Menschen. Er rang um Humanitas, die dem Entrechteten und Enterbten zum Recht verhelfen wollte, deretwegen er Sozialist und Kommunist wurde und um seine Kunst. Ja, seine Kunst vor allem, welche den beiden erstgenannten Gehalten Form geben sollte, und zwar eine ganz neue Form, in der sich die Gegensätze vereinigen oder wenigstens annähern, so wie Wahrheit und Menschlichkeit nur eine Zwangsvereinigung eingehen. In seinen Spielen »Der gute Mensch von Sezuan« und »Der Kreidekreis« versucht er diese Synthese zu erreichen, zeigt aber das Stranden seiner Figuren, um die Menschheit eines Besseren zu belehren. Gerechtigkeit ist nicht selbstverständlich.

Brecht bringt die beiden künstlerischen Formen, die ihn vor allem faszinieren, den modernen Ausdrucksstil expressionistischer Prägung und das asiatische Theater mit symbolreichem, sensiblem Agieren feinster seelenvoller Art zur Synthese. Als Kunstmittel zeigt sich gerade diese Gegensätzlichkeit im Aufeinanderprallen beider Welten, der allzugroben und der allzufeinen. (Polarität)

Zynisch beschreibt er den *Theaterkommunisten*.

Eine Hyazinthe im Knopfloch
Am Kurfürstendamm
Empfindet der Jüngling
Die Leere der Welt.

Für 3000 Mark im Monat
Ist er bereit,
Das Elend der Massen zu inszenieren.
Für 100 Mark im Tag
zeigt er
Die Ungerechtigkeit der Welt.

Hinter den Zeitungen
Lächelt er gefährlich
Er ist es, der
Diese Welt zertreten wird wie
Ein Kuhflädchen.

Er, der den dialektischen Materialismus nicht nur als »Modekleid«, sondern als Weltanschauung trug, hätte eigentlich an diesen Gegensätzen zerbrechen müssen, hätte auch politisch zerbrechen können, aber ein unheimlich geschliffener Intellekt und ein tollkühner Wagemut ließen ihn immer wieder im Spiel um die Freiheit mit der herrschenden politischen Macht gewinnen. Durch die Risse, die dabei entstanden, sah man hinab in die Unergründlichkeit menschlicher Leidenschaft, menschlichen Hasses und menschlicher Güte.

Er, der ruhelos Wandernde, der nirgends Heimat fand als in seiner Kunst, die ihm auch im politischen Exil der Fixpunkt seiner Existenz gewesen ist, warb mit eben dieser Kunst für den Frieden und ein besseres Leben der Menschen – als gläubiger Pazifist auch in den hoffnungslosesten Momenten. Diese Extreme waren von unvereinbarer Gegensätzlichkeit; das Ideal war mit keinen Mitteln, auch nicht mit äußerster Anstrengung zu erreichen. Er, der Ideologe und zugleich Rationalist, der Rebell, Revolutionär und zugleich Moralist zeigte mit der Nacktheit seiner Seele, was es heißt, Mensch zu sein.
Typisch für Bert Brecht ist seine Freundschaft mit Karl Valentin, denn da treffen sich Menschen von großer Seelenverwandtschaft. Brecht hat ja viele Stücke für Valentin geschrieben. Sein hintergründiger Witz, bei dem Gelächter zu Grauen erstarrt (siehe die Dreigroschenoper), war gerade das Richtige für Valentins trockene Clownerien. Andererseits wirkte die Person Valentins und sein Gehabe auf Brecht zündend, so daß diese Art von »selbstzerstörerischer Superintelligenz« und die Komik seines Tiefstapelns ihn auch zu brillanten Stellen in seinen eigenen Stücken, die auf Fragwürdigkeit und Doppelgesichtigkeit des Lebens hindeuten, angeregt haben.
Brecht verfremdete, um die »Illusion« des bürgerlichen Lebensgrundes aufzudecken, provozierte ständig, forderte ständig heraus, vor allem zum Mitdenken. Den Religiösen sagt er über die hl. Johanna der Schlachthöfe:

>»Sorgt doch, daß ihr, die Welt verlassend,
>nicht nur gut wart, sondern verlaßt eine gute Welt.«

Er läßt sich seine Mahnungen über Spiele und Dichtung viel kosten, sein ganzes Herzblut, seine ganze Lebenskraft ... und es ist ihm völlig ernst dabei. Für ihn ist es die Wahrheit, die er nie »Religion« nennen würde.
Bezeichnend ist, wo Brecht sein Grab bei seinem nahenden Ende selber ausgewählt hat ... an einer zerschossenen Friedhofsmauer, mit Spuren des letzten Krieges, zwischen den Gräbern von Joh. Gottlieb Fichte und Friedrich Hegel

in Berlin – als Bekenntnis zu seiner geistigen Herkunft. Auf seinem Grabstein steht:

>»Was erwartet man von mir?
>Wer immer es ist, den ihr sucht:
>Ich bin es nicht.
>   Bert Brecht.«

Seine Vaterstadt hat ihn während der ersten Jahrzehnte seines Schaffens nicht verstanden. Er war und blieb das »Schwarze Schaf« der Stadt Augsburg, die sich nicht zu ihm bekennen wollte.

Im Auf und Ab der Jahrhunderte hat sich der Ostschwabe in religiösen Fragen mächtig engagiert und sich dort eingesetzt, wo das Problem am brennendsten war, wo mit der ganzen Kraft der Persönlichkeit Entscheidungen zu erkämpfen waren.

Symbole schwäbischer Frömmigkeit, die den herzwarmen Gefühlston erklingen lassen, sind die vielen schönen Bauernkirchen, von denen jedes Dörflein wie von einer Glucke unter die Fittiche genommen ist. Diese Dorfkirchen mit ihren lustigen Zwiebeltürmen prägen auch das Gesicht der schwäbischen Landschaft. Eine davon – das Lautracher Kirchla – greift Hermann Sandtner heraus und beschreibt sie:

>'s Kirchla hot an Zwiebeltura,
>hinterum a Walmadach,
>in der Mitt en Kreuzlesbalka,
>dös isch d' Kirch vo Lauterach.
>
>'s leit grad überm Hang, am steila,
>'s dürft koi Ruckerla meah naus,
>sonscht tät's in de Bach rafahra,
>nau wär's mit em Kirchla aus.
>
>Inna dinn auf viele Simsa
>hockat lauter Engel dött,
>und dia Bluama an der Döcka
>wachsat wia im Gatabeet.

D' Orgel brausat, Liader klingat,
zum Altar, wau's Heiligscht ischt.
Moischt oft, bischt im Himmel dinna,
wau na 's Leida ganz vergißt.

Was haut euser Kirchla no –?
's ischt koi Glocka it alloi;
Jeden Aubed tont se singa
zue de andre übern Roi.

Beichten und Begräbnis

War bis jetzt vom religiösen Denken und Fühlen die Rede, so sollen jetzt einige religiöse Praktiken beleuchtet werden. Für Nichtkatholiken ist sicher das Beichten eine der interessantesten Seiten. Das östliche Schwaben ist hauptsächlich katholisches Land. Beichten gehörte damals, im Gegensatz zu heute, zu den Grundpraktiken.

Eigentlich kommt es der reflektierenden, grüblerischen Ader des Schwaben entgegen. Sich selbst zu betrachten, alle Strebungen bis zur Wurzel zu zerlegen, liegt ihm. Diese Eigenart ist so stark, daß es in Schwaben besonders viele »Skrupelanten« gab, Menschen, die auf dem Sterbebett mehr Angst vor dem »Gericht« als vor dem »Tod« hatten. Dies ist die dunkle Seite in der schwäbischen Frömmigkeit, wenn sie nicht durch starke religiöse Aktivität kompensiert wird.

Ihr soll in ein paar kurzen Geschichten die heitere gegenübergestellt werden.

's Bastele hat das erste Mal gebeichtet. Er hat nicht viel auf dem Gewissen gehabt. Drum sagte der Pfarrer zu ihm: »Baschtele, gang hoim und sei weiter so brav, gell!«

»O mei, Herr Pfarrer«, jammerte der Bub.

»Kannscht scho ganga, haschtas g'hört.«

Aber 's Bastele bleibt knieen und sagt bloß: »O mei, Herr Pfarrer!«

»Sag, hasch gar no ebbes aufem Herza? Dann nu raus damit, daß dia ganz Beichterei au was gilt!«

»O mei, Herr Pfarrer, i bring da Finger nemma aus deam Gatter.«

Vor lauter Aufregung hatte 's Bastele während des Sündengeständnisses im geschnitzten Gitter gebohrt und seinen Zeigefinger eingeklemmt.

Das erste Mal zu beichten, fällt den Kindern nicht gerade leicht, muß ich aus eigener Erfahrung sagen.

Wir Lehrerskinder hielten uns an regnerischen Tagen im großen Schulsaal auf. So spielte sich meine Vorbereitung zur ersten Beichte auch dort ab. Meine Schwester, die ein paar Jahre älter war, führte mich als »Expertin« in diese schwierige Aufgabe ein. Kinder schreckt man in Schwaben gern damit, daß man sagt, sie müßten beim Beichten eine eiserne Kette durchbeißen.

Wir holten das nötige Zubehör aus der Wohnung, nämlich einen Stuhl, der eine Lehne mit Flechtwerk hatte und deshalb als Beichtstuhl und Beichtgitter zugleich dienen konnte. Ein kleiner Fußschemel war das »Armesünderbänkchen«.

Nachdem das Sündenbekenntnis gemeinsam »zusammengebastelt« war, das

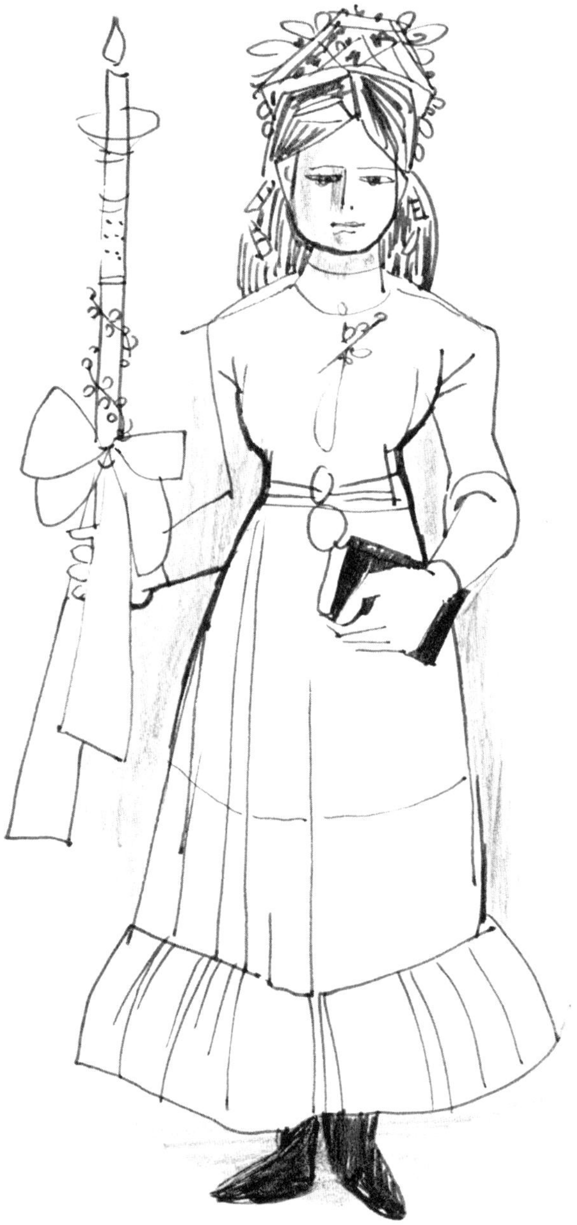

natürlich bei geschwisterlicher Aufsicht sehr ausführlich wurde, begann das Festlegen.

Vom Naschen bis zum Schwätzen in der Kirche war alles in großer Zahl vorhanden. Letzteres gleich zweitausendmal, denn ich mußte jeden Tag in die Kirche gehen, und aufgeweckt, wie ich war, passierte es mir täglich, daß ich mindestens dreimal mit einer Nachbarin eine Bemerkung austauschte. Wir berechneten die Zahl für drei Jahre. Das Ergebnis solcher Berechnungen, bei denen sich Geschwister gewiß nichts durchgehen lassen, wurde auf einen langen Zettel geschrieben. Meine Schwester wachte ehrgeizig darüber, daß nichts unterschlagen wurde.

Nun setzte sich meine Betti als Vertreterin »gerichtbarer Geistlichkeit« auf den Stuhl, das Ohr an das Flechtgitter gelehnt und hörte sich mein Sündenregister an, das ich auf dem niedrigen Fußbänkchen kniend durch die Löcher flüstern mußte – nicht zu laut und nicht zu leise. Es ging leidlich, denn es war ja eine umfangreiche Selbstanklage zu bewältigen.

Am Beichttag steckte ich meinen »Sündenzettel« zu mir, besuchte aber auf dem Kirchweg noch meinen Schulkameraden Seppl, um mit ihm gemeinsam den »Weg der Buße« anzutreten.

Als ich das Haus betrat, sagte seine Mutter zu mir: »Hilda, was beichtscht necht du?« Im Hochgefühl einer vollbrachten schweren Leistung sagte ich: »I han viele Sinda, an ganza Zettl voll!« und zeigte ihn.

Sie nahm mir den Zettel aus der Hand und las ihn zu meinem Schrecken. Wie sollte ich mich wehren? Dann gab sie ihn zurück und sagte: »Mei Seppl woiß no gar net, was 'r beichta soll. I schreib eahm a paar Sünda vo dir auf.«

So gingen wir nun beide, ich mit meinem eigenen, Seppl mit seinen »geliehenen Sünden« in die Kirche und beichteten. Ich weiß nur noch, daß ich mich immer wieder verhaspelte vor Aufregung und daß mein Sündenregister dem Herrn Pfarrer zu lang war. Noch in der Erinnerung fand ich es fürchterlich. Ein Trost war, daß ich zu Hause von meiner Mutter recht lieb empfangen wurde. Sie hatte bereits ein weiches Ei für mich hergerichtet. Das bekam damals, nach schwäbischem Brauch, ein Beichtkind.

Joseph Bernhart erzählt in seinem Buch »Lebenserinnerungen« von der Warte des Beichtvaters aus von den kleinen und großen Sündern:

»Alle sind sie bedacht auf das rechte Können des Gelernten, aber die einen wissen nicht, um was es geht, und ringen ihrem Gedächtnis mühevoll den Sündenspiegel samt seinen Fragen ab, andere blicken angstvoll zu mir auf wie zum Weltenrichter, gelähmt an Zunge und Gedächtnis; die begabten

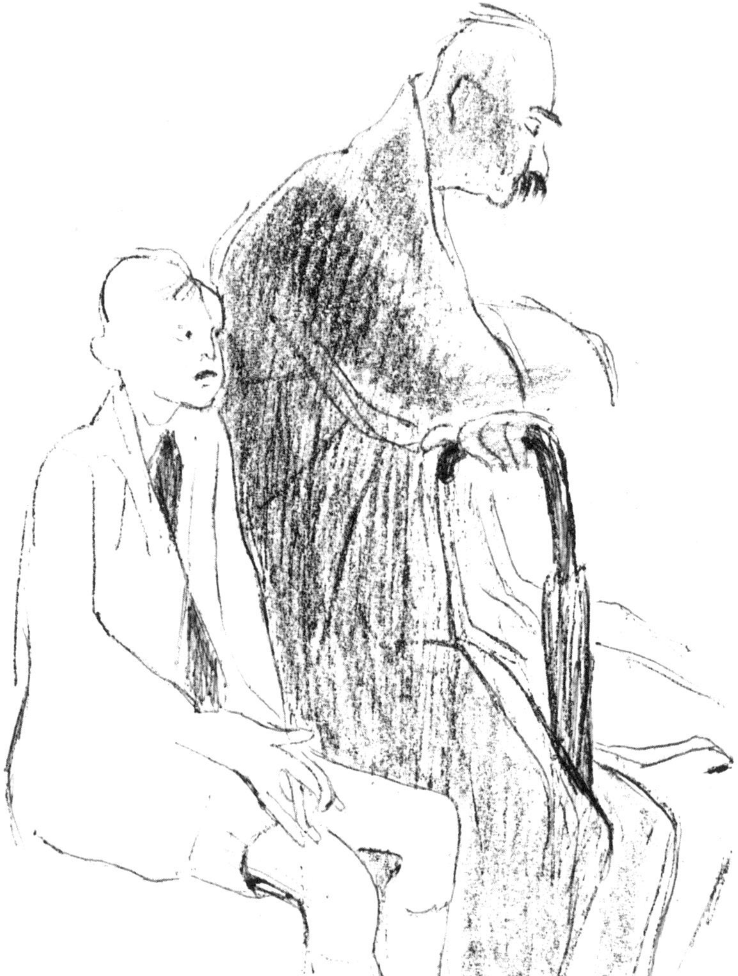

Wenigen sind mit sich ins reine gekommen und bringen ihre Sündlein mit bangem Schnaufen vor.«
Wie aber ist mit ausgemachten Verbrechern zu verfahren?
»Ich habe einen totgeschlagen!«
»Du? Ja wen denn, Lieber?«
»Einen Käfer.«
»Ich habe anderen nach dem Leben getrachtet.«
»Wie hast du das gemacht?«
»Beim Raufen.«
»Ich habe einen Ehebruch begangen.«
»Ach was, das hast du nicht getan!«
Ja – und Tränen fließen um einen Fall von Leibesnot, der jenseits von Gut und Böse war.

Hat die kleine Welt, so gut sie es vermocht, sich ausgestäubt, so rücken, nach christlichen Ständen gesondert, mit schwererem Gepäck die Großen an.
Dunkler Beichtstuhl an jener Kirchentür, die fünf, sechs Abendstunden lang schuldig-scheue Schatten aus fremden Revieren knarrend einließ, du stummes Grab des Argen, verschwiegener Brunnen der Entsühnung, dich verkännte, wer von deinen Mühen spräche! Weiß ich auch nicht, wie es kam, weiß ich doch, daß mit den gemarterten Gliedern sich ein frohes, getrostes Herz erhob.
Trüben, schwarzen Wässern sagt man eine sonderliche Heilkraft nach. Frei und geläutert, dünkt mich, ging mancher von dort hinweg und legte, dem altem Brauch gemäß, als Zeichen seines Dankes den Beichtgroschen auf den zinnernen Teller am Richterstuhl. Eine alte Bäuerin, von Sünd und Fehl losgesprochen, wühlte suchend in ihrer Tasche, zog endlich ihr Messer hervor und klopfte laut, da der Zehner sich darin verklemmt hatte, auf die Beichtstuhltür.
»Lassen Sie's doch«, mahnte ich. Sie aber: »Na, Herr, kannst au net umasonst an Narren macha!« Und klopfte, bis der Groschen frei war, und warf ihn zu den anderen.«
So wie der Bürgermeister eine gewisse erzieherische Funktion in der Gemeinde hatte, hatte sie auch der Pfarrer, denn früher wurde Religion nicht »zerredet«, sondern getätigt. Diskussionen über Religion waren nicht Brauch.
Der »introvertierte Typ« des schwäbischen Menschen neigt zur Selbstanklage. Gut, wenn ihm ein vernünftiger Pfarrer begegnet, der religiöse Gewissen-

haftigkeit in die richtige Bahn lenkt. Die »Schlitzohren« haben vor sich und vor anderen die erdenklichsten Ausreden bereit.

Humor müssen die Geistlichen haben, um bei ihrem Amt die Unzulänglichkeit des Menschen zu überdenken und dabei selber noch ein Stück »humaner« zu werden.

Ein liebenswürdiger Geistlicher aus dem 18. Jahrhundert war Michael von Jung, der wegen seiner Verdienste humanitärer Art von seinem Landesherrn in den Adelsstand erhoben wurde. Er stammt aus Kirchdorf bei Memmingen und ist der berühmte Verfasser von Grabgesängen in schwäbischem Dialekt, bekannt als ein »Meister des unfreiwilligen Humors.«

Da er sich so gar nicht verhielt, wie es üblich war, hatte er Schwierigkeiten mit einigen Vertretern der hohen Geistlichkeit, denen er aber mit äußerster Souveränität begegnete. Seine Grabgesänge, die er eigenhändig mit der Gitarre begleitete, klangen liturgisch geschulten Ohren zu derb. Vor allem erregte die Mischung von Todesfeierlichkeit und burschikosem Humor Ärgernis, so daß man ihm diese Gesänge verbot.

Außerdem mißfiel, daß er einen ihm verliehenen Orden nicht nur bei Gartenarbeiten und häuslichen Verrichtungen trug, sondern auch beim Gottesdienst. Nörgeln und Befehlen half nichts bei diesem dickköpfigen Schwabenschädel, der kindlich gläubig und hartnäckig treu war ... nicht nur seinem Landesherrn, sondern auch der Kirche und seinem Beruf gegenüber.

Diese Polarität von Ernst und burlesker Schalkhaftigkeit, von Selbstgefälligkeit und beharrlichem Festhalten an schrulligen Ideen und Gepflogenheiten, ist echt schwäbisch. Dem Tod durch derbe Späße seinen Stachel zu nehmen, paßt in die schwäbische Landschaft. Der Schwabe stellt neben die Liebe den Tod, neben die Freude die Ernüchterung und verkneift sich heimlich nicht gerne einen »Plätterer«. Dieser Logik entspricht es, bei traurigen Anlässen den Humor nicht zu verlieren, zum Beispiel von einer »lustigen Leich« zu reden. Wer bei freudigen Anlässen nicht ausgelassen war, darf beim Totenmahl derb und herzhaft lachen.

Schwäbisches Denken findet die Synthese aus Gegensätzen. Michael von Jung hat dafür ein treffendes Beispiel geliefert, das ihm von seinen Vorgesetzten jedoch sehr verübelt wurde. Einen sterbenden alten Mann wußte er entgegen den kirchlichen Gepflogenheiten auf außergewöhnliche Weise zu trösten und ihm die schwere Stunde abzukürzen.

Nachdem er ihm die Beichte abgenommen und das Sakrament gereicht hatte, spielte er mit dem guten Alten Karten, bis dieser mit dem letzten Trumpf auch seine Seele aushauchte.

Deswegen zur Rede gestellt, meinte Michael von Jung: »Wisset Se, er isch aufs Sterba guat vorbereitet gwea und er hätt gar koin scheanera Toad hau kenna. Eahn hot doch's Kartla so gfreit und i han eahn emmer gwenna lau.«
Hoffentlich hatten die Richter des Geistlichen eine so fröhliche, gottergebene Sterbestunde, wie sie diesem alten Mann durch seinen Beichtvater gewährt wurde.

Ein paar Kostproben der Lieder Michael von Jungs beweisen, wie sehr sich der Seelsorger in die Lebensgeschichte seiner Pfarrkinder vertieft hat. So sang er am Grabe einer vortrefflichen Sängerin, die an der Cholera starb:

Dort modert Rittler Katharine;
Die holde Sängerin entschlief
Mit hoch entzückter Engelsmiene,
Als Gottes Vaterstimme rief:
Komm her in meinen Sängerchor,
Und sing mir deine Lieder vor.

Sie hatte eine sanfte Kehle
Und einen reinen Silberton
Und sang entzückt mit Leib und Seele
In ihrer zarten Jugend schon,
Und übte fleißig sich darin,
Und ward die beste Sängerin.

Sie war die Tochter des gewandten
Schullehrers in dem Orte Pleß,
Des exzellenten Musikanten,
Der gründlich sie gelehret es,
Was Musik ist und Singen heißt
Und was entzückt des Menschen Geist.

Sie traf die fernsten Distanzen,
Sang tief hinab und hoch hinauf
Und löste alle Dissonanzen,
In schönste Harmonien auf,
Und hörend ihre Arien
Blieb jedermann bezaubert stehn...

Am Grabe eines vom Blitz erschlagenen Jünglings sang er:

Indessen soll ein Unglücksfall
Uns weise Vorsicht lehren;
Zwar können wir dem Blitzestrahl
Das Schlagen nicht verwehren.
Wir können seinem Schlag jedoch
Beizeiten noch entgehen,
Sobald wir ein Gewitter hoch
Am Himmel kommen sehen.

Am besten schützt uns allemal
ein guter Blitzableiter,
Er zieht an sich den Blitzesstrahl,
Und läßt ihn nicht mehr weiter;
Den besten Schutz gewährt jedoch
Ein ruhiges Gewissen,
Wenn wir uns frei vom Sündenjoch
Und seinen Folgen wissen.

Das ist praktisch gelebtes Christentum volkstümlich-barocker Prägung.
»Mit 'em Stearbe goht es oft unterschiedle hear, oi' stearbet ganz leicht und andre gond fast drauf derbei«, lautet eine sarkastische Schwabenweisheit.

Einem alten Bauern schlug das letzte Stündlein. Er lag schwer atmend in den Kissen und ließ seine Blicke unruhig durch das Zimmer schweifen. Die Trauergesellschaft stand mit gesenkten Köpfen um das Bett herum und wagte kaum zu atmen. Um diese düstere Stimmung etwas aufzulockern, reichte die junge Bäuerin Brezeln mit Butter.
»Was«, sagte der Bauer und richtete sich mühsam auf, »i ben no it gestorba, nau got dia Sauerei scho a.«
Ja, ja, die Sparsamkeit! Ihr dreht nicht einmal der Tod den Hals um.
Nach den Begriffen des Sterbenden hätten leere Brezeln auch gereicht.
Eine entfernte Base fragte die Trauergesellschaft, die in der guten Stube versammelt war: »Wia halt' ma 's bei ui? Böllat ma glei vom Haus weg oder fangt ba erst auf 'em Gotzacker a'?«
Und wie geht's beim Leichenschmaus zu? Das schildert Adolf Paul ganz lebensnah.

> Auf oi'maul kommt 'm obra Baur
> A prächtiger Gedanka!
> »Ja Leut!« sait ear, »weam hamer denn
> Dös Fescht dau zum verdanka?
>
> D'r Mattheus isch's – denn wenn er wär
> No allaweil am Leaba,
> Nau hätt's doch ohne Zweif'l g'wiß
> Koin Leichatrunk net geaba!
>
> Drum nemmat eure Krüegla her
> Und schtoaßet mit mer a',
> Em Mattheus gilt dös Vivathoch –
> Schrei' jeder was 'r ka'!«
>
> Und Vivathoch, hoch und no'maul hoch
> Schreit allz jetzt duranand:
> Da Mattheus wöll'mer leaba lau,
> So'scht wär'mer net bei'nand!

Beim Leichenschmaus für eine Bäuerin forderte man auch den Witwer auf, mitzutanzen. Es war ein Landler. »I tanz eahn bloß ganz langsam«, sagte er entschuldigend.

Der Tod, aber auch das Leben verlangt das Seine. So sagte der Witwer, dem man am Karfreitag die Frau begrub: »I heirat wieder, aber gwieß net voar Ostra.«

Zahlenmystik

Das Sinniererische liegt unseren Landsleuten im Blut. Ein Pfründhäusler hat immer und immer wieder die Heilige Schrift studiert. Der Pfarrer, der dazu kam, meinte, es sei purer Christeneifer, bis er eines anderen belehrt wurde.

»Des got do net naus mit dene sieba Täg en d'r Bibl. Wia kut unser Herrgott 's Liacht von d'r Finschternus geschieda hau, wenn no it amaul d' Sunn dau gwea isch?«

Das Sinnieren hackt sich gern an Zahlen ein.

Bleiben wir gleich bei 7, um zu untersuchen, wie gerade diese Zahl im religiösen und praktischen Denken eine solche Bedeutung gewinnen konnte. Es gibt 7 Wochentage, 7 Künste, das Vaterunser besteht aus 7 Bitten, von denen die letzte auf Befreiung von dem Übel lautete. Heute heißt es, von dem Bösen, so daß manches Wort aus früheren Redensarten nicht mehr recht verständlich ist, so zum Beispiel: »Des isch oine vo d'r siebeta Bitt« oder »Der lauft unter d'r siebete Bitt'.«

Ein Bürgermeister kann sich äußern: »Des isch a Oberamtma g'wea. I haun'a vier, fünf Johr lang hintr dr siebeta Bitt laufa lau.«

Ein unglücklicher Mann klagt: »Mit meim Weib ka i it fertig werda. Dia hot simnerlei Häut wia a Memminger Zwiebel.«

Ein Schieler guckt in sieba Häfa auf oimaul. Und ein Blitzhageldummer haut siebe Pfiff, sechs dumme und oin ei'fältiga.

Wenn einer ausgeht, wird er gefragt, ob er seine sieben Sachen, oder gar seine »Sieba Zwetschga« beisammen habe. Hat er etwas vergessen und merkt es zu spät, macht er ein Gesicht »wie sieben Teufel« oder »wia sieba Tag Regawettr.«

Aber auch Gutes drückt diese Zahl aus: I han meine siebe Sprüng' scho g'macht, sagt einer, der über die Jugendtorheiten hinaus ist. Dabei gilt ein Kind, das über sieben Jahr ist, schon als recht vernünftig.

Der isch reich, der hot simnerlei Läus', kann man hören.

Auf 77 kann der Siebener erweitert werden:

»D' Wiber und d' Füchs hant 77erlei List und no an Beutel voll.«

Auch auf kirchlichem Gebiet bedeutet die Zahl 7 sehr viel. Man kann von einer Zahlenmystik in der Ordnung des Kirchenjahres und bei Gebetsgepflogenheiten reden, wie Rosenkranz, Psalter und Offizium. Das kirchliche Leben und seine Liturgie sind von einer festgebauten Architektur der Zahlen beherrscht.

Da hatte auch mancher tüchtige Schwabe nachzudenken und herumzusinnieren, wie eine liebe Schulfreundin von mir, die später Klosterfrau geworden

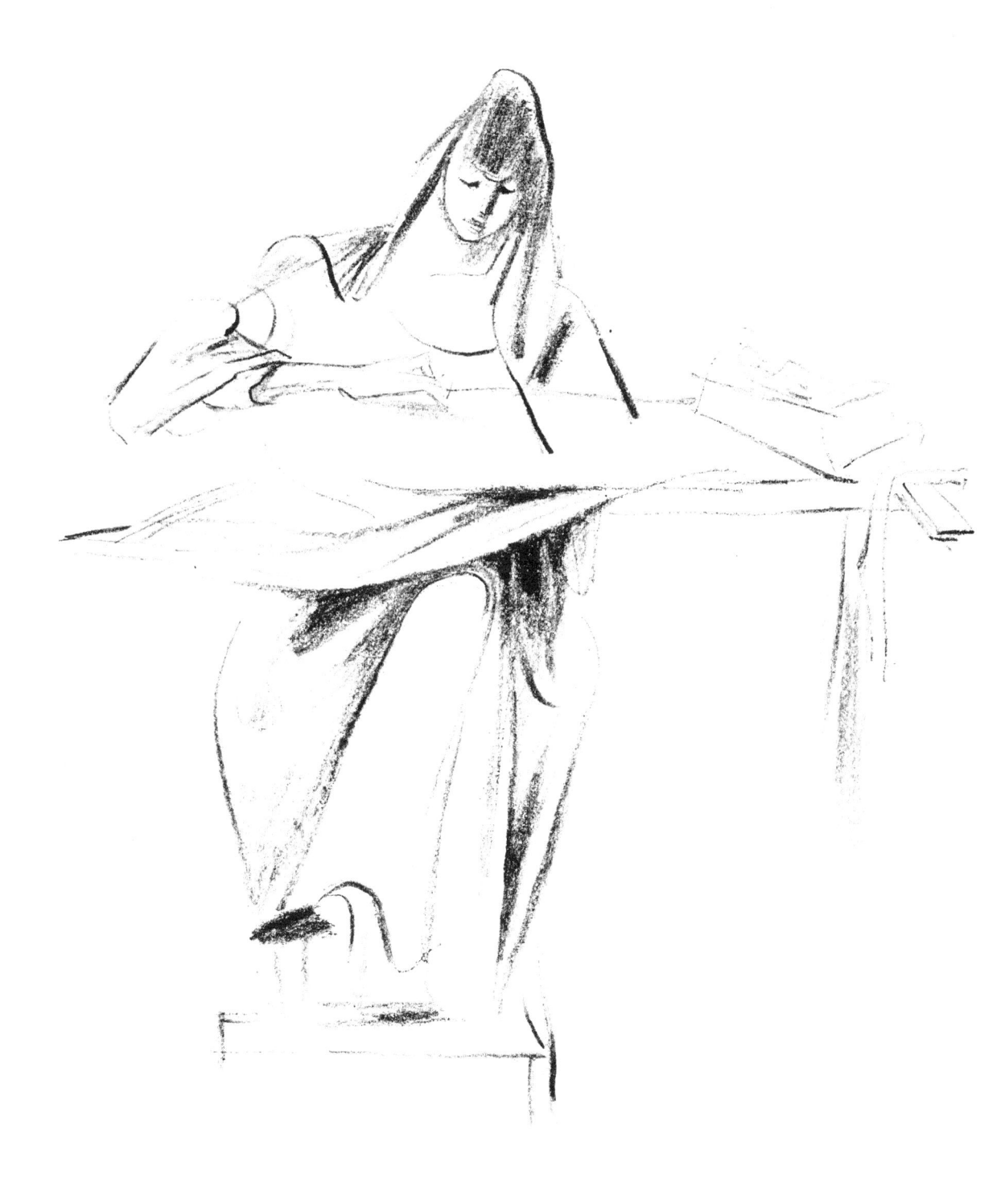

ist. Ihr Beruf als Stickerin in der Paramentenwerkstätte kam diesem Drang zum Grübeln entgegen.

Sie war wie aus einem altschwäbischen Bild herausgeschnitten, etwa aus den Domaltären von Holbein dem Älteren.

Ich erinnere mich an ein Gespräch. Es lebt aus dem schwäbischen Dialekt. Sie erklärte mir:

»Woischt, ois isch dia Zahl, mit der älls afangt. In ihr isch älles, was isch. So bedeutet se Gott, den Oina in ällem, aus deam älles kommt und in dean älles wieder zruck gaut.«

Zwoi aber isch dia Zahl, in ders auseinandergaut, was erscht in oiner Ordnung war. Im Guata isch se kaum zu finda, aber wenns um Neid und Mißgunst, um Trennung gaut, isch se dau.

Drei dagega isch dia groaße Zahl, dia heilig, dia wieder Einheit schafft. Dia göttlich Dreieinigkeit sell. Von der Zahl kommt viel in der Kirch her, dia drei hoache Festdäg, dia drei Roasakränz, da freudareicha, schmerzhafta und da glorreiche, drei Flüß im Paradies. Drei Däg isch Jesus in d'r Unterwelt gwea, hot dreifach dia Ketta glöst.«

Unerschöpflich war ihr die Zahl sieben, bei der sie direkt in Eifer kam.

»Dia Dreifaltigkeit im Weltall bedeutet sieba, d'r ganze Kosmos, vo Gott durchwaltet und so isch älles im Weltall in Siebnergruppa g'ordnet, dia Planeta, Hemmelssphäre bis zu de Farba vom Reagaboga.

Im Spiegelbild isch au dia selbig Ordnung in d'r Kircha dau, mit ihre sieba Sakrament. Sigscht, dau müassen au dia Werke d'r Barmherzigkeit, der leiblichen und der geistigen in d'r gleicha Oardnung sei.

De sieba Freuda Mariens standant sieba Schmerza gegänüber, so wias au sieba Toadsünda gibt. Ois hebt des ander auf, aber älls isch in Gott aufg'hoba. In sieba isch des greascht Geheimnis, in deam sich dia Menscha mit Gott verbindant und in sei Oardnung kommant. Im Himmel wartan sieba Leuchter, a Buach mit sieba Siegel, sieba Posauna sends und sieba Schale, in deane Gottes Zoara überfließt.«

»Was soll dann wohl zehn sein« fragte ich.

»Zeaha an d'r Zahl send Gott's Gebote.«

»Aber elf«, wollte ich wissen.

Sie war erst ein wenig außer Kurs, faßte sich aber schnell und sagte: »Des sind dia zehn Gebote und Gott, d'r Alleine d'rzua.«

Wer weiß es schon? Diese Zahlenmystik ist so spitzfindig, daß sie bis zu den letzten Spekulationen reicht. Das Abstrakte in diesem Denken ist wie ein mathematisches Gerüst, an dem die unwahrscheinlichsten Konstruktionen aufgehängt werden. In den Büchern der Mystik kann man sogar lesen, welche Maße die himmlischen Räume für die Seligen haben, so wie in der Schädelschen Weltchronik von Tiermenschen, die in fernen Erdteilen leben, berichtet wird.

Auch Albert der Große hat die Pflanzen mit den Kräften, die ihnen innewohnen, zahlenmäßig dem Kosmos einbezogen, etwa die Goldwurz in Zeit und Häufigkeit des Gebrauchs dem Planeten Saturn, den Wegerich dem Planeten Mars zugeordnet. Seuse ißt den Apfel nur dreigeteilt, der göttlichen Dreifaltigkeit wegen.

Schwäbische Spitzfindigkeit und Versponnenheit im Religiösen findet mit Hilfe »göttlicher Zahlenordnungen« auch im Kosmos Platz. Mit festem Fuß bewegt sie sich schnurstracks ins Göttliche hinein. Nicht umsonst gibt es in Schwaben soviel Mystiker. Sie sind auch heute noch nicht ausgestorben. Die berühmtesten sind Heinrich Seuse, Margarete Ebner, David von Augsburg, Heinrich von Nördlingen, Kreszentia von Kaufbeuren.

Dieses Spintisieren hat seinen Gegenpol in einer ausgesprochen lebenspraktischen Haltung, die sogar in den Klöstern zum Tragen kam.

Klosterleben

Die Kolonisation des Landes geschah über die Klöster. So gibt es in Schwaben sehr viele und sehr alte Anlagen der verschiedensten Orden.

In diesen Klöstern ging es sicher nicht »muffig« her. Blutvolle Menschen kamen da zusammen, die viel Gutes auf sozialem, religiösem und kulturellem Gebiet bewirkten. In dem starken Andrang fand die religiöse Ader des Schwaben Ausdruck.

Heiter, durchsonnt und von Humor gewürzt war diese Religiosität. Die Grundkomponente schwäbischen Wesens, das Gemüthafte, schlug durch. Vorab waren es natürlich Architektur und Bildende Kunst, die gepflegt wurden. Das technische Element wurde nicht vernachlässigt. Auch nicht Musik und Spiel. Schon im Mittelalter hatten diese Klöster ihre eigenen Komponisten, begabte Musiker, ihre Dichter und Spielleute. Sie zeigten sich für allerhand Schabernak aufgeschlossen, der den Ernst kirchlicher Musik, Dichtung und Spiele begleitete.

In der Barockzeit mußte in Ottobeuren jeder Mönch ein Instrument beherrschen. So war es auch in den anderen Klöstern Brauch.

Wie fortschrittlich die Mönche auf dem Gebiet der Technik waren, ist er-

staunlich. Allerlei Apparaturen und Maschinen erleichterten in Küche und Haus die Arbeit. Sie durften auch bei Theatervorführungen nicht fehlen. Sogar aerostatische Versuche wurden durchgeführt.
Lassen wir Johann Nepomuk Hauntinger über seinen Besuch des Klosters Ottobeuren im Jahre 1784 berichten:
»Wir trafen in dem Stifte etwa um halb 11 Uhr ein und hatten alsobald Gelegenheit, dem Herrn Reichsprälaten Honorat unsere Aufwartung zu machen. Er nahm uns mit außerordentlichen Gnadenbezeugungen auf. Nach einem kurzen Gespräche führte uns der Herr Prälat, unserer Einwendung ungeachtet, in eigener Person erstlich in alle seine Wohnzimmer, dann in den sogenannten Prälatenzimmern herum. Eines davon ist besonders merkwürdig, ganz mit den ausgesuchtesten Gemälden ausgeziert. Vor diesen Zimmern befindet sich ein großer Gang, welcher vermittels angebrachter Türen in kleine Kabinette oder Vorzimmer umgeändert werden kann. Alle diese Vorsäle machen eine ansehnliche Gemäldegalerie aus, wo sich schöne Stücke von verschiedenen Meistern, Geschmack, Schulen und Arten, auch schöne Holzgemälde (gemeint sind Intarsien) finden. Die Sammlung hat von dem jetzigen Prälaten, welcher sich um alle Fächer der bildenden Künste sehr interessiert, den meisten Glanz erhalten. Von der Abtei aus geht eine heimliche Stiege bis in die untersten Kellergewölbe hin.
Wir besahen hernach den herrlichen Kaisersaal, die Hofkapelle, gingen durch die Bibliothek in den Konventbau, wo uns eine Fraterzelle und ein Zimmer eines Paters geöffnet ward, welche fast auf eben die Art wie in Ochsenhausen eingerichtet sind. Wir streiften noch durch alle Keller, Fischteiche, die Kanzlei, das herrliche Refektorium hindurch.
Nachdem uns der Herr Prälat hier noch das schön eingerichtete und mit aller Sorgfalt wider das Feuer bewaffnete Archiv und den herrlichen Refektoriumssaal nochmals gezeigt hatte, unterhielt uns der Herr Küchenmeister P. Franz etwa eine halbe Stunde auf der berühmten Orgel (von Carl Riepp)*, die er meisterlich traktiert. Sie hat 74 Register, also zwei minder als jene in Weingarten, allein das Pedal und der Orgelbaß überhaupt ist unvergleichlich stärker ...
Der Herr P. Ulrich Schiegg*, Professor der Philosophie und zugleich Großkeller, zwei wunderliche Gegenstände in einem Subjekt vereinigt, hat sich mit dem glücklichen Versuch aerostatischer Maschinen (die ersten, welche den schwäbischen Luftkreis betraten) einigen Namen gemacht ...

* Siehe Verzeichnis »Schöpferische Kräfte aus Ostschwaben«.

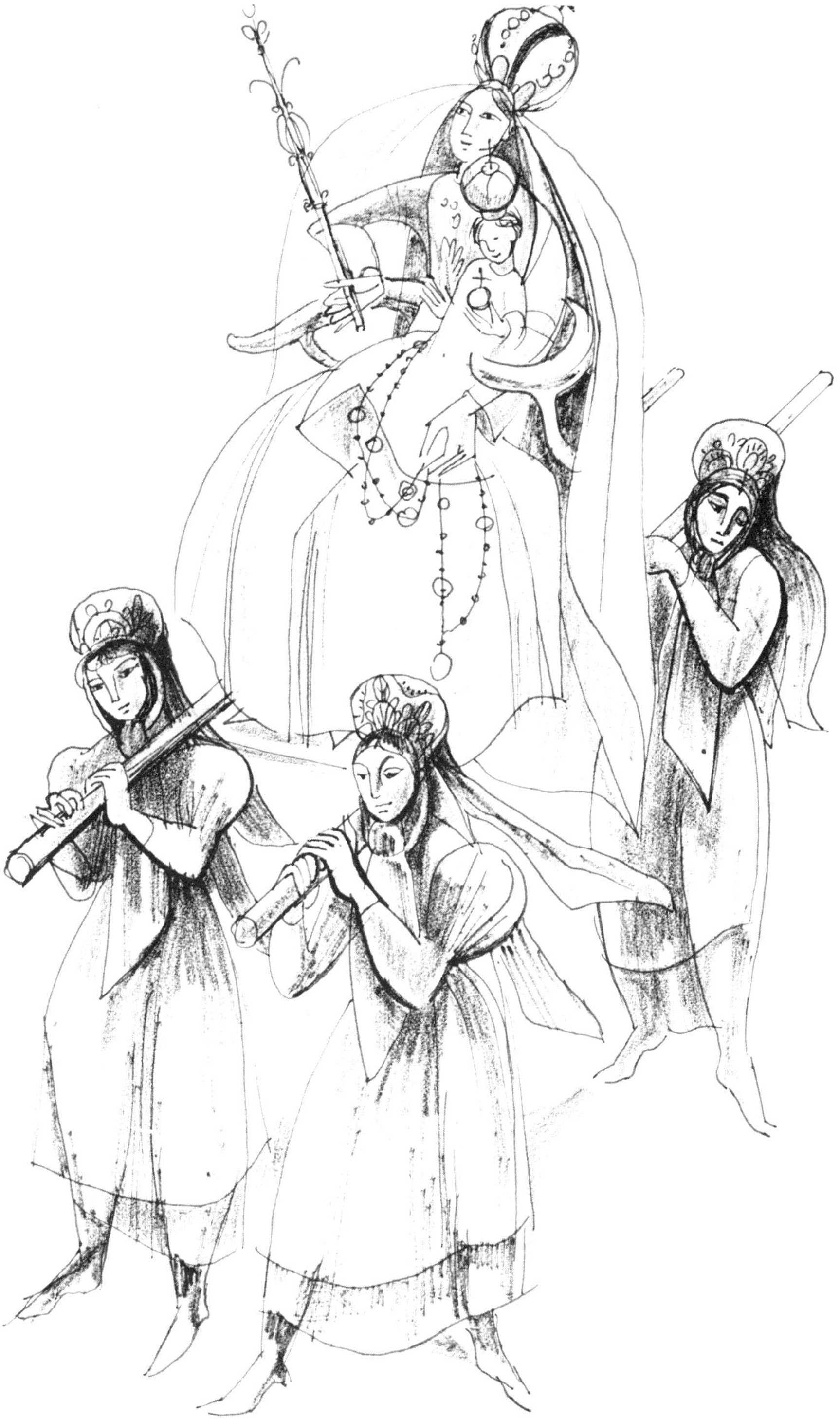

Unter dem Tischgespräch verfielen wir auf den Kontrapunkt, von welchem der Herr Prälat sehr eingenommen ist. Weil wir, besonders der Herr Beda, ein Verlangen äußerten, denselben zu hören, und wir uns doch auf keine Weise wollten bereden lassen, länger hier zu verbleiben, so mußte noch abends um halb neun Uhr der Herr Präfekt mit einigen Studenten herkommen und uns eine Messe von der Komposition des P. Küchenmeisters in einem sogenannten Kontrapunkt zur Probe vorsingen. Die Musik gefiel mir wohl, doch weiß ich nicht, ob man es nicht eher Figuralmusik ohne Instrumente, als wahren Kontrapunkt nennen könnte, weil besonders die höheren Stimmen mit eigentlichen Solo, Duetto usw. wechseln. Ein anderes Stück, ein Salve Regina, kam einem Kontrapunkt näher. Nach diesem wurden wir ins sogenannte Fürstenzimmer geführt, und da bot der Herr Prälat noch einmal alle seine Kräfte auf, uns länger bei sich zu behalten...
Er wünschte uns eine recht glückliche Reise und ließ uns scherzweise anzeigen, daß er uns zur wohlverdienten Buße unserer eilfertigen Abreise mit Maultieren wolle begleiten lassen, sonst würde er uns mit Pferden aufgewartet haben.«
Wie in einem Organismus, in dem von den körperhaft-technischen bis zu den feingeistigen Tätigkeiten eine starke Verbindung besteht, läuft das Leben in einem barocken Kloster ab. Weltliche Tüchtigkeit konnte auch ein Mittel darstellen, sich den Himmel zu erwerben.
Hyazinth Wäckerle führt uns mit seinem Gedicht in ein anderes schwäbisches Kloster, nach »Wettahausa«:

>D' Gräfi' von Roggastoi
>Sitzt so alloi dahoi,
>Denkt si', wie bring i's 'rum,
>Daß i in Himmel komm!
>
>Endli, da merkt sie's g'nau:
>Wenn i a Kloster bau,
>Ist an der Himmelstür
>Ganz g'wiß koi Riegel für.
>
>Aber a Häkle hat's:
>D' Gräfi' hat gar koin Platz,
>D' Gräfi' hat bis zur Stund
>Halt no koin Kloestergrund.

Aecker und Wies' und Wald
G'höeret de Bueba halt,
Sind die it au derbei,
Fehlt's mit der Bauerei.

Sait d' Frau von Roggastoi':
»D' Bueba sind grad dahoi',
Wie mei Pla' dene g'fallt, –
Ei nu! jetzt frag i's halt!«

Aber a fromma Frau
Ist dabei fei' und schlau,
D' Gräfi' hat's au, zum Glück,
Hinter de Oehra dick.

Na'mittag um a Drei
Sait's zu de Bueba glei:
»Bueba! Verschrecket it,
I hätt a groeßa Bitt.

Gott z'lieb da möcht i halt
Baua a Kloester bald,
Aber den Haka hat's,
's fehlt mir a g'scheiter Platz.

Schenket mir nach mei'm Pla'
Was ma' umfahra ka'
In e'm Tag mit em Pflueg,
Na hätt i Boda gnueg.«

D' Bueba gand glei d'rauf ei,
Wollet so kehl it sei,
Denn mit dem Pflug um's Haus
Springt doch so viel it 'raus.

Aber d' Frau Gräfi' denkt,
Mir hat ma' Sach gnue g'schenkt,
I hab's scho' ausstudiert.
Wie ma' de Pflueg 'rumführt.

Glei in de nächste Täg
Nimmt sie vom Kasta weg
Ihren kloi-goldne Pflueg,
Ihr ist er grad groeß gnueg,

Steckt ihn in's Mieder 'nei',
Steigt in ihr Kutscha ei',
Fährt bis zum Aubedschei', –
's Kloester ka z'frieda sei',

D' Bueba hand nu so guckt,
's hat's scho' a bißle druckt,
Was da ihr Muetter macht,
Aber z'letzt hand sie g'lacht.

D' Maurer und d' Zimmerleut
Arbet als wie it g'scheit,
So hat ma's Kloester baut,
Wo z' Wettahausa staut.

Diese Geschichte gibt uns Einblick in das Kräftespiel innerhalb einer Familie und schlägt eine Brücke zum nächsten Kapitel.

Liebe und Ehe in Schwaben

Was dem kritischen und bedächtigen Schwaben oft unter den Händen zerrinnt, fällt Angehörigen anderer Stämme im Traum zu. Man sagt, die Berliner hätten bereits die Wurst gegessen, bevor ein Schwabe begreift, daß es um die Wurst geht.
So heirateten die »Zuagreisten« im Nu die nettesten schwäbischen »Mädle« weg und die jungen schwäbischen Männer hatten das Nachsehen. Eine Generation früher wurden, solcher »Mädle« wegen, noch erbitterte Kämpfe zwischen den Burschen verschiedener Dörfer ausgefochten. Wehe, wenn ein Unerwünschter in ein Dorf einheiratete! Auch war es besser, zur Ehe das »Mädle« aus dem Bauernhof in der gleichen Straße zu nehmen, als von wo anders her.

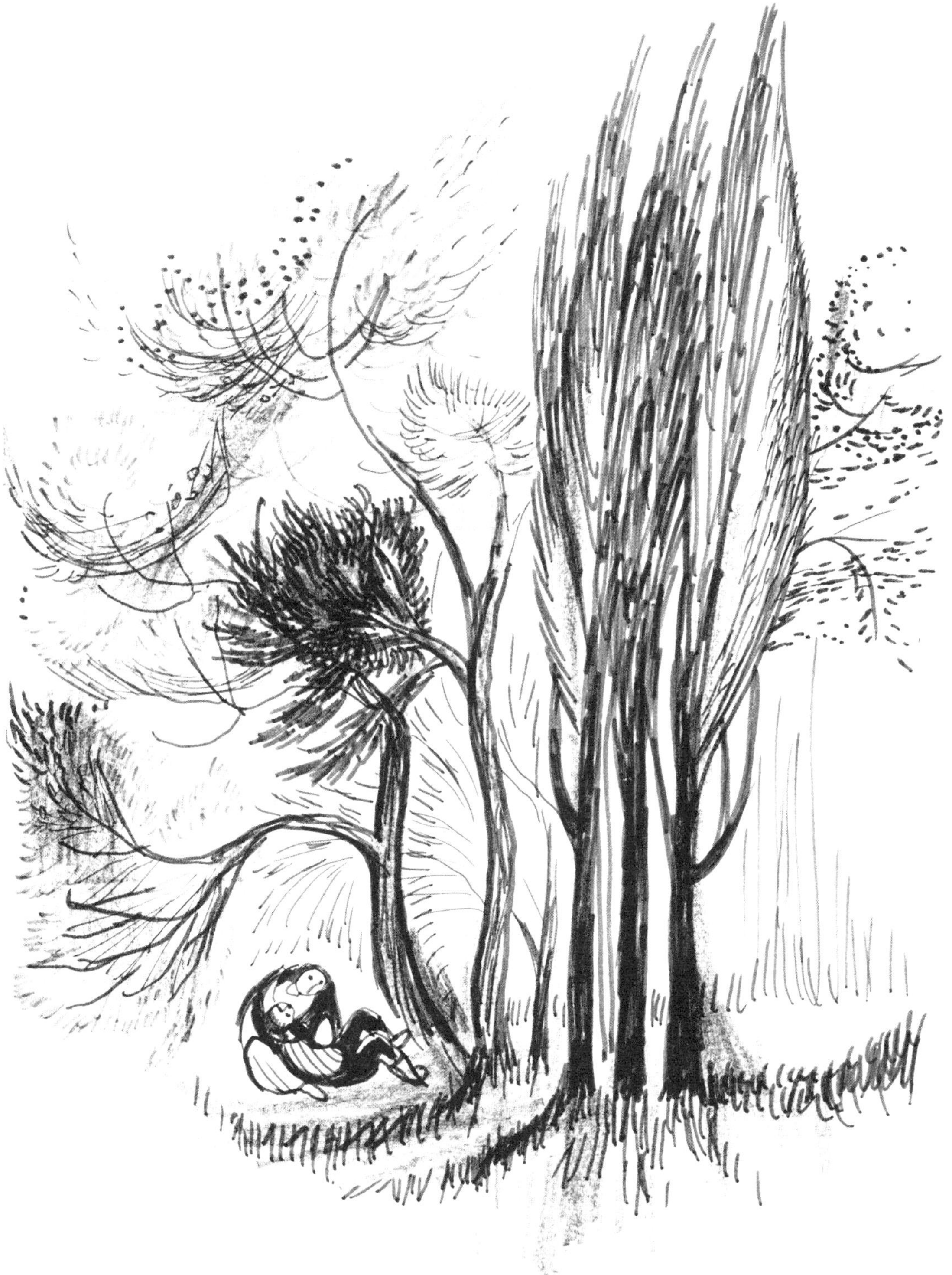

Mir erzählte ein junger Lehrer, daß er die Nachbarstochter, die er von klein an kannte, geheiratet habe und daß es deshalb in der Ehe so gut gehe. Sein Vetter habe eine vom anderen Dorfende gefreit und sei dabei richtig eingegangen.

Daß der Schwabe ein »Tüftler« ist und in seiner nüchternen Sachlichkeit nicht eher nachgibt, bis er durch ein Problem hindurchgekommen ist, macht sich auch in seiner Einstellung zu Liebe und Ehe bemerkbar. Er mag in diesen Dingen nicht tändeln und spielen, läßt aber auch nicht mit sich spaßen. Geschieht ihm Unrecht, so hat man's mit ihm für immer verdorben. Er zieht sich zurück in sein Schneckenhaus.

Ich kenne einen Schwaben, der 20 Jahre lang auf Brautschau ging. Aber er kam nie zu einer Frau, weil er immer nur schweigend oder über andere Dinge diskutierend am elterlichen Tisch seiner heimlich Verehrten saß. Bis er sich umschaute, hatte diese einen anderen, so ähnlich wie in der folgenden Geschichte.

Der Cyprian, a alter Junggsell, haut oft vo seiner Jugendzeit verzöllt und wia er allewil auf d' Brautschau ganga isch.

Des hoißt, d' Braut hot er eigentli gar it a'gschaut, en d' Häuser isch er gar nia neiganga. Er isch bloß allet hoile em Stadel zuaganga und haut em Schopf an de Heiwäga gnottlet. Und weil dia Tester jedsmaul negativ verlaufa send, isch er liaber ledig blieba.

»Was ma hat, des hat ma, und dafür muaß ma au eistau«, selbst wenn sich die Wahl als nicht ganz glücklich entpuppt hätte.

Ein schwäbischer Vierzeiler heißt:

> In unserm Dörfle isch's a so:
> a jeder Bursch hätt' lieber zwo.
> Dr Vattr sait: mei liabr Bua
> i hätt' scho a 'er halba gnue.

Man wirft auch nicht so leichtfertig etwas weg, nach dem Grundsatz: »Net wegwerfa, lei wegloina.« Er festigt auch die Ehen in Schwaben, selbst in kritischen Lagen. Eher überlegt man sich am Anfang, ob es auch »gut tut«, ob es taugt.

Etwas Zartes, Inniges lebt in diesen Volksliedversen:

> Jetzt möcht i bloß wissa,
> was mei liabs Schätzle tät:

> Obs schloft oder wacht,
> oder ob 's Gedanka macht ...
>
> Gedanka wird 's macha,
> traurig wird 's sei.

Alles Platte und Deftige fällt ab, wenn ein richtiger Schwabe die Tür in seine innerste Herzkammer öffnet. Ich bin überzeugt, daß er in der Liebe das Äußerste an Feinfühligkeit gibt und daß es ihm in einer anderen Gefühlslage gar nicht wohl ist. Lassen wir einen Schwaben sprechen, nämlich Friedrich Hebbel:

> Wir träumten voneinander
> und sind davon erwacht,
> wir leben, um uns zu lieben,
> und sinken zurück in die Nacht.
>
> Du tratest aus meinem Traume,
> aus deinem trat ich hervor,
> wir sterben, wenn sich eines,
> im andern ganz verlor.
>
> Auf einer Lilie zittern,
> zwei Tropfen, rein und rund,
> zerfließen in eins und rollen
> hinab in des Kelches Grund.

Vielleicht ist es die Achtung vor der Unberührbarkeit des Lebenskreises des anderen, die den Schwaben so behutsam in der Liebe macht. Aus der Zurückhaltung erwachsen die zartesten Herzenstöne, zum Beispiel in dem urschwäbischen Volkslied »Wenn ich ein Vöglein wär«:

> Wenn ich ein Vöglein wär,
> und auch zwei Flüglein hätt,
> flög ich zu Dir,
> Weils aber nit kann sein,
> weils aber nit kann sein,
> bleib ich allhier.

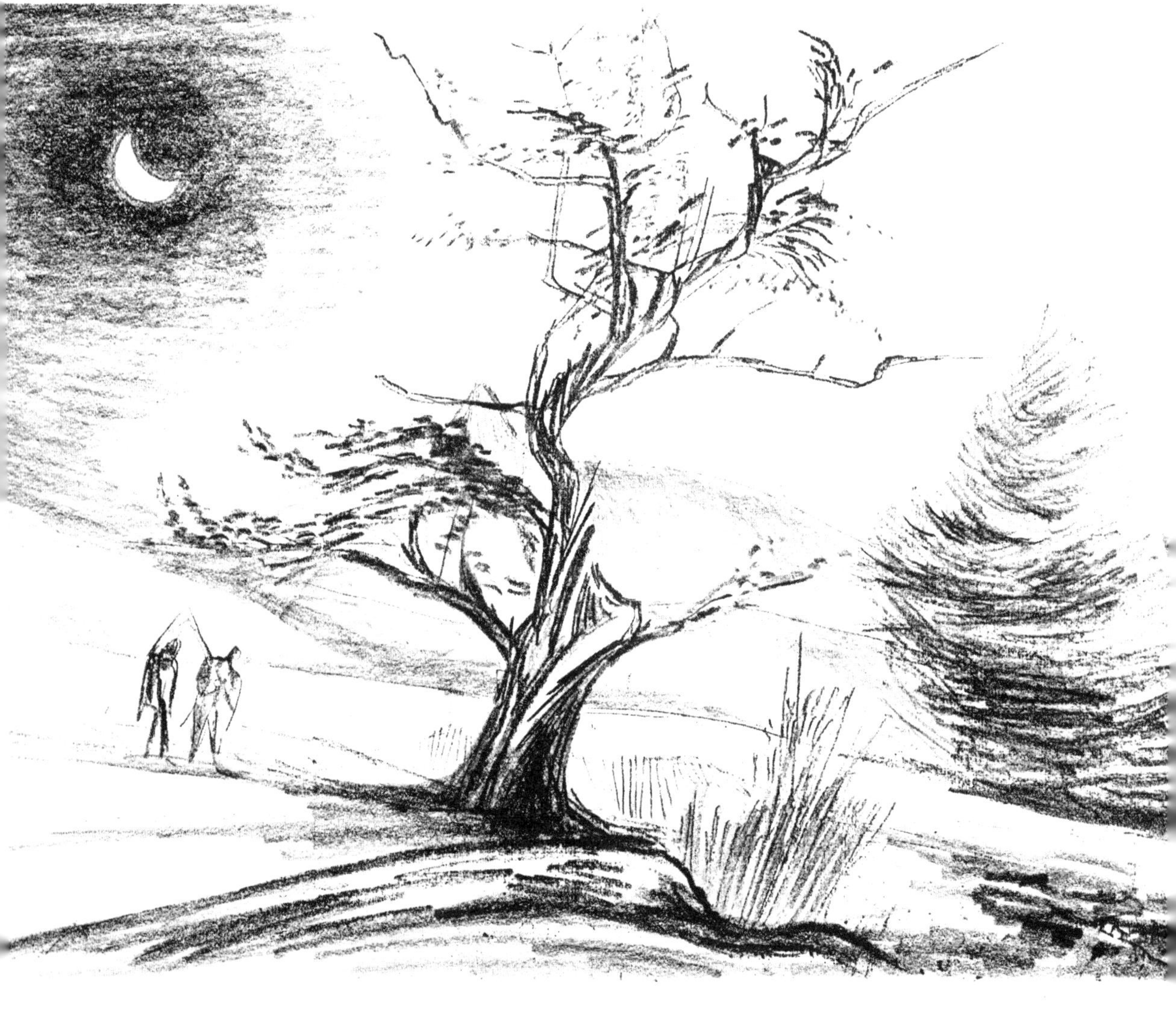

> Bin ich gleich weit von Dir,
> komm ich im Traum zu Dir,
> und red mit Dir;
> Schließ ich die Augen zu,
> wenn ich erwachen tu,
> bin ich allein.
>
> Kein' Stund' vergeht bei Nacht,
> da nicht mein Herz gewacht,
> und an Dich denkt –
> daß Du mir tausendmal,
> Du mir vieltausendmal
> Dein Herz geschenkt.

Die Sexwelle ist hierzulande etwas Importiertes, ist Sache der »Zuagroisten« und der Mitläufer. Sie zerschlägt und zerstört hier mehr als anderswo ... mag auch manchmal schwäbische Geschäftstüchtigkeit Gewinn aus ihr schlagen.
Es ist falsch, zu behaupten, daß die Liebesfähigkeit des Schwaben unsinnlich sei, intellektuell-rational. Das könnte man höchstens von einigen Begleitzügen sagen. Sie wird oft zurückgedrängt und läßt sich leichter als bei anderen Stämmen verfeinern. Die nächstliegenden Gebiete, die dabei gewinnen, sind Dichtung, Kunst, philosophisches und religiöses Denken.

Hoimle liaba

Wenn man das Pferd von hinten aufzäumt, könnte man auch sagen, daß der Schwabe wegen einer betont katholischen oder in protestantischen Kreisen pietistisch-religiösen Erziehung in erotischen Dingen »vermuckt« ist, daß er gerade zum Sexuellen kein ungezwungenes Verhältnis hat – auch deswegen, weil er alle platten Direktheiten scheut und haßt.
Das Heimliche der Liebe ist ihr unwiderstehlicher Reiz, wie es Adolf Paul in seinem Gedicht »Er braucht's net wissa« so köstlich schildert:

> An ihran Schatz auf Augschburg nei
> mecht's Greatle geara schreiba.
> Am Briafle hebt se sexmol a,
> nocht endle loßt ses bleiba.

Se brengt bloß »liabr Baschte« na
Zwoi Tulba no drzua,
des ischt halt für dean liaba Schatz
bei weitem no net gnua.

Do lofft se gschwend ens Schulhaus num
und klagt dau arg ihe Noat:
D'r Baschte muaß a Briafle hau,
dear heint se ja sonscht z'toad.

D'r Schullehr' isch a braver Ma,
ka's Greatle recht guat leida.
Er hockt se glei ans Dischle na
und schreibt ear eddle Seita.

Nau schmonzlet er so vor se na:
»So, Greatle«, sait'r »so,
des Briafle wär iatz gschrieba scho,
bloß leasa muaß i's no!«

Ganz wuatig hot nau 's Greatle drauf
da Briaf vom Dischle grissa:
»Was i meim Baschde gschrieba hau,
sell brauchet ihr net z'wissa.«

Schwäbische Liebe ist vielschichtiger und hat somit auch eine andere Klangskala als zum Beispiel die der Bayern. Der unbekümmerte heitere Grundton, das Sinnenfreudige, geht ihr ab – oder zeigt sich anders. Bei den Schwaben wird die Liebe sparsamer geäußert. Sie ist zerbrechlicher, einer gewissen zurückhaltenden Unbeholfenheit wegen gefährdeter und wird deshalb auch verdrängt, in sich hineingefressen, erlitten, was natürlich nicht die Regel ist. »Verdruckt« ist der Ausdruck dafür.
Bieselbach besitzt einen spätgotischen Sippenaltar, auf dem in verschiedenen Szenen das Familienleben in einer solchen Frische, Innigkeit und Herzlichkeit geschildert wird, daß man erquickt von ihm weggeht. In unnachahmlicher Feinheit und Reife ist die Beziehung zwischen den Gatten und zu den Kindern herausgearbeitet.
Ist das nicht ein Denkmal des schwäbischen Eros? Man könnte gerade in der

gotischen Kunst unseres Landes weitersuchen und dabei die zarten, sinniererischen Madonnen von Schongauer (Maria im Rosenhag), die grazilen Frauengestalten auf den Schnitzaltären von Erhard und Schaffner, Damenporträts bei Strigel und Burgkmaier oder die anmutigen, mädchenhaften Heiligen, die Holbein d. Ä. auf den Augsburger Domaltären malte, nennen. Das Steile und Süß-Herbe der Gotik liegt scheinbar dem Schwaben ganz besonders. In der Feinheit dieses Stiles wurde ja auch der Agnes Bernauerin, dem Engel von Augsburg, in einem Epitaph ein Denkmal gesetzt.

Die Realistik der Spätgotik, aber nicht das Derb-plebejische, das in anderen Ländern in dieser Zeit um sich greift, ist Sache des Schwaben. Die Nähe zu Konrad Witz und Lukas Moser, den Realisten der Bodenseegegend, ist unverkennbar. Wenn man den Multscher Altar im Augsburger Katharinen-Museum kennt, so weiß man – an ihm gemessen – wieder die verfeinerte Erotik des schwäbischen Empfindens besonders zu schätzen. Es ist, als ob sich die übersprudelnde Sinnenhaftigkeit des Barock in Bayerisch-Schwaben kaum manifestieren könnte. Wenn in Augsburger Kirchen Rubensbilder auftreten, wie in der St. Annakirche oder in Hl. Kreuz, so wirken sie wie Fremdkörper.
Dagegen findet der Schwabe wieder in der Ausdrucksweise des Rokoko das ihm Gemäße und bringt in dieser leiseren Art der Sinnenhaftigkeit gleichsam in einer Weiterführung des gotischen Ideals, grazile Frauenbildnisse zustande. Feichtmayer hat die Ottobeurer Basilika mit solchen Schnitzwerken ausgestattet. Ähnliche Beispiele sind in Dillingen aus der Hand des Bildschnitzers Fischer zu finden, zum Beispiel die bewegten allegorischen Frauenbildnisse an der Kanzel der Jesuitenkirche. Sie setzen die gotische Tradition fort.

Im schwäbischen Eros zeigt sich oft etwas Nachdenkliches, Besinnliches. Ein schwäbisches Volkslied bringt dies gut zum Ausdruck:

                Wenn mein Liebchen Hochzeit hat
                      Holahi, holaho
                Ist für mich ein Trauertag
                      Holahi, ja ho.

                Geh' ich in mein Kämmerlein
                      Holahi, holaho
                Trag' ich meinen Schmerz allein
                      Holahi, ja ho.

Wenn ich dann gestorben bin
    Holahi, holaho
Tragt mich dann zum Friedhof hin
    Holahi, ja ho.

Setzt mir einen Leichenstein
    Holahi, holaho
Veilchen und Vergißnichtmein
    Holahi, ja ho.

Welcher Kontrast des Inhalts zu dem lustigen Jagdruf Holahi! Das geht in unergründliche Tiefen, der Polarität schwäbischen Denkens und Fühlens entsprechend.

Der Alltag der Liebe ist voll verzwickter Möglichkeiten, die die klassische Lyrik nicht bedacht hat. Aber in den Sprüchen und Gedichten des Volkes tritt genau diese Seite des Lebens zutage. Kurioses und Groteskes zeigt sich, aber immer eingebettet in unverwüstlichen Humor, wie hier bei Adolf Paul:

»Mädle!« sait d' Muattr
und fährt umanand,
»so nixig wia Du geit's
Fei koine im Land!

Denn d' Supp isch versalza
Und s' Floisch isch verbrennt,
Und s' Gschirr dös sieht aus,
Daß schier neama meah kennt!

Koi' Fuir hascht im Ofa,
Koi' Tröpfle im Kruag,
Was bisch denn so liedrig –
Jetz haun i bald g'nuag!

Was hascht denn gau a'gschtellt!
Was treibt Di' denn rum?
So gib mer doch a' jetzt
Und sag mer warum!

> Was machscht für an Kopf na?
> Was bischt so betrübt?!«
> »O Muattr!« sait's Mädle –
> »I bi' halt verliabt.«

Ein Dillinger Halbstarker meldete sich beim Kapuzinerpater mit der unschuldigen Frage: »Isch denn des Mitananderschlaufa gar was so Übl's?« Ganz im Sinne eines kecken Studentenliedchens aus dem vorigen Jahrhundert:

> Bei schönen Mädchen schlafen,
> Belegt mit schärfsten Strafen
> Die sittenstrenge Welt.
>
> Bei schönen Mädchen wachen
> Und sich Vergnügen machen
> darf jeder, dem's gefällt!

»Wenn ihr bloß schlaufa dätet, nau wär nix dagega z' saga, ab'r ihr junge Leit schlaufat ja net, ihr treibt ja gradaus was andres!« wußte der Pater zu antworten.

Uneheliche Kinder haben es in Schwaben früher sehr schwer gehabt. Verachtet waren vor allem die ledigen Mütter. Zu dieser bitteren Tatsache eine heitere Episode:
Der kleine Hansi wurde in der Schule gefragt, wie sein Vater heiße. Er sagte: »I han gar koin.« Worauf er nach seiner Mutter gefragt wurde.
»I han gar koine«, war seine Antwort,
»i ben des Kind vo meiner lediga Tant.«
Daß unter diesen Umständen die ledigen Kinder versteckt oder zumindest verleugnet wurden, braucht niemand zu wundern. In der Großmütterzeit mußte die uneheliche Mutter bei einer doch noch erfolgten Hochzeit statt dem Brautkränzchen aus Myrten den »Bobbenkranz« tragen und war so vor dem ganzen Dorf, vor allen Verwandten, gebrandmarkt.
Zur Ehrenrettung einer ledigen Mutter rief einst eine handfeste Schwäbin aus:
»Des isch net dia Earscht – und wenn's dia Letzscht wär, nau tät ma s' vergolda!«
Daß es ledige Mütter schon immer gab, vermittelt uns dies alte schwäbische Gedicht vom »Brautexamen«:

>   Dia Mare ond d'r Venz vo Buach,
>   dia hand am Sonnde da Ehverspruch
>
>   Wia se nau send zum Pfarrer komma,
>   hot se dear glei beim Wörtle g'nomma.
>   Aus d'r Bibl tuat 'r frauga,
>   dia zehn Gebote müassens saga,
>   ob s' glaubend an a Ewigkeit
>   ond wia ma halt so fraugd dia Leit.
>
>   Ond nach am langa Schnaufrer dann
>   fangt der Herr Pfarr zum Reda an:
>   »Und wenn der Herr mit seinem Segen
>   euch ein Kindlein sollt in die Wiege legen...«
>   »O mei Herr Pfarr, des braucht's net,
>   des hot's bei us ganz gwiß net neatig,
>   wir hent scho viere ghett als ledig.«

Unser Dichter Jos. Bernhart schildert ebenfalls ein Brautexamen in seinen »Erinnerungen«:
»So beschied ich das Paar mit den vertauschten Herzen in die Amtsstube des Pfarrers hinauf. Sie setzten sich in Bewegung, gewannen mit trittfester Zuversicht die Treppe und traten, die Jungfrau knapp auf den Fersen ihres Jünglings, mit geziemender Scheu in den büchervollen Raum.
Ich bat um ein wenig Geduld und flog in mein Zimmer, um für fünf Minuten mich an der Hand des bewährten »Schüch« zu satteln, wobei ich drangvoll innewurde, daß der schwerere Teil des Examens meinen Schultern zugefallen war. Ich schrieb mir alle nötigen Fragen, die sich auf die Hindernislosigkeit des Bündnisses bezogen, säuberlich auf und nahm mir auch die Mahnung zu Herzen: das Brautexamen atme Frömmigkeit, Keuschheit, Klugheit und berücksichtige Alter, Fassungskraft und Stellung der Brautleute. Zum Zwecke der Feststellung, ob dem Paare bei der bevorstehenden dreifachen Verkündigung seines Eheversprechens der Ehrentitel Jüngling und Jungfrau, auf dessen Angemessenheit jede Gemeinde scharfe Acht hält, zu Recht gebühre, war eine peinliche Frage unumgänglich.

Ich stellte sie an jeden Teil unter Ausschluß des andern und sah mich am Ende widersprechenden Befunden gegenüber. Der Jüngling hatte sich mit einem

tapferen »Jawoll« behauptet, die Jungfrau aber war mit beschränkter Sicherheit zurückgewichen. »I woiß it recht – no glaub i scho!«
Was war zu tun! Eins gegen das andere auszuspielen? Zwietracht zu säen, die doch keinen vollen Einblick brachte? Ich ließ das Mirakel auf sich beruhen, um so lieber, als der Fall sonst glatt und bündig lag, und ging zum erziehlichen Teil über.
Es war einem Amtsbruder bei der Brautbelehrung widerfahren, daß er nach einem Erguß über das Wesen Gottes auf die Frage nach der Zahl der Personen den kundigen Bescheid der Braut erhielt: Vierezwanzg mit de Musikante, und solche Gefahren einer dogmatischen Unterredung, wie sie zum Gelingen der ehelichen Zwecke ja nicht nötig, bestimmten mich zur Behandlung praktischer Erfordernisse.
»Was ist die Ehe?« begann ich zum Bräutigam gewendet. Er vergaß seine Jahre und hob nach Schulgewohnheit seinen Finger.
»Also?«
»Die Ehe ischt a Sakrament, aber au a Sakermentsgschicht!«
Ich konnte nicht widersprechen, doch auch die Neugier nach dem Urheber dieser einwandfreien Lehre nicht unterdrücken. – »Wer hat euch das gesagt?«
»Der vorig Pfarr in der Christelehr!«
»Gut, gehen wir auf die beiden Punkte ein. Was ist denn das sichtbare Zeichen an diesem Sakrament?«
Die Braut errötete rundum. Es schien ihr manches auf der Zunge zu liegen, und da sie mit einem stummen Blick den Erwählten an ihrer Seite, dem gleichfalls die Röte aufgestiegen war, ihrer Scham zu Hilfe rief, ahnte ich plötzlich eine Entgleisung nach dem vordringlichsten Stück des bräutlichen Hausrats hin und beugte dem Gedanken unterbrechend vor. »Nein, ich meine das äußere Zeichen, das nur diesem Sakrament eigen ist.«
Jetzt hob die Braut den Finger und versetzte schüchtern:
»'s Kränzle«.
Besorgt, der Jüngling möchte auf das männliche Gegenstück der Feier oder sonst ein sichtbares Sinnbild hochzeitlichen Tuns verfallen, lenkte ich von der theologischen Seite der Angelegenheit zur Lebenspraxis über und fragte, was denn die Ehe zur Sakeramentsgschicht mache, und fand damit ein offenes, redefertiges Verständnis.
Ungesucht ergaben sich die Punkte, die sich einer herzlichen Betrachtung wert erwiesen: daß d' Lieb so leicht verkaltet, der Zoara mit de Kinder und dergleichen mehr.« Ich sah mich auf dem Gebiet der christlichen Belehrung in

Dingen des Zusammenlebens, der gemeinsamen Arbeit, der Sorge für das künftige Geschlecht und ließ der Rede gemäß dem Schüchschen Vorbild freien Lauf.
Auch einer Mahnung unseres alten Regens, die mir plötzlich in den Sinn kam, Verlobte seien besonders in puncto puncti zu verwarnen, damit »das Gloria nicht vor dem Kyrie gesungen werde«, kam ich so deutlich nach, als das Gebot der Zartheit es gestattete.
Alles in allem glaubte ich am Ende ein anstrengendes Stück vollbracht zu haben und fühlte mich von Herzen froh und leicht, als die Liebenden mit hörbarem Gebrauch der Feder auf das vorgelegte Verlöbnispapier ihre Namen setzten, während in der stillen Weile durchs offene Fenster vom Walde her der Kuckuck schlug.«

Aus Joseph Bernhart: »Lebenserinnerungen«, Hegner Verlag.

Echt schwäbisch ist das Unvermögen, seine Gefühle in Worte zu kleiden. Dem anderen Komplimente zu machen oder sich gar aufzudrängen, gilt als unfein und taktlos. Diese Zurückhaltung und Verschlossenheit erschwert ganz erheblich die Verständigung zwischen Liebespaaren und Gatten. Daß man sich liebt, ist so gewiß und selbstverständlich, daß nicht darüber gesprochen zu werden braucht. Worte würden diese Sicherheit bereits in Frage stellen.
Diese Kargheit kann sich auch in einem stundenlangen Schweigen äußern. Sogar junge Paare finden in einem Café oder Restaurant stumme Unterhaltung in beharrlichem, manchmal auch behaglichem Vor-sich-Hindösen, ohne sich Gedanken zu machen, daß eine Unterhaltung in Worten schöner sein könnte. Sie sind sich keineswegs böse. Sie genießen ihre Zweisamkeit eben auf diese Weise.
Das heißt aber nicht, daß ein Schwabe nicht fähig wäre, in der Liebe »Opfer zu bringen«. Nur die Offenbarung seiner Gefühle widerstrebt ihm.
Als ein Abschied für Wochen herankam, wollte die kleine Freundin aus Würzburg, so wie es bei ihr zu Hause Sitte und Brauch ist, von ihrem Schorsch aus Biberach am Bahnhof noch ein Wort herzlicher Freundschaft und innigen Einvernehmens hören, aber es kam und kam nicht, bis sie schließlich fragte: »Es wär' dir doch sicher nicht recht, wenn ich nicht mehr zurückkäme?«
»Noi, des gwieß net!« war die karge Antwort.
Sicher kannte die Fränkin ihren Schorsch, so daß sie mit diesem Geständnis zufrieden gewesen ist.
Die Kargheit hat eine Kehrseite. Wer in der Liebe nur das geringste Zuge-

ständnis in Wort und Gebärde macht, bindet sich tief. Für die Nachbarn steht schon die Heirat an, wenn ein junges Paar auch nur bei einem gemeinsamen Spaziergang gesehen wird.

So mußte man früher auf einem Dorf Männer von auswärts warnen, sich in der Familie eines Mädchen, dem sie nur oberflächliches Interesse schenkten, bewirten zu lassen oder gar mit ihm auszugehen. Was heimlich geschah, war eine andere Sache.

»Wenn mir bloß oimaul mei Ma a freindlichs Wort geaba tät, vielleicht amaul saga, daß eahm's Essa g'schmeckt hot oder daß der Bluamaschtrauß schea war, odr daß 'r halt mit meiner Arbet zfrieda isch! Ma braucht des halt ab und zua«, kann man eine schwäbische Hausfrau jammern hören. Sie wartet umsonst, denn solang alles in Ordnung ist, kommt der Mann gar nicht darauf, ihre Arbeit ausdrücklich anzuerkennen. Er redet oder schimpft erst, wenn ihm etwas nicht paßt.

Das Einverständnis Liebender bedarf nicht der Beweise durch Worte. Es wird vorausgesetzt und genossen.

Darüber darf nicht einmal gesprochen werden, damit es nicht zerbricht.

Unmittelbar sagt in diesen Bereichen der Schwabe kaum etwas. Liebesarien, wie sie in den Wagneropern vorkommen, passen nicht zum schwäbischen Gemüt; aber ein feines Hinhorchen, ein Versenken ist der Grundtenor schwäbischen Empfindens.

Es herrscht so etwas wie eine ungeschriebene Übereinkunft auf Treu und Glauben, aber mit stetem Vergewissern im Erfühlen. Wenn das Wort »scheu« in der modernen Ausdrucksweise kein Fremdkörper wäre und noch im ursprünglichen Sinne verstanden würde, könnte es diese Zurückhaltung am besten charakterisieren.

Es gibt nicht nur schwäbische Mädchen, die unter unglücklicher Liebe oder auftretenden Zerwürfnissen und Spannungen leiden. Auch manche Männer ziehen sich nach dem Zerbrechen einer Liebe für ihr ganzes Leben zurück. Sie mögen sich nicht auf billige Weise Trost verschaffen.

Die schwäbische Volkslyrik rückt daher den Tod nahe neben die Liebe:

>   Mei Muetter mag mi net
>   Und kein Schatz han i net;
>   Ei, warum stirb i net!
>   Was thu-n-i do?
>
>   Gestern ist Kirwe gweh,
>   Mi hot mer gwiß net g'seh,
>   Denn mir ist gar so weh,
>   I tanz jo net.
>
>   Laß die drei Rösle steh'n,
>   Dia an deam Kreuzle blüh'n;
>   Hent ihr des Mädle kennt,
>   Des drunter leit?

In der Familie

Nun sind wir unvermerkt bei der Ehe angelangt. Wie stehts wohl im Schwäbischen mit ihr?

Daß Mädle und Jungfern in die Ehe hineindrängen, ungeachtet des Sprichworts »'s Heiriga isch wia a Hennaschtall. Wer ussa isch, will nei und wer drenna isch, ka nemma naus«, beweist dieses alte Gedicht aus »Des Knaben Wunderhorn«!

>O du mei liab's Herrgöttle,
>was han i der denn dau,
>daß du mir an mein Lebelang
>net willscht heirata lau.
>Jetzt will i nemma betta,
>will net in d' Kirche gau.
>Geb acht, i ka de nötta,
>du werscht me heira lau.

Also haben die Mädle schon vor hundert und mehr Jahren durch »Erpressung« den lieben Gott umstimmen wollen.

Nicht nur der Herrgott wird »erpreßt«, sondern auch Heilige, so hoch steht der schwäbische Adam bei der schwäbischen Eva im Kurs.

Dau hätt amaul a älters Freila aus Lauinga heirata wolla, abr 's isch nia d'r Richtig komma. D'r heilig Antonius isch d'r Nothelfer in sottige Sacha. Weil er zuaständig isch für Heiratsneata, isch des Freila zu eahm komma und hot emmer wiedr voar am kloina Porzellafigürla, des eahn mit Kid und Ilga dargstellt hot, beatet. Abr 's hot nix gnutzt.

Dau isch des Freila amaul fichtig wiatig woara und hot en ihrem Zoara des Figürle zum Fenster naus keit. Wias grad sei will, ischs mitta auf dia Glatz vonnama Mannsbild, des grad unta vorbeiganga isch, gfalla, abr scho so, daßr umgsackt isch und daß ma eahn ins Krankahaus bringa hot müaßa. Des war koi guate Sach. Des Freila hot für alle Uksösta aufkomma müaßa.

Alls Versparte isch draufganga und der Ma isch no it gsund gwea. Was ka se tua? Se hot dean Ma en iahr Wohnung gnomma und pfleaget. Dia guat Behandlung hot deam Ma so guat gfalla, daß 'r nemme fut ganga hot wolla. Nau hant se gheirat.

So hot dr heilig Antonius auf Umweaga gholfa.

Der gutmütige Hyazinth Wäckerle weiß den Mädchen einen besseren Rat zu geben als bloß beten:

>Sieh, d' Urschi, wias beatet,
>se möcht halt au oin, –
>gang, Mädla, machs anderscht,
>verbeata duascht koin!

Manche wollen boshafterweise die heiratslustigen Mädchen mit Glocken vergleichen:

Wenns 16 Jauhr ald send, nau deand 's a so, wia a schweare Domglock: Dean odr koin, dean odr koin, dean odr koin … Wenns nau of dia zwoiazwanzg odr dreiazwanzg zuagand ond es riahrd se ellawei no nix, nau deands a so, wia a so a middlera Pfarrkirchaglock: Dean odr dean – dean odr dean – dean odr dean … Ond wenns nau so um de fünfadreißg werand, ond es had se drotz zwoi Heiradsazoiga emmr no nix grüahrd, nau deands so wia a klois Armasealaglöckle: Egal wear dau kommt – egal wear dau kommt – egal wear dau kommt …

Wenn aber endlich der Adam seine Eva und die Eva ihren Adam hat, beginnt ein neuer Kampf, nämlich der um die Vormachtstellung in der Ehe. Auch da wird mit dem Herrgott gefeilscht und versucht, ihn mit allen Mitteln für sich zu gewinnen.

Der schwäbische Dichter Sebastian Sailer, geboren 1714 in Weißenhorn, entpuppt sich als guter Beobachter mit seinem Blick in die Seele der schwäbischen Eva, obwohl er als Kanonikus des Prämonstratenserordens nicht verheiratet war. Wenn er in seiner schwäbischen Schöpfungsgeschichte Eva nach dem Sündenfall und der angedrohten Ausweisung aus dem Paradies einen Klaggesang anstimmen läßt, so geht es ihr um nichts anderes als um die Sicherung ihrer Vormachtstellung in der Ehe.

> O Jeggerle! was fällt Ui ei',
> was fangat ar no a',
> daß i soll untergeaba sei'
> und diena gar mei'm Ma'!
> Suppa, Knöpfla, Spatza kocha,
> schpüala, schaffa ganze Wocha,
> und darnôh zum Lauh'
> d' Moischterschaft itt hau'!
>
> I schtirb' vor Kummar und vor Waih,
> wenn's itt ka' anderscht sei':
> Vor i dees Ding thua, will i aih'
> in Doana springa nei'.
> Wäscha, bögla, schtricka,
> Schtrümpf und alte Hosa flicka,
> und darnôh zum Lauh'
> d' Moischterschaft itt hau'!

Daß d' Au'schuld denn halt ällamôl
da Hund nu' heba muaß,
dees ischt für mi, beym Hondertschtrôhl,
a grauße, hee'te Buaß.
Fada zwirna, haschpla, schpinna,
d' Schtiaga auf und abe rinna,
und darnôh zum Lauh'
d' Moischterschaft itt hau'!

Liabs Herrgöttle! dir sey's geklagt
und eisar Fraua au.
daß i soll diena wia a Magd,
hau' g'moit, i sey a Frau.
Rohm a'neahma, Butter rüahra
d' Schlüsselballa a' mar führa,
und darnôh zum Lauh'
d' Moischterschaft itt hau'!

Dees macht mar Angscht, dees macht mar bang
was ischt dees für a Pei',
daß i mei'm Ma' mei' Leabalang
soll untergeaba sei'.
Schnittla macha, Nudla schupfa,
Erbsa und Fassola schtupfa,
und darnôh zum Lauh'
d' Moischterschaft itt hau'!

I hätt schier g'sait: Dar Tuifel hol'!
Bin i denn gar so schleacht,
daß i mei'm Ma' nu' diana soll?
Dar Odam sey mei' Kneacht!
Melka, kneatta, Braut ei'schiassa,
Schmalz aussieda, Keeza giassa,
und darnôh zum Lauh'
d' Moisterschaft itt hau'!

O g'wieß, i will schau' braucha Lischt,
i wehr mi, wia-n-i ka';

as ischt jô g'nua, wenn Odam ischt
am Nama nôh dar Ma'.
's Häusle mischta, d'Wöscha schtärka,
Schneider, Bloicher, Weaber ferka,
und darnôh zum Lauh'
d' Moischterschaft itt hau'!

Jô wohl, thua, was der Odam will,
und diena, ey so schla'!
Zua ällem schweiga mäusleschtill,
dees gieng mar au no a.
D' Kinder wiaga, putza, traga,
d' Rufa salba, lausa, zwaga,
und darnôh zum Lauh'
d' Moischterschaft itt hau'!

Gôht Odam uf da-n-Acker naus,
ka'-n-ar dett Moischter sei';
dahoimat aber und im Haus
g'hairt d' Moischterschaft no mei'.
Orna, schaffa und befeahla
g'hairt dar Frau zua, und im sealla
b'schtôht ihr ganzer Lauh',
und dees will i hau'!

So hart wie der liebe Gott, der kurz angebunden der weinenden Eva antwortet:

»Jetz glei' was da witt!
i weich vo' mei'm Urtel koin Schritt.
Gieb die nu' geduldig drei',
as ka' schau' nimma anderscht sei'«,

reagiert der schwäbische Adam im allgemeinen nicht. Er lenkt ein, und sagt: »Wenn se was isch, nau ka ma se au was gelta lau.«

Ein jungverheiratetes Ehepaar trägt gerade einen Kampf wegen der Vormachtstellung im Haus aus. Der Mann sitzt unter dem Tisch, als der Bürgermeister kommt.

Da ruft die Gattin aufgeregt: »Komm rauf, i bitt de um alls in d'r Welt, komm rauf, d'r Bürgermeischtr kommt.«

»So, des isch grad reacht«, erwidert der Mann, der einen Rest von Tapferkeit zurückerobert hat. »I bleib iatz grad unta, daß d'r Bürgermeischter woiß, wer bei uns Herr em Haus isch.«

Als der Bürgermeister wieder fort war, sagte der Mann zu seiner handfesten Gattin: »Hoffentlich hot d'r Bürgermeischter au g'seha, wia frech i unterm Tisch vorgluaget han.«

»Den Ehepartner muß man beim ersten gemeinsam verzehrten Brotlaib erziehen, später ist's umsonst«, sagt schwäbische Bauernschläue.

Der kleine Sohn weigert sich, dem Vater eine Maß Bier zu holen. Drauf donnert der Vatr: »Wo käm ma dau no hi, wenn du net folge tätscht. Wer isch denn eigentli Herr em Haus?«

Der Bub drauf: »Du bisch scho Herr em Haus, ab'r herrer isch d' Muattr.«

Mit oder ohne Kampf um die »Vormacht« liegt das Schwergewicht der Familie in Schwaben meistens in der Hand der Frauen. Der frühere Bezirksamtmann von Mindelheim, der sich in seinem Gai gut auskannte, hat das so umschrieben: »In Oberkammlach sind die Weiber Herr, aber in Unterkammlach, da haben die Mannsleut nichts zum Sagen.«

Ein Lehrer erklärt in der Schule, daß der Bauer ein freier Mensch sei. Er habe in seinem Beruf keine Vorgesetzten.

»Wer kann ihm schon dreinreden, wenn das Feld in voller Frucht steht, in Reih und Glied die schweren Garben, ein Gewitter zieht herauf und er sagt: Fällt mir gar nicht ein, daß ich mit meinen Rössern hinausfahre in dieses Sauwetter; ich hol mein Getreide morgen?« fragt der Lehrer mit wachsendem Pathos.

»Koi Mensch, Herr Lehrer, ab'r d' Muattr«, wußte ein Schüler sachlich einzuwenden.
Sind Vater und Mutter in Ordnung, gibt's keine Machtkämpfe. Dann ist alles in der Ehe im besten Gleichgewicht, denn:
»D' Mutter hat tan, was d'r Vatter a'gschafft hat und d'r Vatter hat a'gschafft, was d' Muatter wölla hat.«
Am besten, man sieht sich vor der Ehe nach der Richtigen um. Der Schwabendichter Eduard Mörike rät deshalb:

>Aber mein Dirnchen
>Du, laß Dir raten,
>Halte Dein Schätzchen
>Wohl in der Liebe,
>Wohl im Respekt!

»Wenn ma an Hausstand hau' will, muaß ma sell daustau«, sagt schwäbische Lebensweisheit.

Schlechte Erfahrungen in der Ehe

Eine alte Jungfer wurde gefragt, warum sie nicht geheiratet habe. Ihre Antwort: »I han koin Ma gwöllt. Da beschta hot d'Katz g'fressa und dia schpeibt bis heit no dra.«
Ein verhinderter Hochzeiter fortgeschrittenen Alters fand beim besten Willen keine Frau. Von ihm sagten die Leute: »Deam müaßt ma oine maula und sie müaßt an seiner Stell an Gmaulta hau.« Mit andern Worten: »Deam müaßt ma oine bacha, daß ma's auffressa ka.« Und eine solche gibt es nicht.
Da kommt doch eine handfeste Schwäbin mit elf Kindern vors Scheidungsgericht. Der Richter ist baß erstaunt, denn solche »Klienten«, die geradezu geschaffen für die Ehe sind, hat er selten.
Er sagt es auch unumwunden. Er könne nicht verstehen, daß sie sich mit ihrem Mann nicht vertrage, nachdem doch jedes Jahr ein Kind zur Welt gekommen

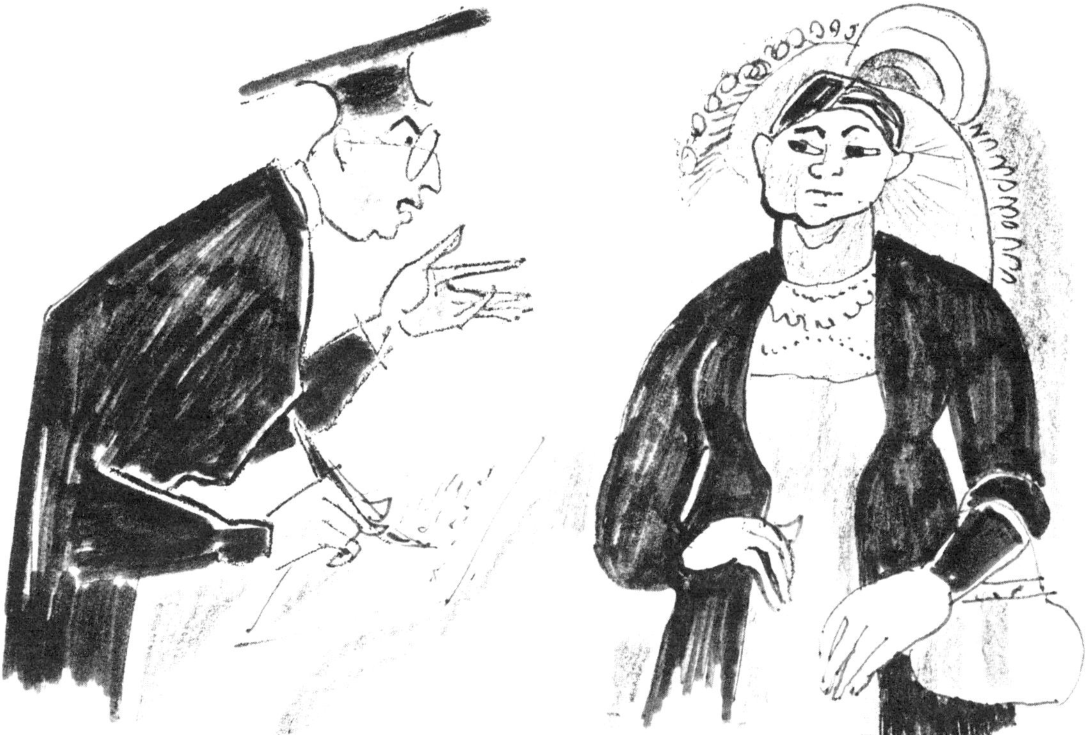

sei. »Wisset se, Herr Richter, was tuat ma net alles em Zoara« gab sie zur Antwort.

Der Volksmund kennt viele Warnungen vor der Ehe:

Nach de Flitterwucha kommen d' G'witterwucha.
Wer koi Weib hot, der hot leicht schwätza.
Liaber da Deifl als a beas Weib. Da Deifl kascht mit 'm Kreuz vertreiba.
Ma seit it allat »Mulle«, ma seit au »Katz«.
Dia schwäbische Mädle sind alle schea, ausg'nomma dia wüschte.
Wer heirat, gaut de scheane Däg auf d' Leich.
A beas Weib liefert oin in d' Ewigkeit.
Liab macht blind, aber noch d'r Hochzeit gant oin d' Auga wieder auf.
Wer aus Liab heirat, hot guete Nächt, aber schlechte Däg.
»Früher han i mei Weib zum Fressa gera g'hett«, hot d'r Ma g'sagt. »Heit ruits mi bloß, daß i 's daumauls net g'fressa han.«
Der Ehestand isch a Prozessio, bei der ma 's Kreuz voraträgt.
Ma sott liaber zehamol in 'Dreck beißa, wia oimaul a Weibsbild aluaga.
D' Schö'heit vergoht, d' Lieb' vergißt ma'; jetzt was frißt ma'?
Ma und Weib isch oi Leib, hot der Bauer gsait und hat sei Brotzeit alloi gfressa.

Die große Liebe zählt nicht, berechnet nicht, kennt keine Grenzen. »I han mer halt a hübschs Mädle gnumma«, sagt schmunzelnd der Rudl. »A scheane frißt au it mehr als a wiaschte.«
Ein geschundener Ehemann erzählte dem Pfarrer, was er alles ausstehen müsse, da er ein so böses Weib habe. Zum Trost hielt ihm der Geistliche vor, was Christus alles für die Menschen erduldet und ertragen habe. Da wäre doch seine Not ein Geringes dagegen.
»Aber verheirat gwea isch 'r net!«, meinte der Mann treuherzig darauf.
Das läßt tief blicken.
»Alls goht noch meim Kopf« hot der seal Ma gsait, wie n 'm 's Weib oi Teller noch 'em andere an Grind g'schmissa hot.
Nicht viel freundlicher klingen die Hochzeitssprüchlein:

> Wenn i amaul heirad, nau heirad i zwua,
> Wenn i nau eischpann, nau brauch i koi Kuah.
> Wenn i amaul heirad, nau heirad i di'
> Ond schperr de en Seischtall, du Kreizsappradie.

> Iatz han i halt gheirad, ma siegd m'r 's wohl a,
> Han a Schtub voll'r Kend'r ond an saudumma Ma'.

Und trotzdem – »all Haus weard g'heirat«, ob's Alte sind oder Junge. Muß die Ehe also gar nicht so schlecht sein. Selbst wenn man den Mann nur zum Helf-Gott-Sagen braucht, wie Peter Schütz berichtet:

> D' Höchstädter Böte isch a drolligs Weib
> Dia hot se doch zum Zeitvertreib
> Mit sechzig Johr an Ma no gnomma.
> Ma wünscht ihr, 's mög ihr wohl bekomma.
>
> Dia oine sagant, des wär gar net dumm,
> Dia andre, ja, dia frauget se, warum
> Se denn no g'heiret hätt' in ihre alte Däg.
>
> Drauf schmunzelt se und nimmt a Pris'
> Und schnupft und sait: Warum? –
> Damit i jemand han, der, wenn i niaß,
> Mir: Helf d'r Gott! drauf saga kann.

Das schwäbische Eheleben scheint karg und untertemperiert. Dabei sind aber in der Regel die schwäbischen Ehen stabiler als andere. So steht man wieder vor einer schwäbischen Zwiespältigkeit. Schein und Sein wollen sich nicht decken. Das überrascht den, der aus Erfahrung weiß, wieviel Gemütlichkeit und urige Behaglichkeit in schwäbischen Familien zu Hause ist. Man trägt das Herz nicht auf der Zunge, erst recht nicht in Liebessachen. Was in der Familie passiert, gehört nicht auf die Straße.
Hier ist es ähnlich wie bei der schwäbischen Sparsamkeit: Je mehr der Bauer hat, desto weniger darf er es zeigen, auf daß ja nicht Neid aufkomme.
Es ist fast so wie bei den Kartoffeln. Wenn es in einem Jahr besonders viele gegeben hat, krittelt der Bauer: »Groaße Kartoffel send scho dau, ab'r dia kloine fehlan, dia ma de Säu fuatra kut.«
Ein anderer, der ebenso viele und große Kartoffeln geerntet hat, sagt gar: »Ja, was moinen Se, wia gottsjämmerlich dear Boda daudurch ausglauget isch. Es isch zum Erbarma!«
Der Schwabe wird doch, um Gottes willen, niemand verraten, wie glücklich

seine Ehe ist. Sollte es ihm aber nicht gelingen, aus ihr etwas Ordentliches zu machen, verschließt es den Kummer resignierend in seinem Innern. Der Unmut entlädt sich höchstens in Stumpaliadle, Witzen und Sprüchen.
Man lacht um so froher, je angenehmer und gemütlicher es im eigenen Nest ist.

Franz Xaver Schönmetzler schildert einen alten, braven Ehemann im fragwürdigen Ruhestand:

        Grad mit seine siebezg Johr
        Hot der Schorsch im Silberhoor
        Sich da Rueschtand erkore,
        Doch er isch a Dätschmer wore.

        Denn, so sait iez uverhofft,
        Ihrem Schorsch sei Katl oft:
        »Dätschmer dees und dätschmer sell
        Wie der Meischter zue seim Gsell.

        Scho in aller Herrgottfrie
        Got des a, ma woiß ja, wie:
        Dätschmer it in d' Schtub die Tasse
        Und a wink auf d' Mill aufpasse!

        Um a neine hoißt es no:
        In der Schpeis isch nix meh do,
        Dätschmer it no gschwind am Morge
        Brot und Käas und Butter bsorge!

        Wenn am Mittag gessa isch,
        Schtandet beide auf vom Tisch,
        Aber do geits nix zum gaume:
        Dätschmer it da Tisch a'raume!

        Nocha gohts ans Schpiela glei
        Und do fällts der Katl ei:
        Dätschmer it zum Zeitvertreibe
        Do mei Gschier no trucke reibe!

No ins Mittagschläfla nei
Hoißts scho meh bei'r Schtube rei:
Schorsch, komm laß dies it verdrieße,
Dätschmer it no d' Blume gieße!

Dätschmer sei isch allerhand,
Isch a ganz a bsondrer Schtand:
Ruheschtandsbeschäftigung
Und a Art Versicherung:

Denn vom Laschter Müeßigang
Bleibt verschont sei Leabe lang,
Wer als Dätschmer Tag und Nacht
sich im Ruheschtand nützlich macht.

Drum, wenn d' Katl Dätschmer sait,
Isch der Schorsch sofort bereit.
Denkt se bloß: Mei Arbetsplatz
Isch iez direkt bei mei'm Schatz.

Für sei Arbet im Büro
Kriegt der Schorsch ja sei Pensio.
Iez als Dätschmer tuet er no
Alles bloß um Gottesloh.

Doch wo hell a Tuged glänzt,
Isch vo Schatte sie begrenzt,
Wenn Versuchung sie behindret
Wied a Tuged leicht vermindret.

Manchmol reißt der Schorsch no aus,
Oifach in sein Ga'te naus.
Bloß im Ga'te isch er nemlich
Au im Ruheschtand unabkemmlich.

Oder au, es dreht, it dumm,
Unser Schorsch da Schtiel nau um:
Dätschmer, froget er versonne,
No a dritts Glas Wei' vergonne?

Wenn zum Beischpiel so a Bsuech
Redt als wie a nuidruckts Buech,
Braucht koi Mensch lang Dätschmer sage:
Fangt der Schorsch a 's Gschirr a'trage.

Und nochea, wenn gar allz guet,
Geit der Schorsch im Ibermuet,
Ohne daß sie Dätschmer froget
Seiner Katl an Kuß am Obed.

Hyazinth Wäckerle hat so einen gemütlichen schwäbischen Familienabend in Verse gekleidet:

> Frisch gestopft isch mei Pfeifle
> Jetzt bleib i dauhoi
> Der Zundel hat gfanga
> Vom Stahl und vom Stoi
>
> Mei Mädle tuat lerna
> Ganz nett spielt mei Bua
> Mei Weible tuet stricka
> Und i rauch derzua.
>
> Da macht ma sei Studi
> Und macht seine Plä'
> Hebt's Krügle mit Hända
> Und d' Pfeif mit de Zäh'
>
> Mir habat da Frieda
> Und lebet ganz nett,
> und ist's Pfeifle ausg'raucht,
> Na geh mer ins Bett.

Ein winterliches Rieser Bauernidyll aus dem vorigen Jahrhundert beschreibt in seinen Erzählungen Maximilian Mayer der Chronist des Rieses:
Leute, die sich lieb haben, sind gern auf ihren eigenen Umgang beschränkt, und die Aussicht auf ein verhältnismäßig einsames Leben hat für sie einen ganz besonderen Reiz. Der Meier und die Meierin begrüßten daher den ersten Schneefall mit Freuden und gaben sich ganz dem traulichen Gefühl ihrer Häuslichkeit hin. Und der Winter bot ihnen, was er einer wohlhäbigen Familie irgend bieten konnte, ja noch etwas mehr.
Den anmutigsten Eindruck machte das Haus um die Weihnachtszeit. Der Meier hatte rechtzeitig einen überflüssigen jungen Weichselbaum im Garten abgehackt und im wassergefüllten Kübel auf der Bank in dem vorderen Winkel des Kanzleys aufgestellt, das bei ihm ziemlich groß war. Als die heilige Zeit herankam, waren bei der stetigen Wärme des Raums nicht nur die Blätter, sondern auch die Blüten ausgeschlagen, und der von den Meiren überdies feiner und reicher als landesüblich geputzte und glänzend beleuchtete

Baum gewährte am Bescherungsabend einen so prächtigen Anblick, daß man aus den Nachbarhäusern kam, ihn zu bewundern. Diese Zierde blieb dem Kanzley bis ins neue Jahr hinein. An der Wand hing ein Käfig mit einem Schwarzblättchen (Rotkehlchen), ein anderer mit einer Grasmücke. Wenn diese nun in der Abendstunde »träumten« – wie der Bauer so schön das leise Singen der kleinen Vögel nennt – und die weißen Blüten des Baums durch die Dämmerung glänzten, dann wurde es der beisammensitzenden Familie unendlich heimlich zumut; eine beinahe feierliche Stimmung kam über die Eltern, und selbst die Kinder horchten stille. Draußen rieselte der Schnee, und der Winter herrschte unumschränkt; im Hause waltete der Lenz, ein süßer, lieblicher Traum des Lenzes.

Und drum sagt der schwäbische Bauer:

Öfa und Weiber g'hören en' d' Stuba.

A guats Weib isch a guldne Saul im Haus.

D'r Fisch isch gern em Wasser, d'r Vogel in d'r Luft und a guat's Weib d'rhoi.

Wenn »hoimle sei« als schwäbische Eigenart gilt, so ist diese ganz besonders in der Familie zu Haus. Ein gutes Familienleben bedarf dieser Heimlichkeit, in der nichts zerredet wird und in der die Partner stillvergnügt ihr gutes Einvernehmen genießen.

Hoimle heißt, in einer gemüthaften Tiefe sind sie sich zugetan und zeigen es nicht nach außen. Wer darüber reden muß, hat's not.

Schwäbische Mundart weiß dies auch verquer und hintenherum auszudrücken. Wenn von einer schlechten Hausfrau die Rede ist, sagt man: »Des isch a Schlampel. Dia kommt viel z'oft hoim.«

Kindersegen

Was die schwäbische Familie lange Zeit auszeichnete, war die Kinderfreudigkeit. Einesteils war dies »Ja zum Kinde« in der Notwendigkeit des bäuerlichen Lebens begründet. Die Kinder waren die billigsten Helfer auf dem Hofe. Sie ersetzten Knechte und Mägde. Selbst dem Söldner kamen viele Kinder zugute. Wenn sie in den Dienst bei großen Bauern kamen, brachten sie den Eltern Geld nach Hause. »Wenns auf'n Bauern regnet, träuft's au auf'n Knecht.«

Auf dem eigenen Hofe heißt es: »Viele Hände schaffen der Arbeit schnell ein Ende.« Viele Hände, die arbeitsam sind, bringen aber auch manches heim.

Ein armer Söldner ist froh darum und kann nur deswegen »sei Baurawerk ordele instand halta«.

Das ist der ökonomische Hintergrund des Kindersegens, der für die schwäbischen Familien sprichwörtlich war.

Ein anderer Hintergrund ist der religiöse. Es wäre Sünde, in die göttliche Ordnung einzugreifen. Die Ehe war in ihrem geheimsten, intimsten Bereich unantastbar, der eheliche Vollzug nicht manipulierbar.

Die Angst vor der Übertretung des sechsten Gebotes gehörte zum vordringlichsten Erziehungswerk der dörflichen Glaubensunterweisung. Allen Entartungen wurde vorgebeugt. Die Beichte mit strenger Gewissenserforschung hat ihre Wirkung. Der Beichtvater half mit Fragen nach.

Ein junges Paar, das ich gut kenne, behauptet im Spaß, daß seine Kinder vom Kapuziner, ihrem Beichtvater, stammen. Als junge Lehrereheleute konnten sie sich noch nicht zu Kindern entschließen. Die Fortbildungszeit und die bevorstehende zweite Prüfung ließ sich noch nicht mit dem Wunsch vereinbaren, eigene Kinder zu erziehen.

Zur Osterzeit standen sie beide in der Dillinger Kapuzinerkirche hinter einem Beichtstuhl, der die wenigsten »Büßer« aufwies. Der geringe Andrang hätte sie vorsichtig machen müssen. An allen anderen Beichtstühlen standen die Leute in Scharen.

Die junge Frau ging als erste in den Beichtstuhl und wurde nach dem Bekenntnis kleiner Alltagssünden gefragt, ob sie verheiratet sei, wie lange schon und ob sie Kinder habe. Ihre Vernunftgründe, vorerst auf Kinder zu verzichten, wurden nicht anerkannt. Der Kapuziner redete ihr so stark ins Gewissen, daß sie ganz eingeschüchtert war. Er drohte ihr sogar, die Absolution zu verweigern. Als sie herauskam, war es nicht möglich, ihrem Mann noch schnell von diesem Erlebnis zu berichten, denn er schritt im gleichen Augenblick zur anderen Tür des Beichtstuhles hinein. Ihm ging es um kein Haar besser.

Der gemeinsame Schrecken war so groß, daß neun Monate später ein Kind da war und ein Jahr darauf sogar Zwillinge. Es sind übrigens prächtige Kinder, auf die beide sehr stolz sind.

Der eigentliche Grund für Kinder in bäuerlichen Familien, die noch nicht von moderner Ichsucht angekränkelt sind, ist einfach die Liebe der Eheleute zueinander und die Liebe zu den Kindern als Bestätigung der herzlichen Zuneigung. Für die Wärme, die durch Kinder in die Familien kommt, werden Opfer gern gebracht. Demgegenüber gilt jede Anstrengung als gering. Mühen und Sorgen werden nicht gezählt.

»Viele Kinder, viele Augen Gottes« hieß es. Wo viele Kinder sind, da reichts auch noch für mehr. In einer großen Familie werden leicht noch einige Gastkinder satt. Kleine Familien scheinen manchmal um ein Kind mehr Sorge zu haben als große mit vielen.

Der Volksmund weiß sogar, daß Kinder einander anziehen und gesund machen. Ein neuangekommenes kränkliches Kind stirbt in einer kinderreichen Familie nicht. Da heißt's: »Des bleibt. Des hot's Häufle scho g'seaha.«
Es ist ja auch lustig, in einer kinderreichen Familie aufzuwachsen. Das geht über keinen Reichtum der Welt, selbst wenn die materiellen Güter knapp sind. Ich weiß es aus meiner Kindheit.

Schön war's trotz gelegentlicher Strafpredigten, bei denen auch so deutlich gesprochen wurde wie hier im Gedicht von de Schuah von Hermann Sandtner:

D'r Bua kommt vom Strawanze hoim
und Schuah und d' Schtrümpf sind vola Loim.
Dös dät's no, wenn it gar dia Sohla –
»Ja Bua, di soll d'r Teufl hola!«
So schreit sei Muattr voler Zoara
und schlät em Bua oins hinter d' Oahra.
»An Liameß waret d' Schuah no nui,
an Pfingschta sind se scho hui hui.

Von heut a mach du d' Schuah no sell,
du fünfzehjährigs Fahnagschtell;
von mir kriegscht du koi gottsigs Paar
und wenn i alt wear hundert Jahr!
Von mir aus laufscht in Fetza rum,
i kümmre mi gar nia mehr drum!«

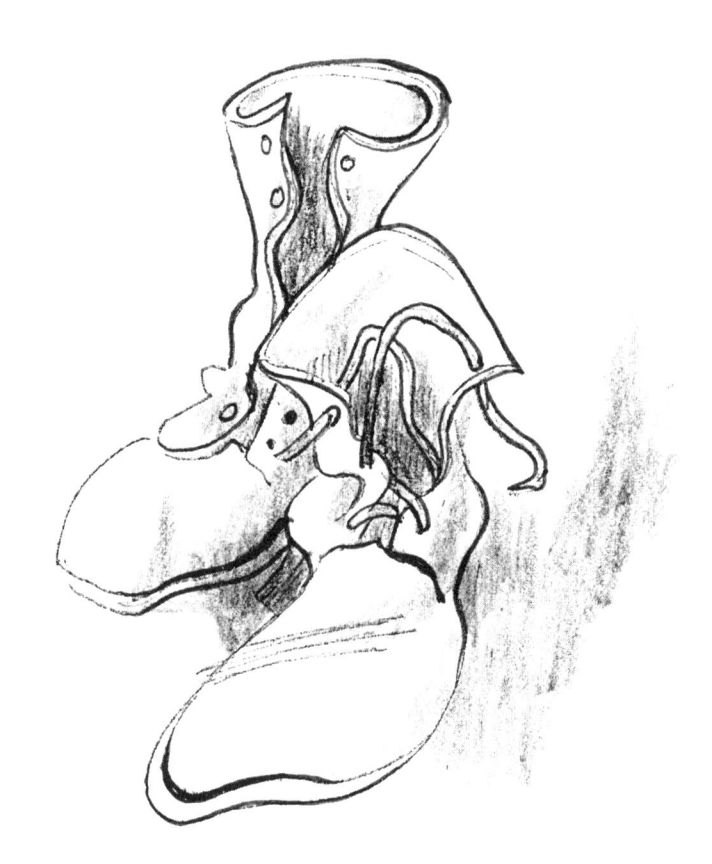

Sie ziacht iazt d' Röck a weng in d' Heah,
so ka ma ihra Schuah guat seah.
Nau sait dia Muattr zu dem Bua:
»Grad 14 Jauhr trag i dia Schuah;
iatz weischt es, so, und luags nur a,
wia lang ma d' Schuah au traga ka.«

D'r Bua, der schabblet se am Grend,
nau sait er zu der Muattr gschwend:
»Du kascht, dau brauchscht mi gar it schlaga,
nauch 14 Jauhr dia Schuah no trage.
Von mir kascht du dös it verlanga,
was tät i mit de Füaß afanga.
Und denk, dös spielt frei au a Rolla,
i müaßt heut no am Zapfa nolla.«

Drauf sait sei Muattr: »Bischt a Lalla!«
und weidle laßt se d' Röck nafalla.

Die Musen in Schwaben

Joseph Bernhart hat einmal in einem Gespräch geäußert: »Ohne a handfeschte Schlamperei ka ma koi Kultur aufbaua.«

Es wäre also zu untersuchen, in welchem Verhältnis die Musen zur Ordnung oder Unordnung stehen und ob Kunst durch Reinlichkeit, Regelhaftigkeit und Fleiß gefördert werden kann.

Ob diese Eigenschaften beim Entstehen von Werken der Malerei, Plastik, Dichtung und Musik Pate stehen müssen, ist nicht ganz zu ergründen. Manche Menschen bejahen, manche verneinen es. Anzunehmen ist aber wohl, daß diese Eigenschaften und Fähigkeiten, die der Schwabe vor allem besitzt, eine gute Grundlage zur Erhaltung von Kulturwerten bilden.

Leider werden aber heute die kulturellen Belange in den Hintergrund gedrängt zugunsten der zivilisatorischen. Diese Entwicklung ging im Schwabenländle in den letzten 70 Jahren beschleunigt vor sich und nahm in den letzten 20 Jahren Formen an, die kunstverständige Menschen besorgt macht. Schwäbische Tüchtigkeit hat die Bauerndörfer, Städtle und Städte »durchgeforstet« und durchorganisiert, so daß mit schwäbischer Gründlichkeit der Hygiene und Zweckmäßigkeit zum totalen Triumph über künstlerische Gestaltung verholfen wurde. »Des alte Glump ka ma ja gar nemma braucha. Wozua au? Mir brauchen was Praktisch und wöllen was Nuis!«

An kulturhistorischen Bauten werden mit Absicht Schäden verursacht, etwa durch das Aufreißen des Daches oder durch Hereinleiten von Wasser in die Keller, so daß alte Pfarrhöfe und Bauernwirtschaften im Nu abbruchreif sind. An ihre Stelle wird dann mit Fertigbausteinen ein neues Haus gebaut. So verschwinden auch alte Kapellen und Mauern, die lange das Bild schwäbischer Landschaft geprägt haben. Mit einer »ans Kriminelle grenzenden Hinterfotzigkeit« werden oft die Bestimmungen des Landbauamtes und des Amtes für Heimatpflege umgangen.

Es ist, als ob das merkantile, ökonomische Denken das beschauliche, besinnliche, musische beherrschen würde. So werden Dörfer und Städte ihrer Kunstschätze beraubt und dem augenblicklichen Wohlstand und rein zivilisatorischen Bedürfnissen angepaßt.

Wer mit offenen Augen durch andere Länder fährt – es muß nicht einmal Teneriffa oder Griechenland sein, es genügt schon einen Ausflug nach Franken zu machen oder auch nur nach Württembergisch-Schwaben – der erlebt, daß sich nirgends der aufkommende Reichtum so kulturbarbarisch zeigt, wie in Bayerisch-Schwaben. Überall sonst tragen die Dörfer und Städtchen ihr altes, kulturell überkommenes Gesicht, wenn auch mit geringen Veränderungen.

Bei uns sind aber so einschneidende Umwälzungen aus »unverdautem Wohlstand« und »nicht bewältigtem Reichtum« vor sich gegangen, daß man erschrickt. Nach Fotografien, die vor etwa 20 Jahren entstanden sind, erkennt man viele unserer Dörfer kaum wieder. Ein Lob auf diesem Gebiet kann augenblicklich schwäbischer Rührigkeit nicht erteilt werden. Die Heimatpfleger führen meist einen aussichtslosen Kampf.

Barocke Krippenfiguren wurden verschachert und wertvolle handgestickte Empire-Kaseln wanderten in die Trödlerläden. Statt der schönen Silberleuchter aus der Rokokozeit erscheinen formlose, aus billigem Material gegossene Leuchter am Altar. Kreuzwegstationen von hohem künstlerischem Wert sind plötzlich nicht mehr da, dafür häßliche Scraffitos pseudokünstlerischer Art.

Schuld daran ist meist ungenügende künstlerische Ausbildung der Geistlichen. Sie müßten eigentlich, da sie ja Verwalter wertvollsten Kulturgutes sind, in Kunst- und Kulturgeschichte unterrichtet werden.

In manchen Orten bestimmt sogar die Pfarrköchin, was in der Kirche benötigt wird und was weggeschafft werden kann. Es kann vorkommen, daß der Heimatpfleger vor der Tür des Pfarrhofs steht, um Einlaß zu begehren und daß die Köchin die Stirn hat, zu sagen: »D'r geischtlich Herr isch it d'rhoi«, obwohl der Besucher den Schatten des Pfarrherrn hinterm Vorhang sieht.

Was in Roth an der Roth geschah, ist typisch für den Kulturabbau in unseren Dörfern. Die hübsche, kleine Barockkirche genießt ihres wundertätigen Madonnenbildes wegen den Ruf einer Wallfahrtskirche und besitzt deshalb auch viele schöne alte Votivtafeln. Seit der Kunsthandel die Bedeutung naiver Volkskunst erkannt hat, verschwinden solche Bilder zusehends aus den Kirchen.

Alfred Weitnauer versuchte als Heimatpfleger, diese schönen alten Dokumente der Volksfrömmigkeit zu erhalten. Wiederholt bat er den Pfarrer von Roth, die Votivbilder wegzuräumen oder wenigstens aus der Reichweite zu hängen. Aber es geschah trotz allem Bitten und Mahnen gar nichts.

Da A. Weitnauer nicht um gute Ideen verlegen war, faßte er einen Plan, in den er auch die Polizei einweihte. Er »stahl« selber zwei dieser Tafeln und beauftragte einen Altwarenhändler, sie dem Pfarrer von Roth zum Kauf vorzulegen. Dieser erkannte sie nicht, zeigte sich aber während des Gespräches geneigt, sie zu erwerben. Als es aber um den Preis ging, zögerte er und meinte: »Mir hant ja sell so viel von deam Zuig in unserer Kirch.«

Das nennt man Kunstinteresse und Wahrnehmen der Aufsichtspflichten gegenüber anvertrautem Kulturgut.

Erzkonservativ – Modern

Wie es möglich ist, den Schwaben zu »verschmoacha«, daß er nicht mehr aus seinem Schneckenhaus herauskommt, kann man ihm auch leicht seine Selbstsicherheit, sein Selbstvertrauen nehmen, und das gründlich und dauerhaft. Teilt man dem Schwaben die Rolle eines Tölpels zu, verkauft man ihn für dumm, so hat er keine lebhafte Abwehrrekation bereit, wie etwa ein Bayer, sondern resigniert: »I weds eahm scho zur rechta Zeit zeiga, was i ben und ka. Gega a so groaße U'vrschämtheit, dia mr iatz passiert, a'zgeaha, ben i machtlos.«

Aus Mangel an Selbstvertrauen schätzen Schwaben ihr altüberbrachtes Kulturgut viel zu gering ein. Michel Eberhardt bringt sein Bedauern darüber in diesem Gedicht, das eine Rieser Dorfkirchweih in breughelhaftem Stil heraufgeschwört, zum Ausdruck:

>Dia Bäure, dia Bäure von Bisse
>mit ihrer, mit ihrer Schlack-Kapp
>dia werd se, dia werd se vrwondra,
>wenn i nochr, wenn i nochr dapp.

>Rieser Tanzlied
>Juchhä, Buaba, heit hommer Kirbe!
>Dia fällt für mei Geldle ind's Gwicht.
>Doch sag i dir: Liaber vrsirbe,
>als daß i auf d' Kirbe vrzicht!

>A Moß her! Dia trenk mer im Standa.
>Ond jatz, Mädle, komm gommer naus. –
>Wo sendr denn, ui Musikanta?
>Hä! – d' Bäure von Bisse muaß raus!

>Was isch denn? – Kommt machat an Gang do.
>Auf d' Seita, was d' Bäura net ka!
>Ui schiabet nor Englisch und Tango,
>beim Hoimat-Tanz stont'r domm na.

>Os aber, mei Mädle, os kennats!
>was moischt denn, des wär ja scho guat.
>Dia d' Schneid hond zum Leba, dia gwennats,
>ond ds ander, des liegt oim im Bluat.

Ja, luck lommer net oms Verrecka,
dr Hoimat-Tanz muaß nomol her!
Ond tanzt oh dr Lumo wia am Stecka,
os gonnt no em Alta sei Eahr.

du langscht de scho a wiana Kissa
ond wiagscht de em Schleifer da Trapp
– Dia Bäure, dia Bäure von Bisse,
mit ihrer mit ihrer Schlack-Kapp ...

Los, Mädla, du bischt no a bsondra,
Gang zua m'r, i halt de net z'knapp. –
... dia werd se, dia werd se vrwondra,
wann i nochr, i nochr dapp!«

In Schwaben ist eine besonders schöne Tracht getragen worden. Prachtvolle Reginahauben ergänzten die kleidsame Miedertracht. Sie war vielleicht noch um einiges eigenartiger und prächtiger als die oberbayerische.
Hyazinth Wäckerle macht sich Gedanken über ihr Verschwinden:

Kätherle, tritt aufs Röckle it!
Tuascht di städtisch traga?
Schwäbisch wärscht mir liaber g'west,
dös ka i dir saga!

Wenn d'r Baum sein Laub verliart,
's nächscht Jauhr weard's it netter,
d' Oich und d' Birk und d' Esch und d' Buach
kriaget meah grüane Blätter.

D' Roasa sind halt roat und weiß,
d' Veigele, dia sind bläule,
und a Mädle aus'm Dorf
isch koi städtisch Fräule.

Traischt denn wega'm Jägerbua
länger deine Röckla?
moara bringscht g'wiß au non Schuah
mit recht hoache Stöckla?

Wenn i der Herr Amtma wär
Und hätt ebbes z'schwätza –
wart, du schwarzer Jägerbua,
di ließ i versetza! –

In meiner Jugend trat auf der Lutzinger Alm ein bayerischer Trachtenverein regelmäßig mit schmalziger bayerischer Volksmusik und schlecht beherrschtem Schuahplattln auf. Der Vorstand war beileibe kein Bayer, sondern ein Höchstädter »Schwabe«, so wie die Mitglieder Schwaben waren. Mehr an schwäbischem Volkstum war nicht anzubieten.

Zur gleichen Zeit herrschte in Bayern ein emsiges Treiben auf dem Gebiet der Heimatforschung. Wenn es nicht in ein »Bayerntexas« mit rein folkloristischen Zügen ausartete, imponierte es jedem Schwaben, wie dort von der Tracht bis zum Hausrat, von der Dichtung bis zum alpenländischen Jodler mit großer Begeisterung für das Echte, Angestammte gesammelt, gesichtet und vieles wieder dem heutigen Leben einverleibt wurde.

Was da an Schönheit dieses Volkstums zutage trat, können wir nur bewundern und mit Resignation betrachten. Es ist nicht der Neid um den Grundbestand an herrlichem Volksgut, denn dieser ist ja in Schwaben in gleicher Weise vorhanden. Wir bedauern, daß unsere eigenen Leute kaum dazu taugen, solche Werte zu erkennen und zu konservieren, daß sie wie »Hans im Glück« ihren Goldbatzen für eine Gans hergeben.

Die betriebsamen Schwaben sind nüchterne Denker, die sich mit altem Glump nicht beladen wollen und lieber Zeit und Kraft zu zweckmäßiger Modernisierung verwenden.

Die Bayern haben überdies einen kühnen Schachzug gemacht, indem sie unter dem Begriff »altbayrisch« die Vielfarbigkeit und den unerschöpflichen Formenreichtum der gesamten alpenländischen Kultur für sich »gepachtet« haben. Auf das Liedgut bezogen, gilt als altbayerisch auch das österreichische, tirolerische, windische und slowenische Erbe.

So besticht die Vielfalt origineller musikalischer Ausdrucksweisen mit ihren reichen Schattierungen aus Landstrichen und Stämmen, die geradezu geschaffen sind für das Lied, besonders für den alpenländischen Jodler, als Verständigungsform. Tänze und Trachten schließen sich diesem Reigen an, so daß etwas Imposantes entstanden ist. Kein Wunder, daß der Bayer selbstbewußt ist, den Schwaben dagegen Minderwertigkeitsgefühle beschleichen, so tiefgreifende sogar, daß er nicht mehr den Mut aufbringt, Pionierarbeit in seinem eigenen Ländle zu leisten. Bayern übernahm die Führungsrolle.

So groß war bayerische Heimatbegeisterung, daß sogar im Allgäu »Gebirgstrachtenerhaltungsvereine« von waschechten Altbayern gegründet wurden. Sie waren zur Wittelsbacherzeit als Jagdgehilfen, Förster oder Staatsbeamte in die Verwaltung geholt worden und wollten auf das »bayerische Flair« nicht verzichten.

LUTZINGER ALM

Vielleicht sind es die gleichen, auf die Wäckerle in seinem Gedicht anspielt.

Wenn man aber das Volksgut, das unter diesen Umständen entstanden ist, genau betrachtet, so müßte auch ein kunst- und musikverständiger Bayer rot werden, denn die zur Schau getragenen Trachten entpuppen sich als jämmerliches, zusammengestückeltes, neumodisches Surrogat und die Lieder als kitschig, schmalzig, stillos wie die Schlösser Neuschwanstein und Hohenschwangau.

Wackere Schwaben haben in diesem pseudobayrischen Stil gedichtet wie Gerhard Hieble und Mathilde Kochseder-Leimgruber. Eine kurze Kostprobe aus Mathildes Feder:

>Zum Hochgrat mit dem Staufnerhaus
>Da wallt ein Mann zum hundertsmal
>Und weilt als Gast in Hauses Klause
>Und kommt vom hochgelegnen Tal.
>
>Der Lehrer ist's vom stillen Orte,
>Der jenseits auf der Höhe thront,
>Und der mit einem einz'gen Worte,
>So gern bei Alpenflora wohnt.

Typisch für die Werkbegeisterung und den aufkommenden Sozialismus ist dieses Gedicht von ihr:

>In Süd, in Nord, in Osten, Westen
>hat Industrie sich breit gemacht,
>es rasseln Waffen und Maschinen
>Und Menschengeist hat sie erdacht.
>
>Und auch die reichgeschmückte Fahne
>Hat Arbeitshand so schön gemacht,
>Wie eine früherweckte Blume
>Sie sinnvoll uns entgegen lacht ...

Die Begeisterung für König Ludwig II. war auch bei den Allgäuern sehr groß. Sie kommt in diesem Gedicht von Mathilde Kochseder-Leimgruber zum Ausdruck:

Auf Steinteraß in steiler Höh,
schaut man den Schwan- und Alpensee.
Wo Wildbachs Flut durch Schluchten drängt,
dazwischen eine Brücke hängt.
Und Ludwig Zweiter hoch zu Roß
von dorten schaut sein Märchenschloß.

Das Bayernvolk ihn nie vergißt,
solang die Fahne weiß-blau ist.
Der Starnbergsee gab ihm die Ruh,
dem Bergvolk schnürts die Kehle zu.

Der königlich-bayerische Streckenwärter Gerhard Hieble, von Geburt ein Schwabe, preist die Allgäuer Mädchen.

Wo gibt es Silber oder Gold,
Das holen ich nicht scheue;
Wo gibt es Mädchen die so hold
Wie die in dem Algäue?
Sie sind stets heiter liebevoll
Sie folgen Eltern gerne,
Sind fromm und sittsam so auch wohl,
Sie halten Schmeichler ferne.

Drum wer verehlicht sein will gut,
Ja dieses niemals scheue:
Er freie nur ganz frohgemut
Ein Mädchen im Algäue.

Sicher sind aus der Feder dieser Allgäuer »Verseschmiede« der Gründerzeit auch echtere Gedichte geflossen. Alfred Weitnauer hat sie in seinem Büchlein »Meister des unfreiwilligen Humors« verewigt und den menschlichen Kern herausgeholt. Einen harten und entschiedenen Kampf hat er nur den Gebirgstrachtenerhaltungsvereinen angesagt. Er warf ihnen vor, mit ihrem »Ramsch« bodenständiges schwäbisches Heimatgut erstickt zu haben.

Augsburg und die Musik

F. Hogenberg (Köln 1572–1618) schreibt über Augsburg:
»Das obere Schwabenland, das vor Zeiten Rhaetia hieß, hat gar herrliche Städte: unter denen sind Augsburg und Konstanz die vornehmsten, deren eine sich zum Bayernlande, die andere hingegen zu der Schweiz wendet. Gleich wie Augsburg jetzt an Zierde und Reichtum gar namhaft, also ist sie auch ihrer ersten Entstehung nach eine gar alte Festung des Römischen Reiches gewesen.
Sie liegt an den fischreichen Wassern der Wertach und des Lechs, wo sie zusammenfließen, von den alten Schwaben, die diesen Ort zuerst bewohnt haben, erbaut. Diese Stadt hält ein gut polizeilich Regiment, wovon der wohl erfahrene Arzt Achilles Gossanus in seinen Augsburger Annalen schreibt:
›Die Stadt Augsburg ist zwar wehrhaft an Mauern, Türmen, Basteien, Gräben und allerhand Geschützen oder Büchsen, deren auch etliche große Häuser voll sind. Dazu treibt man dort trefflich viel und großen Handwerkshandel samt dem einigen und höchsten »Fürkauf«, wie man solche Gesellschaften nennt, die ihre Hausierung weit und breit durch alle Länder führt, wodurch die Stadt in wenigen Jahren in aller Welt bekannt geworden ist.‹
Die Obrigkeit dieser Stadt trägt eine besondere Sorge für die Armen. Denn außer daß für die Kranken und Waisen besondere Spitäler und Findelhäuser verordnet sind, haben auch zu gebührlicher Zeit die, so mit Pestilenz vergiftet oder mit den »Franzosen« angegriffen werden, ihre besondere Wartung und freie Behausung, welche man das Blatternhaus nennt, wie auch die abgesonderten Leute ihre Feldsiechenhäuser haben. Ferner wird anderen bedürftigen Leuten große Hilfe und Beistand geleistet. Auch werden viele geschickte Jungen in die Lehre in und außerhalb der Stadt reichlich genommen und erhalten.
Es haben auch die Fugger anno 1519 den Bedürftigen, die doch der Stadt ver-

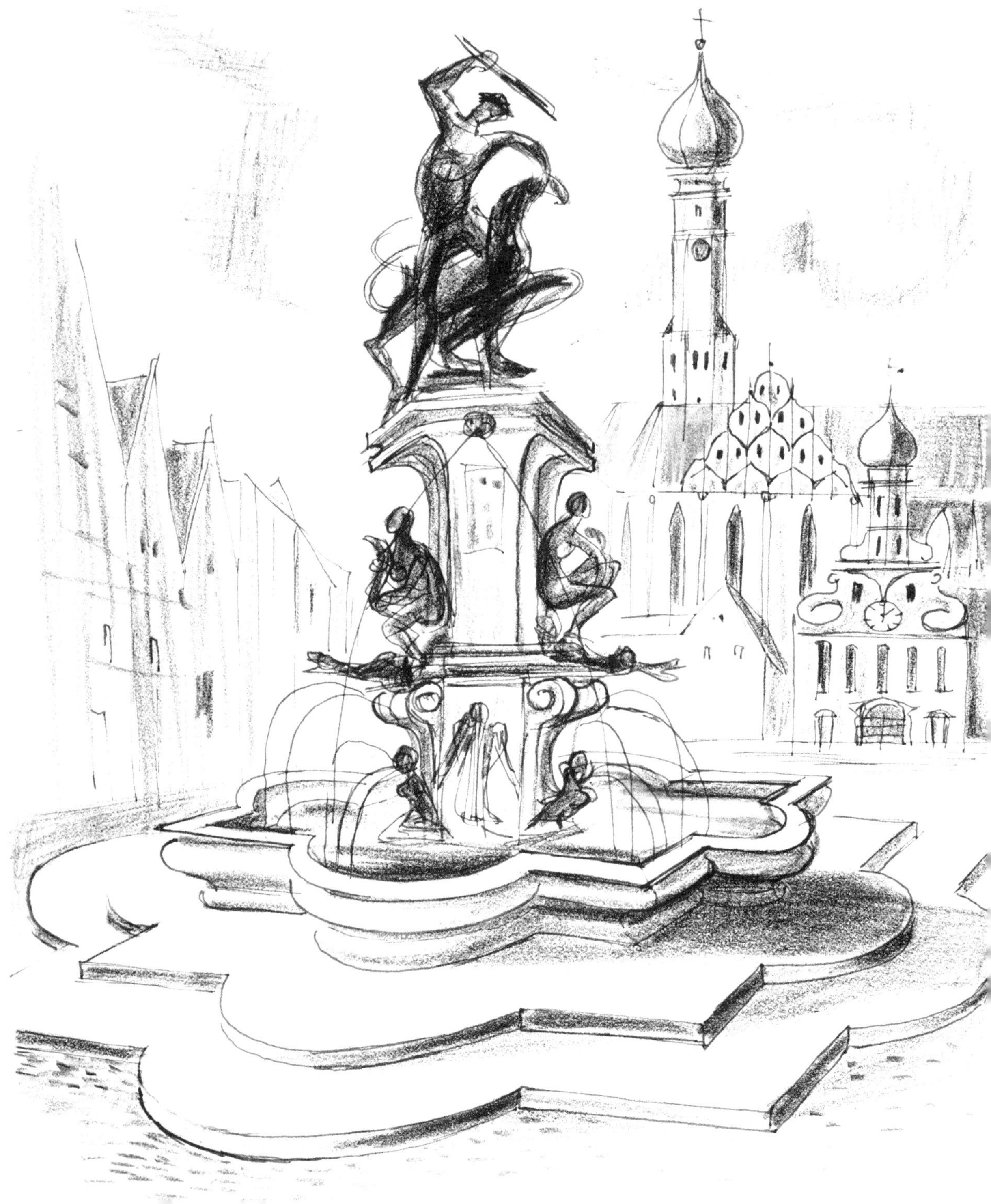

wandt und eines ehrbaren Lebenswandels sind, an hundert Häusern aus ihrem Gut in der St. Jakobs Vorstadt gebaut, welcher Bezirk, die »Fuggerei« genannt, gar wohl einem Städtchen verglichen werden kann. Ferner mit welcher Billigkeit, Güte, Umsicht und bürgerlichem Regiment die Obrigkeit hier der Gemeinde vorsteht, und wie glückhaft, sinnreich, freundlich und tugendreich die Bürger untereinander und den Fremden gegenüber ihren Handel treiben, sogar in die fernsten Länder und nach allen vier Winden hin, wie ehrlich sie ihre Kinder auferziehen, wie ein jeder den andern übertreffen will in der Zierde der Häuser und was darein gehört, kann hier nicht genügend angezeigt werden.

Die Einwohner, vor allem aber die Weibsbilder sind von Gestalt schön, an Kleidung prächtig, im Essen und Trinken köstlich, im Wandel und Warten brengtisch (üppig), in Handlungen gescheit, an Gebärden ausländisch und ob ihres großen Reichtums viel von sich haltend. Darum begnügen sich die Gemeinden, höchst arbeitsam und auf ihren Gewinn bedacht, ihres Glückes.

Von den Kaufleuten haben sich etliche und eine ganze Anzahl von den Herrn (Patriziern) adeln lassen, viele sind in den Freiherrenstand erhoben, und ein Teil sogar zu Grafen gemacht worden; ja es haben darunter welche ein ganzes Königreich in Indien inne; und daß ich's mit einem Wort sag': ist je groß Glück angefallen einer Stadt, so ist es Augsburg!

Welch großer Reichtum in der Gemeinde-Schatzkammer vorhanden ist, mag männiglich daraus ersehen, daß ein ehrsamer Rat, ohnangesehen die großen jährlichen Kosten so auf Unterhaltung und gute Besserung der Gemeindebauten gewendet werden und der unaussprechlichen Kosten für die letzte Kriegsrüstung zum Erlangen eines Friedens, im letzten Reichstag an Bargeld ausgegeben hat: dreimal hunderttausend Rheinische Gulden, ungerechnet der privaten Kontributionen der Bürgerschaft.

Es wohnt so viel Volks in dieser Stadt, daß im letzt vergangenen Jahr, d. h. anno 1549, dortselbst geboren und zur hl. Taufe gebracht 1705 Kinder und daß dagegen mit Tod abgegangen ohne Landsterben (Epidemie) und begraben 1720 menschliche Körper, woraus des innewohnenden Volkes Menge beiläufig mag abgenommen werden.«

Diese Worte spiegeln das Selbstbewußtsein der Augsburger wider. Wer hätte sich in der Renaissance nicht glücklich geschätzt, Angehöriger dieser herrlichen Stadt zu sein. Zu einem Jubel ohnegleichen entlädt sich dieses Selbstwertgefühl in der Musik dieser Zeit.

Die glanzvollste Zeit Augsburger Musiklebens ist diese vorreformatorische Ära, in der nicht nur eine große Zahl ausgezeichneter Komponisten, Instrumentalisten und Organisten ansässig war, sondern auch von auswärts durch den guten Ruf der reichen Fuggerstadt angezogen wurde. Es sei nur ein Name erwähnt: Orlando di Lasso.

Kaiser Maximilian weilte oft mit seiner berühmten Hofkapelle in der Stadt, wodurch dem Musikleben mächtige Impulse zuströmten.

Die Frührenaissance in Augsburg bedeutete eine Zeit des Aufbruchs auf allen künstlerischen Gebieten. Das Musikleben gewann ganz besonders dabei.

Leider setzte die Reformation dieser Entwicklung ein jähes Ende. Der Tod Kaiser Maximilians, des großen Mäzens der Musik, traf gerade in diese Zeit. Die Musiker verließen die Stadt.

Die enge Beziehung zu Luther ist wohl der Grund dafür, daß sich in diese Flaute hinein neues Musikleben entfalten konnte. Die evangelische Kirche bedient sich in ihrem Kult hauptsächlich der Musik, so daß sich in Augsburg neue Kräfte auf diesem Gebiete regen konnten. Das Augsburger Gesangbuch, das 1529 gedruckt wurde, leitet weitere musikalische Werke ein. Sixt und Kugelmann bemühten sich weiterhin um die Entwicklung und Pflege des evangelischen Liedergutes. Namhafte Komponisten aus der Gruppe der Reformierten, wie Jakob Faix, Melchior Frank und Adam Gumpelzhaimer schlossen sich an.

Aber auch auf katholischer Seite erwacht nach all diesen Wirrnissen erneut das Interesse an der Musik. Man wollte es den Protestanten gleichtun.

Fürstbischof Kardinal Truchseß von Waldburg setzte sich im Konzil von Trient für die Reform der Kirchenmusik ein. Man kann annehmen, daß sich in der Zeit der Typ dieser Musik mit prachtvollen Messen, Vespern und Requien entwickelte, der auf die polyphone römisch-niederländische Musik zurückgreift. Die Namen Gregor Aichinger, Jakob Haßler, Nikolaus Zangler und Christian Erbach sind hier zu nennen.

Ein Aufschwung und Höhepunkt der musikgeschichtlichen Entwicklung Augsburgs war Ende des 16. Jahrhundert durch die Beziehungen von Musikzentren der Stadt zu den Niederlanden und zu Italien zu verzeichnen, der durch das Wirken der Fugger begünstigt wurde. Eine Elite deutscher Musiker fand Anregung oder Ausbildung in der Stadt Augsburg. Lautenisten, Stadtpfeifer, Instrumentalisten verschiedenster Art zeigten ihre Künste.

Diesem hochentwickelten Musikleben gegenüber stand ein Aufschwung des Instrumentenbaues, von der Herstellung von Lauten, Spinetten, Clavichorden angefangen bis zur Fertigung von Großorgeln und Hausinstrumenten.

Zu dieser Pionierarbeit Augsburgs auf musikalischem Gebiete zählt auch der

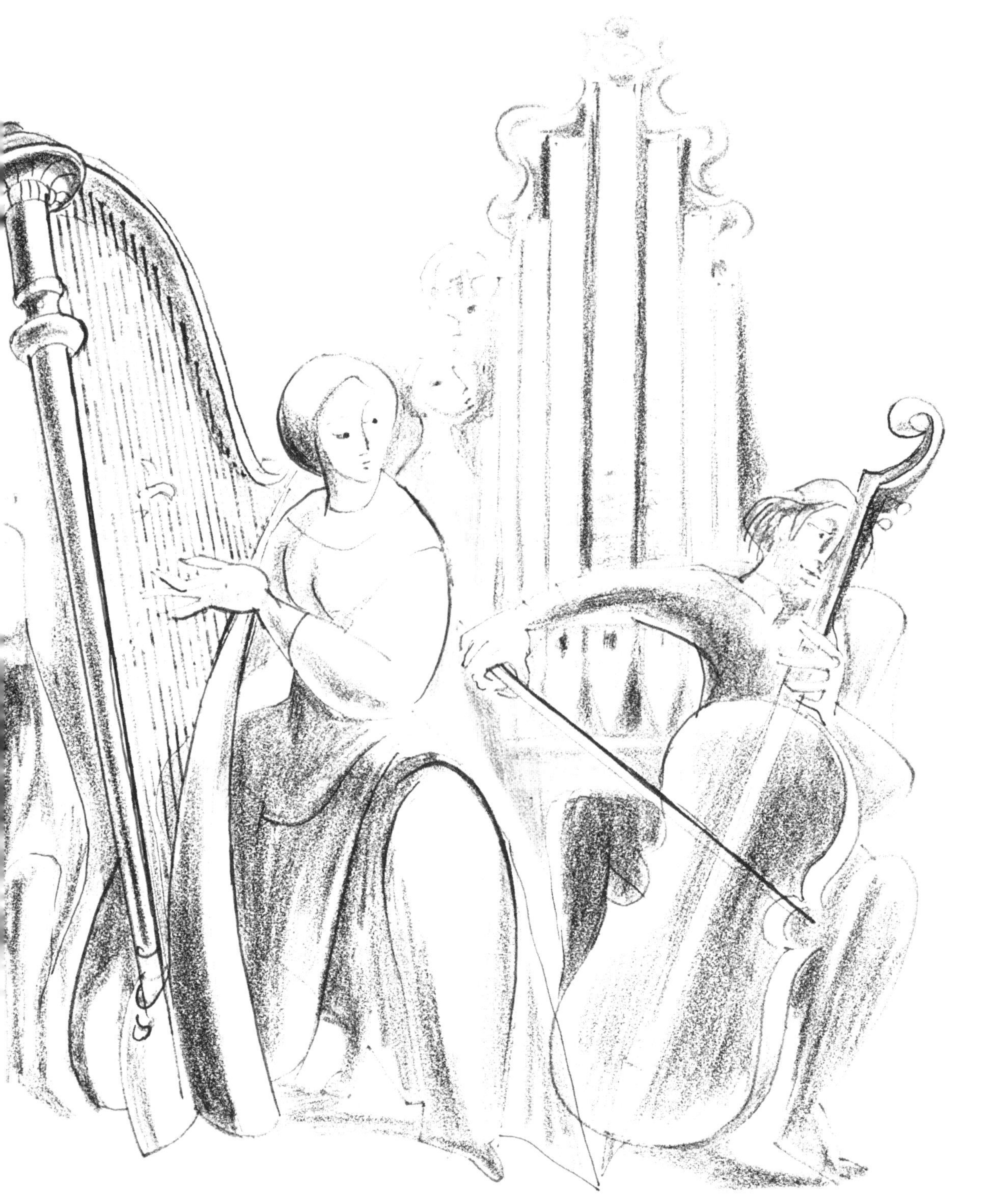

Aufschwung im Notendruck. Augsburger Musikdrucker wirken über die Stadt hinaus, etwa Erhard Ratdolt in Venedig und Michael Furter in Basel.
Hier sind nur ein paar Andeutungen über das Augsburger Musikleben gebracht, die dem Büchlein von Adolf Layer »Musik und Musiker der Fugger-

zeit« entnommen sind, das im Himmer-Verlag 1959 erschienen ist. Es lohnt sich, sich in dieses zu vertiefen, denn in ihm finden sich auch im einzelnen die Quellenangaben aus dieser Zeit, die uns einen höchst interessanten Einblick in die musikgeschichtliche Entwicklung unserer Stadt vermitteln.

Mit den Worten von Adolf Sandberger aus diesem Buche soll dieses Kapitel abgeschlossen sein:

»Während die Monumente der Architektur, der Plastik, der Malerei, mit denen Augsburg seinen Einwohnern, dem deutschen Volke, der gesamten Kulturwelt ein ständiges Geschenk darbietet, während Namen wie Holbein, Burgkmair, Amberger, Elias Holl jedermann vertraut sind, ruhten und ruhen die Werke der Alt-Augsburger Tonkunst für die Öffenlichkeit überwiegend noch im Dunkeln. Dabei kommt ihnen in der Geschichte der Musik und in der Fähigkeit, Freude, Erhebung, Erbauung zu spenden, gewiß keine geringere Bedeutung zu als dem, was die Meister der bildenden Kunst in so herrlicher Fülle seit Jahrhunderten in dieser altehrwürdigen, kunstreichen Stadt geschaffen haben.«

Schwäbische Tüchtigkeit

Wenn Sie gefragt würden, wo es
die älteste bekannte Brauordnung (1155),
die ersten süddeutschen Brauereien (Goldene Gans, 14. Jh. und Fortuna-Bräu, 1442),
die ersten Bankiers (Fugger und Welser, 16. Jh.),
die erste deutsche Montanindustrie (durch die Fugger, 16. Jh.),
die erste Sozialsiedlung (Fuggerei, 16. Jh.),
die erste Koloniegründung (durch die Welser, nämlich Venezuela, 16. Jh.),
den ersten bedeutenden deutschen Renaissancebau (Augsburger Rathaus von Elias Holl, 16. Jh.),
die erste Flugmaschine (durch Idler, 1635),
die erste Fabrik (durch Schüle 1772 gegründete Kattunfabrik),
die erste Zeitung (Allgemeine Augsburger Zeitung, 1810),
die erste moderne Dampfwasserturbine (um 1859),
die erste Kältemaschine (durch Dr. Linde um 1860),
den ersten Drachenballon (durch Parsebal-Sigsfeld, 1896),
das erste Lenkluftschiff (durch Parseval bei Riedinger 1906),

das erste Tiefseeboot (durch Bauer, 1850),
die erste Rotationsmaschine (durch Koenig, 1873),
den ersten Treibkraftmotor (durch Diesel, 1897),
den ersten Stratosphärenflug (durch die Brüder Piccard, 1931),
das erste Düsenflugzeug (durch Messerschmitt, 1943)
gegeben habe, so müßten Sie Augsburg oder Bayerisch-Schwaben nennen. Dies »konservative Land« zeigt also starke Erfinderkraft und schreitet entschieden, trotz Wahrung des Überlieferten, in die neuen technischen Möglichkeiten hinein.

Nicht von ungefähr griff gerade der Ostschwabe, wenn es auf geistigem Gebiet Umwälzungen gab, mit besonderer Intensität, Scharfsinn und Ausdauer ein und war dadurch am Werden des Neuen beteiligt.

Die revolutionärste Auseinandersetzung innerhalb der europäischen Geschichte brachte ohne Zweifel die Renaissance. Aus ihr ging die »Neuzeit« hervor. Der Ostschwabe ist nicht nur durch die Dynamik dieser Zeit stark geformt worden. Er hat auch in die Renaissancezeit formend und führend eingegriffen und in harten, kompromißlosen Kämpfen Idee und Art des Neuen, Zukünftigen bestimmt, auch durch die Auseinandersetzungen während der Reformation, die hauptsächlich in Augsburg stattfanden. Am Werden des neuen Stiles, der in Süddeutschland durch Elias Holl, dem Augsburger Architekten, vertreten war, sowie durch eine Reihe weiterer beachtlicher Künstler, die in dieser Stadt arbeiteten, wie Burgkmair, Holbein, Daucher, Petel und Gerhard ist er stark beteiligt.

Den künstlerischen Fertigkeiten und der kühnen Bautechnik stand ein weltweiter Handel und die Eroberung fremder Länder als Kolonien gegenüber. Ermöglicht wurde sie durch die Finanziers des deutschen Kaisers Maximilian, der europäischen Könige und Fürsten, nämlich die Fugger und Welser. Sie haben keine Welthandelsfirma und Reederei betrieben und große Schätze ins Land gebracht. Diese dienten nicht nur zur Finanzierung der Kriege der Feudalherren, sondern auch zur Verschönerung der Stadt und des Landes durch groß angelegte Gebäude und Kunstwerke. Die Entwicklung des Landes vorwärtsgetrieben und ein Stück Welt erschlossen zu haben, war das eigentliche Verdienst dieser Männer.

Den Höhepunkt ihrer glanzvollen Entwicklung und Machtausbreitung hatte unsere Stadt mit dem Ende der Renaissance überschritten und der Dreißigjährige Krieg tat noch das Seine dazu. Die Einwohnerzahl sank von 45 000 auf 16 000. Die Wirksamkeit der Stadt schien beendet zu sein. Trotzdem strömten die künstlerischen Kräfte weiter. Das Augsburger Kunsthandwerk, vorab

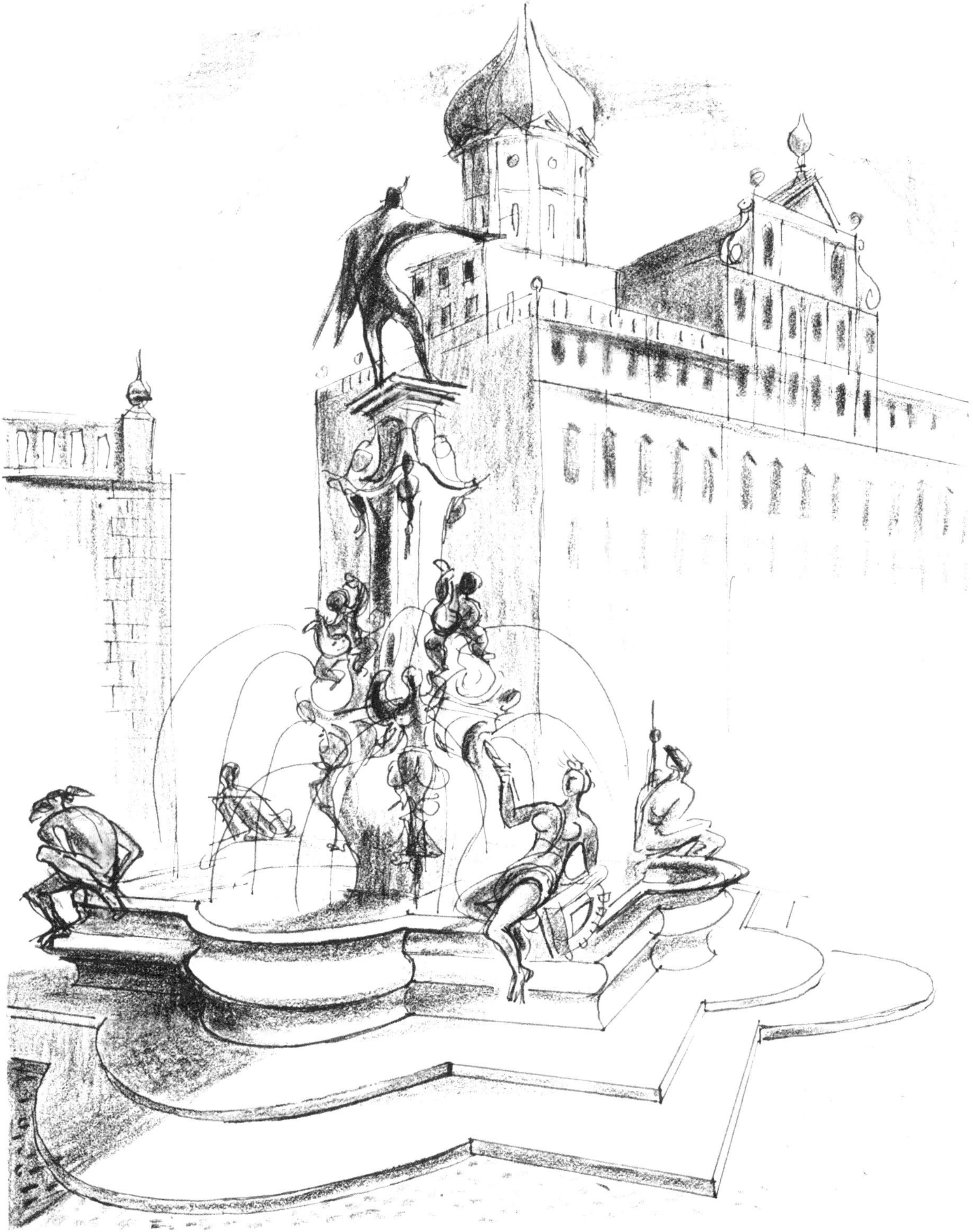

die Technik des Gold- und Silberschmiedens, erwarb Augsburg Weltruhm. Der Große Kurfürst zum Beispiel hat sein Tafelservice aus Augsburg bezogen.

Die Barockzeit scheint nicht zur Beflügelung des schwäbischen Kunstsinnes beigetragen zu haben. Dagegen fand der Schwabe im Rokokostil das Adäquate. Es gelangen ihm in diesem leichteren und beschwingteren Stil Schöpfungen von besonderer Schönheit. Eine Reihe von bekannten Künstlern erwuchs dieser Stadt, so daß man vom »Augsburger Geschmack« sprach, wenn man das Rokoko meinte. Der süddeutsche Rokokostil, der in die letzten Dorfkirchen drang, zeigt in seiner Innigkeit und Eleganz wieder echt schwäbische Züge. Schwäbisches Kunsthandwerk fand in ganz Europa große Anerkennung.

1710 wurde die »Reichsstädtische Kunstakademie« in Augsburg gegründet. Matthäus Günther, der bedeutende Freskenmaler sowie Elias Ridinger, der Kupferstecher von Weltruf, gehörten zu den Direktoren der Kunstschule. Rugendas, der Schlachtenmaler, hat ebenfalls den Ruhm dieser Akademie mitbegründet. Alle drei waren echte Schwaben.

Sicher verdienen auch die graphischen Leistungen dieser Stadt, gewürdigt zu werden. In Augsburg wurden, ähnlich wie in Nürnberg, die Volksbilderbögen gedruckt, die damals eine sehr moderne Form der Mitteilung, einen Aufbruch des Bildes in die Volksmassen hinein, bedeuteten. Sie ersetzten schon in der Reformationszeit die Zeitungen. Augsburger Tradition zeigte sich etwa in Ridinger, an den vielen Druckereibetrieben mit stattlichen Editionen, am Aufblühen des Kattundrucks, verbunden mit dem Wachstum des Schüleschen Betriebes.

Daß auch die erste Zeitung ausgerechnet aus Augsburg kam, 1810 durch Freiherr von Cotta begründet, mag wieder ein Zeichen dieser Weltoffenheit sein, die uns auch in den anderen Schöpfungen und Leistungen Ostschwabens entgegentritt.

Eine ähnlich bedeutungsvolle Zeit voll geistiger Unruhe und Entscheidungen war das Ende des 18. und der Beginn des 19. Jahrhunderts, das nicht nur politisch, sondern auch geistig die »Revolution« brachte. Auch in dieser Zeit war Schwaben an den Geisteskämpfen stark beteiligt. Der Schwerpunkt lag auf religiösem Gebiet. Sailer und die Erweckungsbewegung seien in diesem Zusammenhange genannt.

Zugleich ging in Augsburg und Umgebung die industrielle und wirtschaftliche Evolution vor sich. Schüle hat durch seine Kattunfabrik die mühselige Arbeit der Weber abgelöst. Die mechanische Baumwollspinnerei und -weberei wurde in großem Umfange in Angriff genommen, während schwäbische Forscher, Gelehrte und Konstrukteure den Höhenflug planten, Maschinen bauten, Kraftwerke einrichteten. Der Wirtschaftspolitiker List wollte durch sein Zoll-System den deutschen Handel stärken und ihm Monopole verschaffen.

Eine Fortführung der Idee einer Montanindustrie, die die Fugger bereits geplant hatten, schien Wirklichkeit zu werden. Der fruchtbare Nährboden dieser Ideen war das Bayerische Schwaben mit seiner Stadt Augsburg. Neben der ersten Eisenbahnlinie zwischen Nürnberg und Fürth existierte bald eine Fahrstrecke zwischen München und Augsburg und zwischen Augsburg und Kaufbeuren. Schwaben stand den Franken nicht nach und zeigte sich dem technischen und verkehrswirtschaftlichen Fortschritt besonders aufgeschlossen.

Die große Zeit der Fabrikunternehmer begann. Carl Butz hat die MAN (Maschinenfabrik Augsburg–Nürnberg) gegründet, die Voraussetzung für das Planen und Forschen Rudolf Diesels war. Als Sohn eines Memminger Buchbindermeisters hat er an der Augsburger Industrieschule studiert. Das Leben dieses großen Erfinders war erfüllt vom harten Kampf um das Gelingen seines Werkes. Ruhelos pendelte er zwischen den Großstädten der Welt. Das Vertrauensverhältnis zu Carl Butz, sein fester Stand innerhalb dieses Unternehmens, ließ sein Werk reifen. Mit dem Diesel-Motor begann für die ganze Welt das Motorenzeitalter. Ein kleiner Dankesbeweis ist die Parkanlage hinter dem Kongreßgebäude, die Japaner ihm zu Ehren gebaut haben.

Ein besonderes Kapitel schwäbischer Tüchtigkeit ist die Entwicklung der Flugtechnik, die in der umwälzenden Erfindung des ersten Düsenflugzeuges durch Messerschmitt gipfelte. Es war in Bayerisch-Schwaben bestens vorbereitet, denn die schwerblütigen und erdverbundenen Schwaben haben sich, überraschenderweise, schon sehr früh mit der Idee des Fliegens abgegeben.

Der erste fliegende Mensch ist nicht der Schneider von Ulm gewesen. Idler Salomon, ein Augsburger Schuster, baute schon 1635 einen Flugapparat. Freiherr von Lüttgendorf wollte 1786 mit seinem Luftballon, der sinnigerweise den Namen »Erdlieb« trug, über dem Siebentischwald aufsteigen. Der Name war zugleich Omen. Erfolgreicher war Pater Ulrich Schiegg aus dem Kloster Ottobeuren. Er hat 1784 einen großen Heißluftballon in die Höhe geschickt. Fast zur gleichen Zeit versuchten den Höhenflug in ähnlicher Weise zwei weitere Schwaben, Rupprecht und Hummel in Memmingen.

Der Flugzeugkonstrukteur Max. Messerschmitt, samt den »Messerschmittwerken«, sind ein Weltbegriff. Schon 1943 war ein Düsenflugzeug konstruiert, das die Schallgrenze erreichte.

Als Prof. Piccard mit einem Ballon der Fabrik Riedinger von Augsburg aus seinen Stratosphärenflug unternahm, war das Astronautenzeitalter eingeleitet.

Bereits 1906 hat die Ballonfabrik den Bau eines halbstarren Lenkluftschiffes durch Freiherrn von Parseval begonnen. Dieser Konstrukteur hatte 1896 einen gut funktionierenden Drachenballon erfunden, der vom preußischen Kriegsministerium für flugtüchtig erklärt wurde. Die Augsburger Ballonfabrik beliefert die ganze Welt mit Ballonen. Augsburg selbst besitzt heute den bekanntesten und best-organisierten Ballonflughafen der Welt.

So steckt also der Höhenflug nicht nur als innerer Drang, sondern »in Facto« im schwäbischen Menschen drin: Ein Kontrast zu seiner Erdhaftigkeit und Seßhaftigkeit. Er ist erzkonservativ und progressiv zugleich.

Daß die Schwaben versucht haben, den Luftraum zu erobern, braucht nicht zu verwundern, aber daß sie auch die Tiefsee ergründen wollten, ist doch erstaunlich, umsomehr als das »Schwäbische Meer« für solche Versuche nicht geeignet ist. Der Unternehmer und Konstrukteur Wilhelm Sebastian Valentin Bauer hat Mitte des 19. Jahrhunderts das Tauchboot erfunden. So wurden auch in die Tiefe die Dimensionen erweitert.

Sie auf der Erde auszuweiten, gegen alles kleinbürgerliche Denken, setzte sich Nationalökonom Friedrich List zum Ziel. Er war zwar kein »Ostschwabe«, sondern ein Württemberger aus Reutlingen, lebte aber wiederholt in Augsburg. Sein Wirken ist gerade mit Ostschwaben verbunden. Sein »System der produktiven Kräfte«, das er gegen die »klassische Wirtschaftspolitik« stellte, schien damals so revolutionär, daß er wegen »Aufreizung gegen Staatseinrichtungen« verurteilt wurde. Er emigrierte nach Amerika, wo er seine wirtschaftliche Tüchtigkeit durch Betreuen eines Bergwerks unter Beweis stellte. Als reicher Mann kehrte er zurück, um wieder in der heimischen Wirtschaftspolitik Fuß zu fassen. In Augsburg arbeitete er an seinem Buch über Nationalökonomie, plante ein großzügiges Netz von Eisenbahnen, vertrat eine einheitliche deutsche Handelspolitik und die Zusammenarbeit mit den Staaten des Donauraums. Ein Schutzzoll sollte die aufstrebende Wirtschaft gegen Gefahren von außen absichern, bis die nötige Souveränität erreicht war. List kämpfte gegen das kleinkarierte Spießertum für ein geeinigtes Deutschland. Sein Entwurf eines großangelegten Eisenbahnverkehrsnetzes, das wohldurchdacht war, hätte schon damals Beachtung finden müssen; dann stünde es heute besser um Schwergewicht und Verteilung der Linien. Stattdessen wurden die Eisenbahnen nach »königlich-bayerischem Gutdünken« gebaut, ohne rechtes Ziel und Planung.

Die erste Linie in Schwaben zwischen Kaufbeuren und Kempten war 1848 abgeschlossen. Zur gleichen Zeit arbeitete man an einer Verbindung zwischen Augsburg und München. Viel stand also Schwaben den Franken mit ihrer ersten Eisenbahn zwischen Nürnberg und Fürth nicht nach.

List's endloser und aussichtsloser Kampf für eine fortschrittliche Wirtschaftspolitik zermürbte ihn allmählich. Er schied 1846 in Kufstein freiwillig aus dem Leben.

Vom Schicksal Wilh. Bauers, dem Erfinder des Tiefseebootes, und von Rudolf Diesel, dem Konstrukteur des ersten Treibkraftmotors, führt eine geistige Verbindung zum Streben und Mühen Lists. Gemeinsam war ihnen der Mut zum äußersten Wagnis, ihr Ziel zu erreichen und die Kraft zu entsagungsvoller Resignation. Ob auch Diesel bei der mysteriösen Überfahrt nach Calais freiwillig aus dem Leben geschieden ist?

Man könnte noch weiter gehen und den geistigen Kampf gegen Verhärtungen im religiösen Bereich, den Michael Sailer, Boos Feneberg und Goßner geführt haben, miteinbeziehen, auch im Hinblick auf den Undank, den diese genossen. Die Zeit als äußerer Rahmen hatte viele Parallelen. Es ging um Erneuerung, um Verbesserung, um Vertiefung in einem revolutionär zu nennenden Aufbruch.

Was an diesen Männern auffiel, ist ihre Totalität, die unabdingbare Treue zur Sache und zu ihrer inneren Berufung. An ihr hielten sie entgegen allen Widerständen, bis zur Selbstentäußerung fest. Sie haben sich nicht durch die Mittel der Macht und Gewalt, sondern durch die Redlichkeit ihres Bemühens allmählich Geltung verschafft. Das ist beste schwäbische Art. Aber: »Die Welt lohnt, wie der Bock, dem Hörner wachsen« heißt ein altes schwäbisches Sprichwort. Vielen der großen Söhne Schwabens ist das im eigenen Lande widerfahren.

Es sei ein Zurückblenden auf das späte Mittelalter, den Beginn der Renaissance, erlaubt.

Wie schlecht ist es doch Holbein dem Älteren in seiner Vaterstadt ergangen! Gerade die Stadt, die ihm seine schönsten Werke im Dom und in der Katharinenkirche verdankte, fand es für richtig, wegen eines Ausstandes von 3 Gulden Pfändungsklage gegen ihn zu erheben. Sie hat nach alter Chronik dem Vater das Leben durch alle Jahre hindurch so sauer gemacht, daß seine beiden Söhne die Stadt verlassen haben. Der eine von ihnen, Hans Holbein d.J., hat sein Glück über dem Kanal gemacht als Maler, Zeichner und Porträtist am englischen Hofe, wo er die verdiente Anerkennung fand. Seine Genialität konnte sich dort entwickeln. Verarmt und einsam starb 1646 der große Meister Elias Holl.

Ist auch in solchen Zügen der Engherzigkeit einer Stadt Schwäbisches zu entdecken, diese filzige Sparsamkeit, eine materialistische Einstellung, die freien Höhenflug hindert? Obwohl die Schwaben fortschrittliche Denker mit großem Wagemut hervorgebracht haben, wohnt vielen diese Zwiespältigkeit – Mißtrauen dem Neuen gegenüber und Bremsen des Fortschritts – so stark inne, daß wir ihm immer wieder begegnen.

Bert Brecht ist abgewandert und das »schwarze Schaf« seiner Heimatstadt geblieben. Rührend klingen seine Worte unerfüllter Sehnsucht nach seinem Geburtsort:

> Stehend an meinem Schreibpult
> Sehe ich durchs Fenster im Garten den Holderstrauch
> Und erkenne darin etwas Rotes und Schwarzes
> Und erinnere mich plötzlich des Holders
> Meiner Kindheit in AUGSBURG.
>
> Mehrere Minuten erwäge ich
> Ganz ernsthaft, ob ich zum Tisch gehen soll,
> Meine Brille holen, um wieder
> Die schwarzen Beeren an den roten Zweigen zu sehen.

Briefe an Freunde sprechen von dem Verlangen seines Alters, wieder die Stadt zu erleben und durch die Lechauen spazieren gehen zu können. Das Schicksal hat es ihm nicht erlaubt. Sein geistiges Vermächtnis in seinem Werke wurde auch nur ganz zögernd, mit Vorbehalten in dieser Stadt angenommen. Erst als seine dichterische Bedeutung von außen her bestätigt wurde, sind schließlich die Zweifel verschwunden.

Fritz Rahn betont in seinem Buch »Der schwäbische Mensch und seine Mundart« die aufs Tragische angelegte Natur des Schwaben:

»Längst ist bekannt, daß der schwäbische Stamm der schwierigste, rätselhafteste aller deutschen Stämme ist. In ihm sind die heftigsten Gegensätze zusammengespannt; oft treffen sich in ein und demselben Individuum äußerste Kühnheit mit befremdlicher Zaghaftigkeit, Rebellentum mit Philisterei, gewinnende Freundlichkeit mit verstimmender Räsheit, Geschicklichkeit mit Tolpatschigkeit, Standfestigkeit mit Labilität, Mißtrauen mit Zutraulichkeit, Höhenflug mit Horizontlosigkeit ...

Viele seiner großen Männer, die unbestritten zu den ersten der Nation zu zählen sind, waren in gewissen Epochen ihres Lebens für seelische Störungen anfällig, alle hatten eine – zum Teil großartig gebändigte – Neigung zum geistigen Exzeß ...

Zum schwäbischen Menschen gehört eine »unharmonische Fülle«, eine aufs Tragische angelegte Natur, nur eben, daß seine Tragödien nicht in äußeren Konflikten entladen werden, sondern in inneren Kämpfen und unter der Oberfläche ausgetragen werden.«

Meist geht der Schwabe als Grübler und Denker ein paar Schritte weiter als Angehörige anderer Stämme. Auf religiösem und philosophischem Gebiet hatten wir schon im vorigen und zu Beginn dieses Jahrhunderts die Wegbereiter der Ökumene, wie sich auch die entscheidenden Auseinandersetzungen zwischen der katholischen und protestantischen Konfession in Augsburg abspielten. Hier fielen auch die wichtigsten politischen Entscheidungen Süddeutschlands, bis ihm seine Selbständigkeit genommen wurde.

Wissenschaft und Philosophie verbinden sich bei den Schwaben gerne mit religiöser Hintergründigkeit. Das intellektuelle Durchdringen religiöser Inhalte und Gefühlswerte ist durchaus bei den großen Heiligen und Vertretern des Geistes zu bemerken, etwa bei Albertus Magnus (Intellektus affectivus).

Man könnte diese Reihe bis zu den wissenschaftlichen und technischen Genies dieses Stammes weiterführen, um gerade dieses Symptom nachzuweisen. (Vergleiche die Lebensbilder aus Bayerisch-Schwaben.)

Der Hang zum Transzendieren hängt mit der Fähigkeit zum Sublimieren zusammen.

Eine feinere und reichere Skala des Empfindens schwingt immer mit, nicht nur in Dichtung und Kunst, sondern auch in Philosophie und Wissenschaft. Starkes Abstraktionsvermögen verbindet sich mit vergeistigter Sinnlichkeit. Forschungsdrang und zähes Durchhalten stehen dahinter.

Der Schwabe wäre dazu prädestiniert, in der Synthese dieser vielen Möglichkeiten, in einer Gesamtschau der Dinge die größte Vollkommenheit zu finden, wenn man ihn ernster nähme und dichter an diese Probleme heranführen würde, statt sie ihm zu verschließen. Hätte er nur mehr gesundes Selbstvertrauen und mehr Selbstsicherheit in geistigen Dingen! Seine Chance liegt auch heute noch in breiter Ebene auf kulturellem Gebiet.

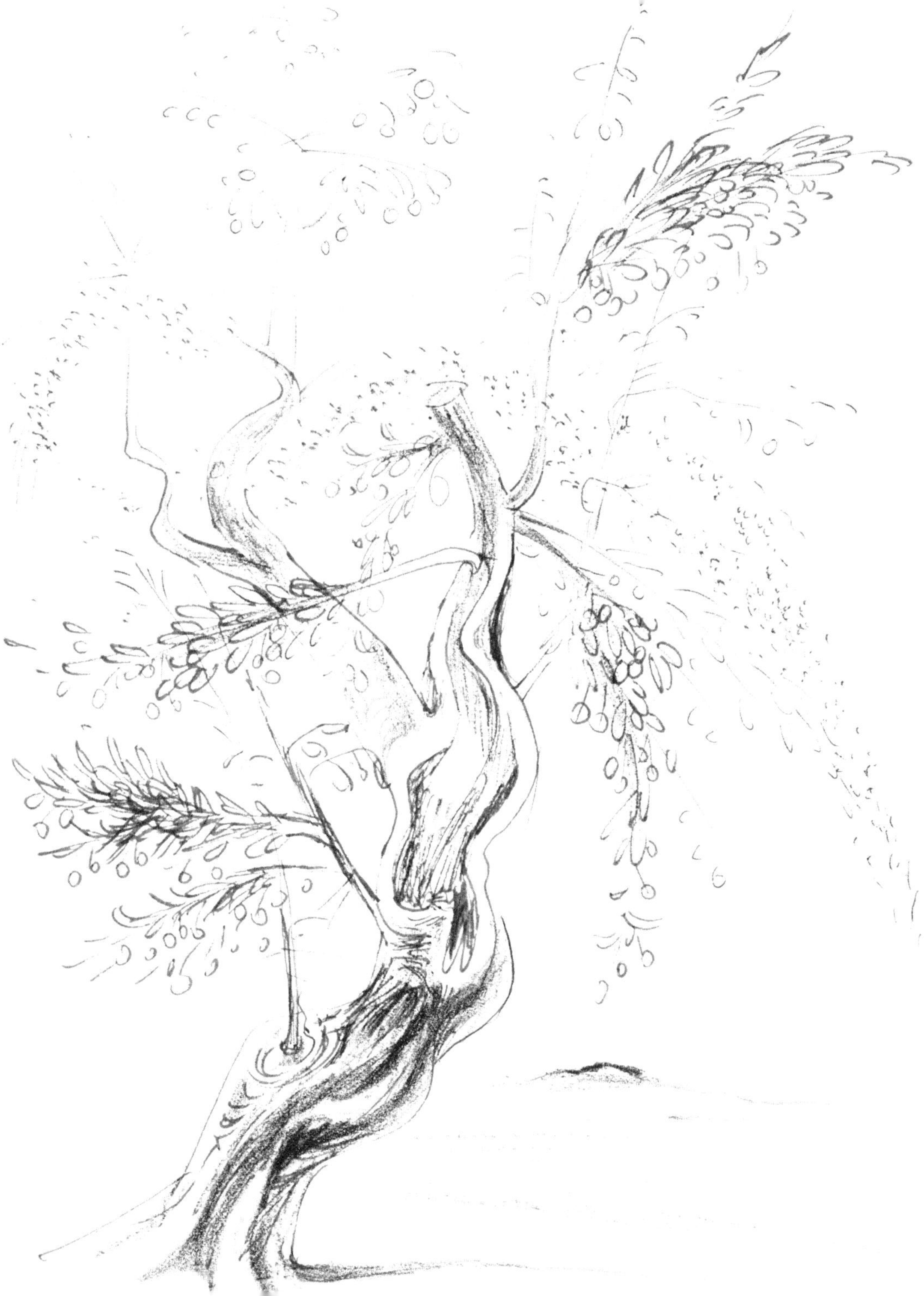

Schöpferische Kräfte aus Ostschwaben*

1. Bildhauer

ERHART Gregor (ca. 1470–1540), ERHART Michael (ca. 1443–1523), beide Augsburger Bildhauer, die weit über die Grenzen hinaus wirkten, z.B. Schnitzfiguren des Blaubeurer Altars.

MULTSCHER Hans (ca. 1400–ca. 1467), aus Reichenhofen im Allgäu, geboren in Ulm, Schöpfer des Sterzinger und Wurzacher Altars, führte die oberdeutsche Kunst in der Zeit des beginnenden Realismus zu weltweitem, europäischem Rang, war auch zugleich bedeutend als Maler (etwa Passionsaltar im Katharinenmuseum Augsburg).

LEDERER Jörg (um 1470–um 1549), in Füssen und Kaufbeuren, arbeitete u.a. für Südtirol.

DAUCHER Hans (Familie Daucher ca. 1460–1635, schwäbische Bildhauer), Schöpfer der Erbärmde-Gruppe in St. Anna, Augsburg.

HERING Loy (ca. 1485– nach 1554) aus Kaufbeuren, tätig hauptsächlich in Eichstätt, Augsburg, Dillingen, usw.

HERLIN Friedrich (um 1440–1499), Maler und Bildhauer, in Nördlingen tätig.

SCHAFFNER Martin (ca. 1478/79–1546/49), altschwäbischer Maler, Bildschnitzer und Medailleur, in Ulm zu Hause, Schöpfer des bedeutenden Wettenhauser Flügelaltars.

MAUCH Daniel (Ulmer Meister), Bildhauer im Rang von T. Riemenschneider, Schöpfer des Bieselbacher Altars.

THOMAN Hans (um 1500) in Memmingen.

PETEL (1590–1633/34), schwäbischer Bildhauer und Bronzegießer, Weilheim.

REICHLE Hans (1570–1642), Bildhauer und Architekt aus Schongau (Engelssturz am Zeughaus u. Kreuzigung im Ulrichsmünster, Augsburg).

BOOS Roman Anton (1733–1810) aus Bischofswang (Allgäu), führender klassizistischer Bildhauer, in München tätig.

FISCHER Johann Martin (1740–1820) aus Bebele bei Hopfen, führender klassizistischer Bildhauer, in Wien tätig.

SCHARFF Edwin (1887–1955), Neu-Ulm, Bildhauer und Graphiker.

KOELLE Fritz (1895–1953), berühmter Bildhauer und Bronzegießer unserer Zeit.

2. Maler

Gotik

SCHONGAUER Martin (1435/40–1491), Maler der Gotik (Maria im Rosenhag in

---

* mit Ulm, dem Pfaffenwinkel und Weilheimer Gebiet.

Colmar; Fresko im Breisacher Dom) geboren in Augsburg als Sohn des Goldschmieds Caspar Schongauer.

HOLBEIN Hans (1470–1524), der Ältere, Schöpfer der Altarbilder im Augsburger Dom.

SCHÄUFELIN Hans Leonhard (um 1480–um 1540), Renaissancemaler in Nördlingen, Schöpfer des Christgartener Altars.

ZEITBLOM Bartholomäus (um 1455–1518), Deutscher Maler, Schöpfer des Hochaltars der Klosterkirche zu Blaubeuren.

GERUNG Mathis (um 1500–um 1570), in Lauingen.

Renaissance

BURGKMAIR Hans (ca. 1473–1531), Augsburg, einer der bedeutendsten Renaissancemaler in Europa.

HOLBEIN Hans (1497–1543), der Jüngere, Renaissancemaler und Porträtist am englischen Hofe.

STRIGEL, Memminger Malerfamilie, der bedeutendste ist Bernhard Strigel (1460/61–1528), Schüler Zeitbloms, Hofporträtist Maximilians.

LEDERER Jörg (1470–1549) aus Füssen, Bildschnitzer.

AMBERGER Christoph (1490–1561), einer der bedeutendsten Augsburger Maler der Renaissance, der in Venedig lernte.

FRANCK Hans Ulrich (um 1590/95–1675), aus Kaufbeuren, Maler, Zeichner und Radierer in Augsburg.

Barock und Rokoko

SCHÖNFELD Johann Heinrich (1609–1682/83), Augsburger Maler der Barockzeit, in Biberach a. d. Riß geboren.

ENDERLE Joh. Babtist (1725–1798), Donauwörther Maler, Schöpfer vieler Fresken in Barockkirchen, auch außerhalb Schwabens.

ZICK Johann (1730–1797), Rokoko-Maler aus Lachen bei Ottobeuren, der das Schloß Bruchsal und die Kirche in Amorbach ausmalte.

ZIMMERMANN Johann Baptist (1680–1758), Maler und Stukkateur, Bruder des Architekten Zimmermann Dominikus (1685–1766), Architekt Wieskirche, Schloß Nymphenburg (Eingangshalle).

BERGMÜLLER Johann Georg (1688–1762), aus Türkheim, Maler, Graphiker, Augsburger Akademiedirektor.

RIEGER Johann (1655–1730), aus Dinkelscherben, Maler und Akademiedirektor in Augsburg.

HERMANN Franz Georg (1692 in Kempten geb.), Hofmaler des Fürstabtes von Kempten, arbeitete u. a. in der Residenz zu Kempten.

GÜNTHER Matthäus (1765–1788), Augsburger Meister des Rokoko-Freskos (Amorbach, Wilten, Rott am Inn, Würzburger Käppele).

RUGENDAS Georg Philipp (1666–1742), Augsburger Schlachtenmaler und Kupferstecher.

RIEDINGER Elias Johann (1698–1769), schafft im Kupferstich großartige Jagd- und Reitbilder.

ANWANDER Johann (1715–1770), aus Rappen bei Mindelheim, lebte in Lauingen und wirkte u. a. in Dillingen, Schwäbisch Gmünd, Münnerstadt, Bamberg. Am Bamberger Rathaus schuf er die größten Außenfresken Deutschlands.
FRANZ Johann Michael (1715–1793), aus Dirlewang, Hofmaler in Eichstätt.
HERKOMER Hubert von (1849–1914), aus Waal, Maler und Graphiker, Porträtmaler der vornehmen englischen Gesellschaft um die Jahrhundertwende.
NEHER Kaspar (1897–1962), bedeutender Bühnenbildner, der mit Bert BRECHT zusammenarbeitete.

3. Architekten

HOLL Elias (1573–1646), Begründer des Renaissancebaustiles durch seine Augsburger Bauwerke: Rathaus, Zeughaus, Stadtmetzgerei.
ZIMMERMANN Dominikus (1685–1766), Erbauer der Wieskirche.
DOSSENBERGER (1721–1785), Architektenfamilie von bestem Ruf, Wettenhauser Gebiet.
ENGELBERG Burkhard (um 1447–um 1512), Baumeister u. Steinmetz der Gotik in Augsburg – und sein Schüler.
HIEBER Hans († um 1522), tätig in Regensburg und Lauingen/St. Martin.
HERKOMER Joh. Jakob (1652–1717), Füssen, Kirchenbauer, Freskomaler.
FISCHER Johann Georg (1673–1747) aus Marktoberdorf, Baumeister des Hochstifts Augsburg, erbaute u. a. die Pfarrkirche und das Schloß in Marktoberdorf.
KRAEMER Simpert (1679–1753), Edelstettener Maurermeisterfamilie aus Weißensee bei Füssen, baute u. a. für Krumbach, Roggenburg, legte den Grund zur Gestaltung von Ottobeurens Basilika.
BÖHM Dominikus (1880–1955), moderner Architekt von Weltruf.
WECHS Thomas (1893–1970), eigenwilliger Augsburger Architekt, bekannt durch seine Schrift: »Die Stadt Ypsilon« als Vorschlag zu moderner Gestaltung der Städte.

4. Musiker

NEUSIEDLER Melchior: (1507–1590) Lautenist.
MOZART Leopold (1719–1787), Augsburg, Vater von W. A. MOZART.
RHEINECK Christoph (1748–1787), Musiker der Barockzeit.
DIETRICH Sixt (ca. 1492–1548) aus Augsburg, u. a. in Konstanz tätig.
EBERLIN Johann Ernst (1702–1762), aus Jettingen, Hofkapellmeister und Komponist in Salzburg, Vorgesetzter und Freund von Leopold Mozart.
BAUDREXEL Philipp Jakob (1627–1691), aus Füssen, Domkapellmeister in Augsburg und Hofkapellmeister und Komponist in Fulda und Mainz.
SCHEIFFELHUT Jakob (1647–1709), aus Augsburg, Barockkomponist.
HAAS Joseph (1879–1960), aus Maihingen, Präsident der Akademie der Tonkunst in München und Lehrer verschiedener Komponisten.
DEIGENDESCH Karl, Komponist und Lehrer in Lauingen (1839–1911).
JOCHUM Otto (1898–1969), Komponist und Singschuldirektor.
JOCHUM Eugen, Dirigent von Weltruhm, Bruder v. Otto Jochum.

HAAS Joseph (1879–1962), Komponist und Musikpädagoge.
EGK Werner (1901 in Auchsesheim b. Augsburg geboren), zeitgenössischer Dichter und Komponist.

5. Orgel- und Instrumentenbauer

TIEFENBRUGGER Kaspar (ungef. 1514–1571), Musikinstrumentenbauer.
RIEPP Karl Joseph (1710–1775), aus Ottobeuren, hauptsächlich in Frankreich, aber auch in seiner Heimat tätig.
HOLZHAY Johann Nepomuk (1741–1809), in Ottobeuren, baute für mehrere schwäbische Klosterkirchen neue Orgelwerke.
HÖRTERICH (1705–1767), Dirlewang, baute die Ettaler Orgel.
FIRMA FUCHS, Donauwörth, Barockzeit.
FIRMA STEINMAYER, Öttingen (Ries).
FIRMA SANDTNER, Steinheim und Dillingen.

6a. Große Gestalten des religiösen Lebens

HL. AFRA († 303), Märtyrerin.
BISCHOF ULRICH von Augsburg (890–973) bekannt durch die Schlacht auf dem Lechfeld, besorgter Kirchenfürst voll Umsicht und Treue.
ALBERT von Lauingen (ALBERT DER GROSSE) (1193–1280), Kirchenlehrer, Professor der Theologie und Philosophie in Paris und Köln, Bischof von Regensburg.
DAVID von Augsburg (um 1205–1272), mystischer Prediger und Schriftsteller.
EBNER Margarete (1290–1351), Mystikerin im Kloster Maria Medingen (vgl. Roman von Kolbenheyer »Das Gott-gelobte Herz«).
HEINRICH von Nördlingen (1310–nach 1350??), Mystiker, der mit M. Ebner befreundet war.
MARKWARD von Lindau (um 1325–1392), mystischer Prediger und Schriftsteller.
KRESZENTIA von Kaufbeuren (1682–1744), Mystikerin der Barockzeit.
ECK Dr. Johannes (1486–1534), Freund – dann Gegner Luthers.
HOLZHAUSER Bartholomäus (1613–1658), schwäbischer Gegenreformator.
ABRAHAM A SANTA CLARA, eigentlich Johannes Ulrich Megerle (1644–1709), derb witziger Volksschriftsteller und Prediger.
SAILER Michael, Reformator, tiefgründiger Theologe (1784–1794) an der Univ. Dillingen als Prof. tätig.
GOSSNER Johannes, Prediger der Erweckerbewegung (1773–1858).
BOOS Martin (1762–1825), Theologe der Erweckerbewegung.
FENEBERG Johann Michael (1751–1812), Reformator, arbeitete mit Michael Sailer zusammen, Führer der Erweckerbewegung.
FENDT Franz, Evangelischer Theologe und Wissenschaftler, Nachfolger Harnacks an der Berliner Universität.

6b. Wohltäter der Menschheit

KNEIPP Sebastian (1821–1897), Begründer des modernen Wasserheilverfahrens.
RINGEISEN Dominikus (1835–1904), Gründer der Ursberger Heil- und Pflegeanstalt.
WAGNER Johannes Evangelist (1807–1886), aus Dattenhausen (Landkreis Dillingen), Gründer der Wagnerschen Wohltätigkeitsanstalten mit Zentrale in Dillingen.

7. Dichter und Schriftsteller

KONRAD von Heimesfurth (ca. 1190–nach 1230), mittelhochdeutscher Dichter.
ULRICH von Türheim (ca. 1180–nach 1250), mittelhochdeutscher Dichter.
HILTBOLD von Schwangau (ca. 1195–nach 1254), mittelhochdeutscher Dichter.
VOLKMAR DER WEISE von Kemnat (ca. 1205–ca. 1283), mittelhochdeutscher Dichter.
FRANCK Sebastian (1499–1542), aus Donauwörth, Humanist.
SAILER Sebastian (1714–1777), barocker schwäbischer Mundartdichter aus Weissenhorn, hat in Marchtal (Wttbg.) gearbeitet.

LAROCHE Sophie (1730–1807), feingebildete Dame der Rokokozeit, sensible Dichterin.
MICHAEL VON JUNG (1781–1858), Kirchdorf b. Memmingen, Dichter der Grabgesänge.
CHRISTOPH VON SCHMID (1768–1854), Theologe und Jugendschriftsteller.
KRATTER Franz (1758–1830), aus Oberndorf bei Donauwörth, Dramatiker.
AUERBACH Ludwig, Türkheim, hat 1829 das Büchlein von den 7 Schwaben geschrieben.
LINGG Hermann von (1820–1905), Dichter der Romantik.
WÄCKERLE Hyazinth (JOSEF FISCHER) (1836–1896), Ziemetshausen, Heimatdichter.
BRAUN Isabella (1815–1886), Jugendschriftstellerin.
DÖRFLER Peter (1878–1955), Untergermaringen, wie bei Bernhart religiöse Thematik, Volksroman.
GANGHOFER, volkstümlicher Dichter, fand seine Wahlheimat in Bayern * 1855 Kaufbeuren, † 1920 Tegernsee.
BERHART Joseph (1881–1969), Philosoph und Dichter, der sich hauptsächlich in religiöser Thematik bewegte in echt schwäbisch-tiefgründiger Art.
HECKER Theodor (1879–1945), Ustersbach, Freund und Mitarbeiter von Professor Bernhart.
MILLER Arthur Maximilian, * 1961 Mindelheim, noch lebender, sensibler schwäbischer Dichter.
BRECHT Bert (1898–1956), moderner, sozialistisch eingestellter Dichter aus Augsburg mit großer Sprachkraft.
EBERHART Michael (1913–1976) aus Zöltingen (Ries), Heimatdichter.
SANDTNER Hermann (1899–1954), Waldkirch, Lehrer und Mundartdichter.
ENZENSBERGER Hans Magnus aus Kaufbeuren, zeitgenössischer Lyriker.
WEITNAUER Alfred (1905–1974) Kempten, Heimatpfleger und außerordentlich produktiver Heimatdichter.
SAILER Alois, Lauterbach, geboren 15. Jan. 1936.

8. Kaufleute, Bankiers

FUGGER UND WELSER
HÖCHSTÄDTER
VÖHLIN
BAUMGARTNER
LAUGINGER
IMHOF
} schwäbische Bankiersfamilien aus der Renaissancezeit

Die Familien FUGGER und WELSER brachten durch ihren weltweiten Handel und ihre Kolonialpolitik Reichtum und damit mächtige Antriebe für das Kunstschaffen nach Augsburg und in die schwäbischen Reichsstädte, sie finanzierten die Kriege Kaiser Maximilians.
WELSER Philippine (1527–1580), Gemahlin von Erzherzog Ferdinand II. von Österreich.

9. Männer der Wissenschaft und Technik

FUCHS Leonhard (1501–1566), aus Wemding, einer der »Väter der Botanik«.

RAUWOLF Leonhard (16. Jh.), aus Augsburg, Arzt, Botaniker und Entdeckungsreisender.

SCHREINER P. Christoph SJ (1575–1650), aus Markt Wald, Mathematiker, Physiker und Astronom; Mitentdecker der Sonnenflecken.

PEUTINGER Konrad (1465–1547), Augsburger Humanist, Wissenschaftler.

IDLER Salomon, baute 1635 einen Flugapparat.

LÜTTGENDORF, arbeitete an der Verbesserung des Luftballons, wollte 1786 mit ihm aufsteigen.

SCHIEGG Ulrich, Pater des Klosters Ottobeuren, ließ 1784 einen Heißluftballon steigen.

DIESEL Rudolf (1858–1913), Erfinder des Dieselmotors, geb. in Bayrisch-Schwaben.

BAUER Wilhelm (1822 1875), Erfinder des Unterseebootes.

KÖHL Hermann (1888–1938), Ozeanflieger.

MESSERSCHMITT, Flugzeugkonstrukteur, erreichte 1943 die Schallgrenze.

10. Unternehmer

NEUHOFER Georg, Gründer der ersten Kattunfabrik, führte 1687 die Krapprotfärbung ein.

SCHÜLE Johann Heinrich von (1720–1811), verschaffte dem Augsburger Kattundruck Weltruf.

BUZ Heinrich, Ritter von (1864–1913), Direktor der MAN, verhalf der Idee Diesels zum Durchbruch.

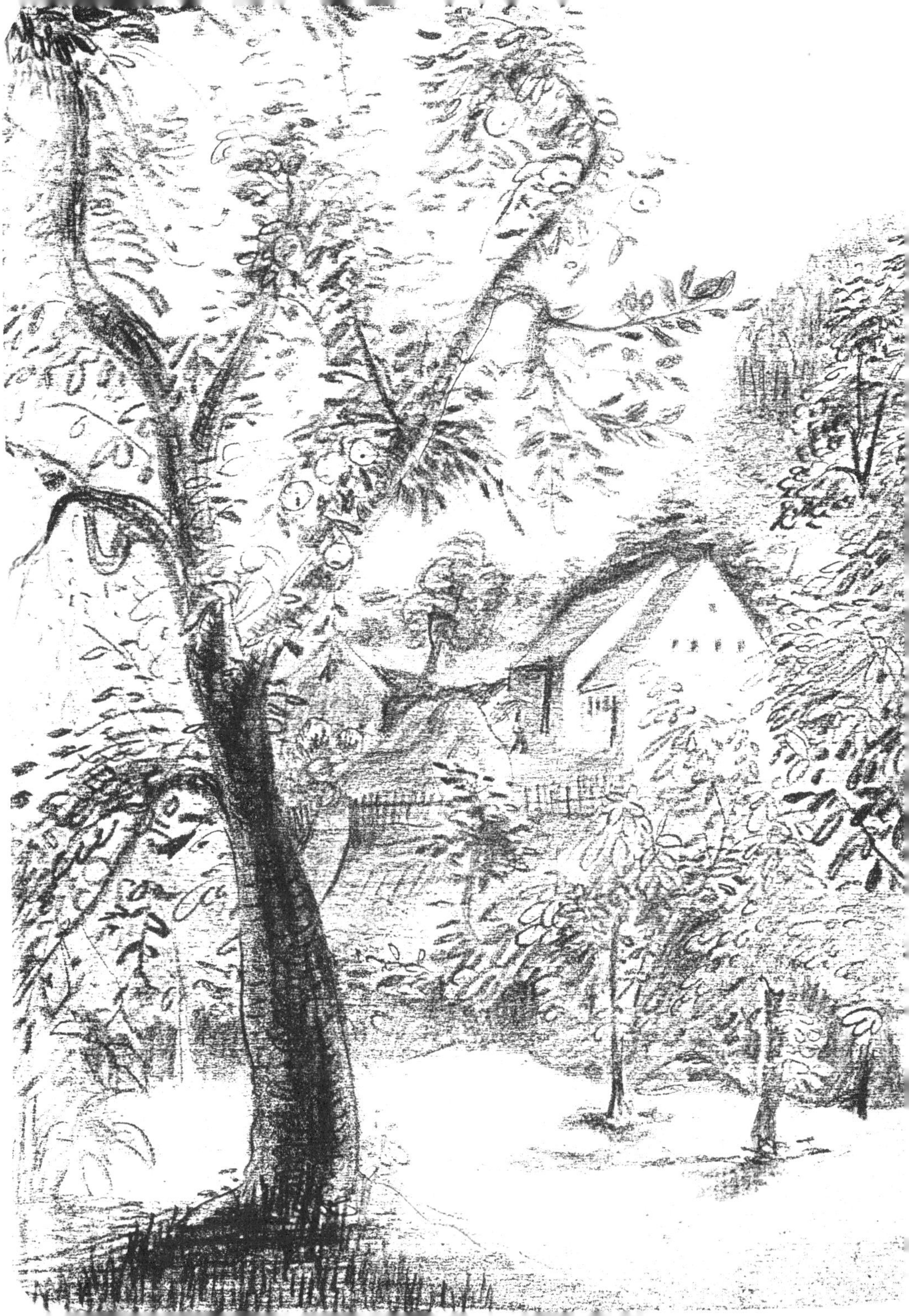

Wort- und Begriffserklärungen

a'fanga	= allmählich	Böttstadt	= Bettstatt
a'gschtellt	= gemacht, unternommen	Bronna	= Brunnen, Wasser
Ähret	= Ernte	dalgat	= weichlich
Ahle	= Ahne	dappet sei	= ungeschickt sein
all bott	= immer wieder	dära	= langsam arbeiten, trödeln
allet	= immer		
amiatig	= süßlich anschmiegsam	deana	= drüben
anedose	= hinsinnieren	Deaschtmagd, -kneacht	= Dienstmagd, -knecht
a'stellig	= geschickt	dennerst	= dennoch
ausgruaba	= ausruhen	dengla	= dengeln
a wengele	= ein wenig	diamol	= unversehens, je nachdem
bacha	= gebacken	dischkriera	= gemütlich reden
Bagasch	= anrüchige Gesellschaft	Doana	= Donau
		dont	= drunten
Bauder-Nuschter	= Paternoster	Dotle	= Pate
Baule	= Kater	dräua	= drohen
beas	= böse	drimslig	= schwindlig
beatig	= scheinheilig, frömmelnd	Drumsler	= Langsamer, Saumseliger
Bibberle	= Hühnchen	Düftler	= Übergenauer, Übergründlicher
bigott	= frömmelnd		
bi Gott	= bei Gott	dura	= hindurch
bitzla	= gelüsten	durna	= donnern
blanga	= Heimweh haben		
blerra	= weinen	ead	= grantig, übelgelaunt, ungut
bluia	= schlagen		
Bobbele	= Knäuel	Eahbött	= Ehebett
Bodabiera/ Erdäpfel	= Kartoffeln	earescht	= ernst
		ebbes	= etwas
Boi	= Fenstersims	eibluia, eibluit	= einprägen, eingeprägt (gewaltsam)
Breasela	= Brosamen, Bröcklein		
Bries	= Priese	eibschtau	= eingestehen
b'schtöllt	= bestellt	eidoa	= einstellen
Buaß	= Buße	ei'schläfa, ei'gschläft	= einkleiden, eingekleidet
Butta	= Faß		

etle	= einige	*g'stät*	= ruhig, gleichmäßig
Fazinettle	= Taschentuch	*Gumpertoil*	= Brunnenröhre
feigga	= necken	*G'walt*	= Eigensinn
ferka	= fertigmachen, abfertigen	*Gwaltniggl*	= eigensinniger Tropf
fiargnäscht	= vorwitzig	*G'wülk*	= Gewölk
fichtig	= furchtbar, stark	*g'juckt*	= gehüpft
Fiedle (a)	= Hintern		
flagga	= liegen	*Hagameisa*	= Ameisen
Fluiga	= Fliegen	*Hai, Hoi*	= Heu
Freed	= Freude	*Händschich*	= Handschuhe
Funzel	= Licht	*hänsla*	= necken
		Häs	= Gewand
		hausa	= sparen
Gatter (Gattr)	= Zaun	*heina*	= weinen
geand	= voriges Jahr	*heira*	= heiraten
Gehwinda	= Schneeverwehung	*heisla*	= spielen
		heit	= heute
gell, gellat	= nicht wahr	*hehlinga*	= heimlich, verstohlen
Gfries	= Fratze		
g'hett	= gehabt	*Henna*	= Hühner
Gnack	= Genick	*Hoigata*	= Besuch beim Nachbarn
gnacklet	= ramponiert, am Zusammenbrechen	*hoigata*	= einen Nachbarsbesuch machen
gnäschtig sei	= stören, aufdringlich sein	*hoile*	= heimlich
		hoilloas	= ohne Rettung und Hilfe
gotzig	= einzig		
greachta	= im Stall fertigmachen	*hudla*	= hasten, überstürzen
g'schnitza	= geschneuzt	*Huischele*	= junges Pferd
greina	= weinen		
griabig	= gemütlich, ohne Hektik	*iez*	= jetzt
		intressiert	= auf Vorteil bedacht
Grind, Grend	= Kopf		
Gruscht	= nutzloses Zeug	*ita*	= nicht
Goiwägela	= leichter Fahrwagen		
		Jeggerle	= Jesulein (Kraftausdruck)
g'sait	= gesagt		
G'schläf	= Kleidung		
Gschmoiß	= Ungeziefer	*Kächala*	= kleines Gefäß
g'schpässig	= eigenartig, komisch	*kähl*	= häßlich, mißgünstig, neidig, bösartig
G'schpäßle	= Spaß		

Kanzley	= Bürgermeistersitz	*meichtele*	= nach Feuchtigkeit und Moder riechen
kapiera	= verstehen		
Keara	= Kern	*Mendle*	= Drohwort für einen Buben
Keed	= Kind		
keia	= werfen	*moara*	= morgen
Kirbe	= Kirchweih	*moischt*	= meinst
Kletzabrot	= Hutzelbrot	*moschta*	= keltern
kliaba	= auseinanderschlagen, scheiten	*Mulla*	= Kätzchen
		nuibela, nubelet	= neu sein, neu riechen
Kloba	= Prügel		
kniagla	= knieen	*naa*	= hinab
Koga	= Tropf	*nacht*	= danach
koi	= kein, keine	*nächt*	= gestern
koinutzig	= nichtsnutzig	*neamats*	= niemand
koiz	= schlecht, ungut, übel	*neatig*	= nötig
		nixig	= nichtsnutzig
krattla	= steigen	*nocht*	= dann, danach
krebsla	= klettern	*nolla*	= saugen
Kretta, Kretza	= Korb		
Krottaschaber	= altes Messer	*oadele*	= ordentlich
Kud'r	= Kater	*Oat*	= Ort
kutt	= könnte	*öbig*	= ewig
		Odam	= Adam
Laggl, Lalle	= Lümmel	*Ofürm*	= Untugend
lant it luck!	= gebt nicht nach!	*o'gfähr*	= ungefähr
Lauh	= Lohn	*oizecht*	= einzeln
leidle	= zur Not	*oifältig*	= einfältig
leit	= liegt	*orna*	= ordnen
liadrig	= verkommen		
Loim	= Leim	*Parablui*	= Regenschirm
Loas	= Mutterschwein	*Pflätterer*	= kurzes Lachen
luaga	= schauen	*planga*	= Sehnsucht haben
Luad'r	= zwielichtige Frauenperson	*pressiert*	= eilt
		räß	= scharf, bitter
Luftballöle	= Luftballönchen	*raisa, roisa*	= sich schnell davonmachen
Mand	= Männer		
Mascha	= Schleife	*rar*	= selten
maula	= aufbegehren	*Roath*	= Rote (Kuh in diesem Fall)
Maußa	= blutunterlaufener Fleck, Mal		
		Ruach	= Geizhals
meah	= wieder, nochmals	*ruacha*	= zusammenscharren
Mächeler	= Bastler		

Rugga	= Rücken, Buckel	*U'firm*	= Untugenden
Ruia, ruia	= Reue, reuen	*ui*	= euch, ihr
		u'guat	= schlecht, übel
schabbla	= kratzen	*us*	= wir
Schaeß, Schäis	= Kutsche, Landauer	*Verdeascht*	= Verdienst
Schatull	= Kästchen	*verknaist*	= nicht gewährt, vorenthalten
schea doa	= schön tun, schmeicheln	*vo sell*	= von selbst
schiach	= häßlich	*v'rdruckt*	= falsch, unehrlich
schlaift	= schleppt	*v'rgroata*	= verdorben
schlait	= schlägt	*v'rschmoacht*	= gekränkt
schleckig	= genaschig (genäschig)	*v'rtloffa*	= verlaufen weggelaufen
schliafa	= schlüpfen		
Schluggala	= junge (kleine) Enten	*Walser*	= jemand aus dem Walsertal
(Gussela	= kleine Gänschen)	*Waih*	= Weh
Schnaugga	= Schnaken	*Weahdam*	= Schmerz
Schneid	= Mut	*wief (a Wiefer)*	= hell, gescheit (ein Kluger)
Seges'dengla	= Sense dengeln		
sell	= jene	*witt*	= willst
selband	= miteinander	*wohldeanig*	= dienerisch
Siach	= Tropf	*Wohret*	= Wahrheit
siadighoiß	= siedend heiß	*woidle, woitle*	= schnell, eilig
stät	= langsam	*wuahla*	= wühlen, arbeiten
sterrig	= steif, fest	*wulla*	= gespreizt, unverbindlich
Stirm	= Stürme		
Stoara	= sperriges Stück Holz	*Zapfa, Saugerle*	= Sauger für das kleine Kind
Stoina	= Steinheim	*zeamapappt*	= zusammengeklebt
stravanza	= herumvagabundieren		
strehla	= kämmen	*z'sema, zeama*	= zusammen
sottigs	= solches	*Zuagreiste*	= Fremde, Flüchtlinge
Suggela	= Schweinchen		
		zwabsla	= zappeln
Teifl, Deifl	= Teufel	*zwaga*	= waschen (westschwäbisch)
trätza	= necken		
Traid	= Getreide	*Zwetschga-Datschi*	= Zwetschgenkuchen
überna	= viel zu viel	*zwiefla*	= herumkuranzen

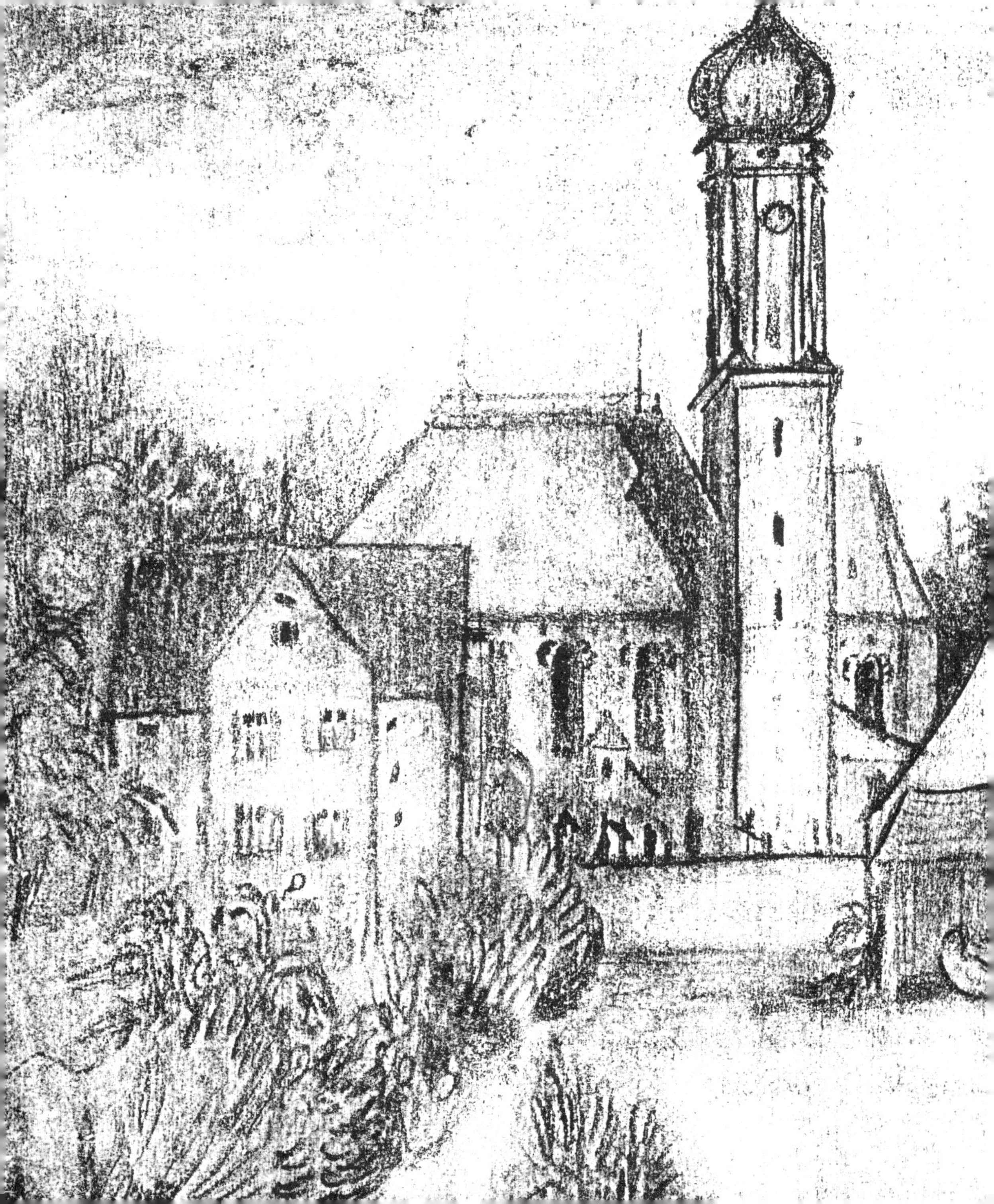

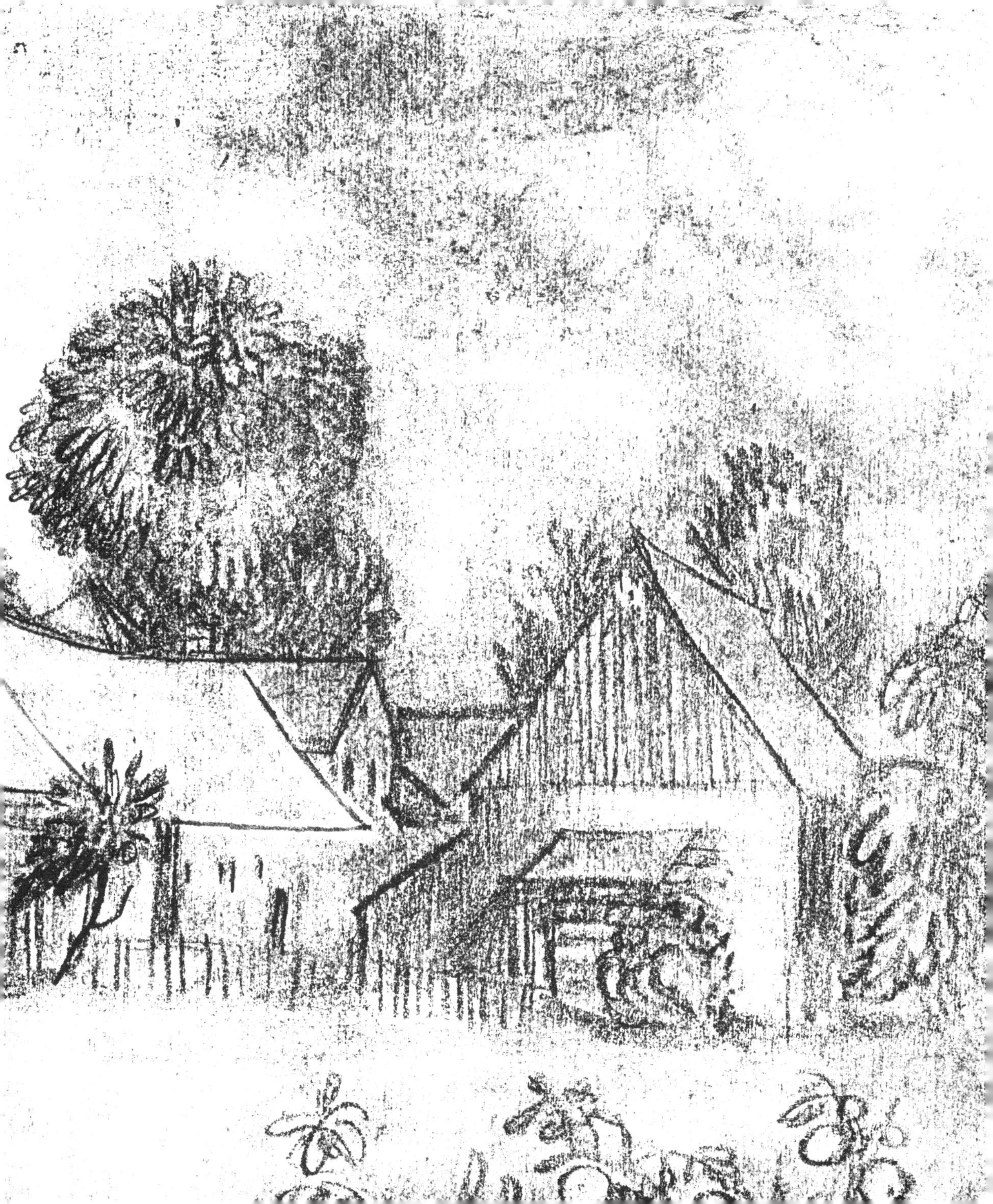

Empfohlene Literatur zur Erweiterung des Wissens über Schwaben

BAMM, J.: Daniel Manch in neuer Beleuchtung. In: Mitteil. d. Vereins f. Kunst und Altertum in Ulm und Oberschwaben. Ulm 1932, Heft 20.
BAUM, J.: Ulmer Kunst, Stuttgart 1911.
BAUM, J.: Altschwäb. Kunst, Augsburg 1923.
BRAUNE, H.: Beiträge zur Malerei des Bodenseegebietes im 15. Jh. In: Münchner Jahrbuch II. München 1907.
BREINLINGER, Hans: Herrliches Allgäu, Bruckmann München, 1968.
BUCHNER, Ernst: Die Werke Friedr. Herlins. Münchner Jahrbuch d. bildenden Kunst. München 1923.
BUCHNER, Ernst und FEUCHTMAYR K. (Hrsg.): Augsburger Kunst der Spätgotik und Renaissance. In: Beiträge zur Geschichte der dt. Kunst. Augsburg 1928.
BUSHART, Br.: Studien zur Altschwäb. Malerei. In: Zeitschr. f. Kunstgeschichte 1959.
Das Schwäb. Museum, Bd. I, 1925.
DÜNNINGER, Eberhard/KIESSELBACH Dorothee: Bayerische Literaturgeschichte, Süddeutscher Verlag München, 1967.
DASSER, Karl Ludwig: Johann Baptist Enderle (1725–1798). Anton H. Konrad Verlag, 1970.
EBERLEIN, Hans, Dr.: Grundriß der Heimatkunde des Landkreises Augsburg, Bd. I, Im Selbstverlag des Landkreises Augsburg, 1969.
FLEISCHHAUER, W.: Die Landschaft in der schwäb. Malerei. In: Württemberg Monatsschrift im Dienste von Volk und Heimat, Stuttgart 1930.
GIERL, Irmgard: Pfaffenwinkler Trachtenbuch. Anton H. Konrad Verlag, 1971.
HÄFNER, Karl: Vom schwäbischen Dorf um die Jahrhundertwende. Verlag W. Kohlhammer, Stuttgart, 1974.
HEILAND, Heinz: Roattabuachar Gschichtla. Anton H. Konrad Verlag, 7912 Weißenhorn, 1976.
HERRMANN, Adolf: Barocke Kunst um Ulm. Anton H. Konrad Verlag, 1961.
HÖLN, Heinrich: Der Bodensee im Spiegel altdt. Kunst. In: Bodenseebuch Jahrg. 26, Friedrichshafen 1933.
Jahrbuch des Historischen Vereins Dillingen an der Donau. Verlag des Vereins. Herstellung: Leo-Druck KG, Gundelfinden/Donau, 1976.
Jahrbuch des Historischen Vereins Dillingen an der Donau. Verlag des Vereins. Herstellung: Leo-Druck KG, Gundelfingen/Donau, 1977.
JÖRG, Theodor: Der Landkreis Krumbach, Bd. 3. Anton H. Konrad Verlag, 1972.
KARLINGER, Hans: Bayerische Kunstgeschichte. Lama-Verlag, München, 1967.
KNOEPFLI, A.: Kunstgeschichte d. Bodenseeraumes I. Konstanz–Lindau, 1961.

KOEPF, Karl Heinrich: Joseph Dossenberger (1721–1785). Anton H. Konrad Verlag, 1973.
KOLLEFFEL, Johann Lambert: Schwäbische Städte und Dörfer um 1750. Anton H. Konrad Verlag, 1974.
Landkreis Neu-Ulm: Gaiser Horst, Matzke Josef, Pressmar Emma, Rieber Albrecht und Thost Gerhard: Zwischen Donau und Iller. Der Landkreis Neu-Ulm in Geschichte und Kunst. Anton H. Konrad Verlag, 1972.
LIEB, Norbert: Barockkirchen – zwischen Donau und Alpen. Hirmer Verlag München, 1953.
LIEB, N.: Allgäuer Kunst in Allgäuer Geschichtsfreund. N. F. 48, München 1941.
MUSPER, H.: Gotische Malerei nördlich d. Alpen, Köln 1961.
Neue Beiträge zur Archäologie und Kunstgeschichte Schwabens, Stuttgart 1952.
OTT, Stefan: Oberdischingen – Heimatbuch einer Gemeinde an der oberen Donau. Anton H. Konrad Verlag, 1977.
OTTO, Gertrud: Bernhard Strigel, München–Berlin 1964.
PFLUG, Johann Baptist: Aus der Räuber- und Franzosenzeit Schwabens. Anton H. Konrad Verlag, 1975.
RAHN, Fritz: Der schwäbische Mensch und seine Mundart. Hans E. Günther Verlag Stuttgart, 1962.
RIEBER Albrecht und THOST Gerhard: Zwischen Donau und Iller. Der Landkreis Neu-Ulm in Geschichte und Kunst. Anton H. Konrad Verlag, 1972.
SCHEFOLD, Max: Der Bodensee in alten Ansichten und Schilderungen. Sigmar-Konstanz.
SCHINDLER, H.: Große Bayerische Kunstgeschichte.
SCHNETTE, Maria: Der schwäb. Schitzaltar. Straßburg 1907, 3 Bde.
SPAHR, Gebhard: Weingartner Liederhandschrift. Anton H. Konrad Verlag, 1968.
SPAHR, Gebhard, O. S. B.: Johann Nepomuk Hauntinger. Reise durch Schwaben und Bayern im Jahre 1784. Anton H. Konrad Verlag, 1964.
STANGE, A.: Dt. Malerei d. Gotik, Bd. VII und VIII. Leipzig–Berlin 1934–1961.
TRIPPS, Manfred: Hans Multscher. Seine Ulmer Schaffenszeit 1472–1467. Anton H. Konrad Verlag, 1969.
TROLL, Thaddäus: Deutschland deine Schwaben. Rowohlt Taschenbuch Verlag, 1970.
TUSCHER, Franz: Das Reichsstift Roggenburg im 18. Jahrhundert. Anton H. Konrad Verlag, 1976.
VOEGELEN, M.: Schwäb. Bildtafeln um 1450. In: Schwäb. Merkur, 1. Mai 1924.
WEITNAUER, Alfred: Allgäuer Chronik: Bd. I, II, III und Abbildungsband. Verlag Heimatpflege, Kempten.
WEITNAUER, Alfred: Auch Schwaben sind Menschen. Allgäuer Zeitungsverlag Kempten.
WEITNAUER, Alfred: Die Baiern und die Schwaben. Allgäuer Zeitungsverlag Kempten.
WEITNAUER, Alfred: Allgäuer Rasse. Allgäuer Zeitungsverlag Kempten.
WEITNAUER, Alfred: Allgäuer Sprüche, Bd. I und II. Allgäuer Zeitungsverlag Kempten.

WEITNAUER, Alfred: Aus dem weißblauen Schwabenländle. Verlag Heimatpflege, Kempten, 1968.
WEITNAUER, Alfred: Bei uns im Allgäu. Verlag Heimatpflege, Kempten, 1965.
WEITNAUER, Alfred: Das bunte Allgäubuch. Verlag Heimatpflege, Kempten, 1972.
WEITNAUER, Alfred: Drei Könige im Schwabenland. Allgäuer Zeitungsverlag Kempten.
WEITNAUER, Alfred: Echt antik. Verlag Heimatpflege, Kempten, 1969.
WEITNAUER, Alfred: Himmel voller Helfer, Welt voller Wunder. Verlag Heimatpflege, Kempten, 1969.
WEITNAUER, Alfred: Lachendes Allgäu. Allgäuer Zeitungsverlag Kempten.
WEITNAUER, Alfred: Nix Kultura. Allgäuer Zeitungsverlag Kempten.
WEITNAUER, Alfred: Sängers Fluch und andere sehr schöne Balladen auf gut schwäbisch. Allgäuer Zeitungsverlag Kempten.
WEITNAUER, Alfred: Schwabenstückle. Allgäuer Zeitungsverlag Kempten.
WEITNAUER, Alfred: Sing nicht Vogel. Allgäuer Zeitungsverlag Kempten.
WEITNAUER, Alfred (Hrsg.): Allgäuer Sagen. Verlag Heimatpflege, Kempten, 1978.
WEITNAUER, Alfred, FREY, Georg: Schönes Allgäu von A–Z. Verlag Heimatpflege, Kempten, 1968.
WIEGANDT, Herbert: Ulm – Geschichte einer Stadt. Anton H. Konrad Verlag, 1977.
ZENETTI, Paul, Dr.: Vor- und Frühgeschichte des Kreises Dillingen. Druck der Verlagsanstalt Manz, Dillingen a. d. D., 1939.
Unbekanntes Bayern – Entdeckungen und Wanderungen. Süddeutscher Verlag München, 1957.
SEYBOLD, Heiner: Augsburg – Kleines Buch einer großen Stadt. Verlag die Brigg, Augsburg, 1972.

Weitere Bücher von Hilda Sandtner

Tafelzeichnung und Hefteintrag
Ein schulpraktisches Werk, das eine Verbindung zwischen „Sachgebundenem Zeichnen" und „Freiem Zeichnen" schaffen will, pädagogisch-methodisch aufgebaut. 240 Seiten DM 24,80

Schöpferische Textilarbeit
Ein Werk zur Neuorientierung des Textilgestaltens aus den Wurzeln der Kreativität. Reich illustriert, teils in Farbe. 208 Seiten DM 29,80

In allem ist Licht
Meditationsbuch mit 27 ganzseitigen Bildern (Monotypien) von Hilda Sandtner. 112 Seiten DM 19,80

Mutter, ein Lobpreis in Bildern
mit 32 ganzseitigen Bildern von Hilda Sandtner (Papierbatik), 64 Seiten, Leinen DM 22,80

Eine kleine Auswahl der beliebten Allgäu-Schwaben-Bücher

Arbeitskreis für schwäb. Volksmusik — **Singet Leut'**
Neues Schwäbisches Liederbuch
Das in ein buntes fröhliches Gewand gehüllte Liederbuch verbindet überlieferte Texte und Melodien mit Neubearbeitungen und Neuschöpfungen. Ganz Schwaben ist vertreten mit einem Reigen von Melodien und Mundarttexten. 145 Illustrationen von Heinz Schubert, 288 Seiten, 185 Liedtitel DM 19,50

Breinlinger — **Das geheime Paradies**
Bekenntnisse eines Allgäuers. Vier markante Stationen dieses Allgäuer Autors als Spiegel unseres stürmischen Jahrhunderts und eines trotzdem glücklichen Lebens. 224 Seiten, 33 Illustrationen von Annette Julian DM 17,80

Breinlinger — **Der Held des Tages**
Acht heitere Kurzgeschichten aus dem Allgäu mit 39 Illustrationen von Annette Julian, 128 Seiten DM 14,80

Breinlinger — **Schwäbische Dickköpfe**
Unterhaltsame Biographien von sieben berühmten Schwaben: Sebastian Kneipp, Ludwig Ganghofer, Rudolf Diesel, Bertolt Brecht, Leopold Mozart, Eugen Ludwig Hoess und Alfred Weitnauer. 144 Seiten, 7 Porträts, 40 Illustrationen von Helga Nocker DM 12,80

Gastreich — **Alpenblumen im Allgäu**
Dieser Bildband erzählt von der Schönheit unserer heimischen Alpenblumen. Walter Gastreich hat sie in 50 bezaubernden Farbfotos eingefangen und durch knappe Textbeiträge ergänzt. Er macht mit verborgenen Kostbarkeiten des Allgäus bekannt. 96 Seiten DM 19.80

Kolb/Lidel	**D' schwäbisch' Kuche**
	Eine Sammlung alter Rezepte, künstlerisch gestaltet. 192 Seiten, 200 Rezepte, 85 Illustrationen von Heinz Schubert DM 12,80
Korbinian	**Allgäuer Duranand**
	Mundartsammlung, 112 Seiten mit 57 humorvollen Illustrationen von Eberhard Neef DM 14,80
Korbinian	**Allgäuer Skiversle**
	In 57 humorvollen Vierzeilern werden die ,,Brettlhupfer, Skihäsle, Langläufer, Ski-Artischte, Rennsäu, Skifliager, Rodler und 's luschtige Hütteleabe" besungen. Herrlich amüsant die 57 ganzseitigen Illustrationen von Eberhard Neef. 120 Seiten, vierfarbiger Umschlag DM 10,80
Korbinian	**Hobelspäne**
	Satirisch witziger Spiegel des Alltags, 61 Gedichte mit gepfefferten Pointen, flott aufgemacht. 132 Seiten, 61 ganzseitige Illustrationen von Eberhard Neef DM 12,80
Kuen	**Allgäuer Lausbub erobert die Bühnen der Welt**
	Das Buch eines Allgäuers, der in der Welt zu Hause und im Allgäu daheim ist. 96 Seiten, 33 heitere Illustrationen von Helga Nocker DM 12,80
A. M. Miller	**Das schwäbische Jahr**
	Hier werden in schwäbischer Mundart nicht nur die Monate charakterisiert, sondern mehr noch die Menschen, die unter einem bestimmten Tierkreiszeichen ins Leben getreten sind. Jedem Sternbild folgt eine erheiternde und belebende Geschichte mit schwäbischen ,,Musterexemplaren". 144 Seiten. Umschlaggestaltung und Tierkreiszeichen von Heinz Schubert, 22 Illustrationen von Helga Nocker DM 17,50
A. M. Miller	**Der Herr mit den drei Ringen**
	Abt Rupert Neß, der wagemutige Bauherr des heutigen Klosters Ottobeuren, ist die zentrale Gestalt dieses menschlich und kulturgeschichtlich interessanten Romans. 512 Seiten, 10 Abbildungen DM 25,80
A. M. Miller	**Mei' Pilgerfahrt durchs Schwabeländle**
	Mittelschwaben, das Unterland und das Allgäu mit den dazugehörigen Seelenhirten, den heimischen Menschen und ihren Sitten gehen wie ein Reigen durch dieses köstliche Buch. Schwäbische Mundart. 188 Seiten, 53 heitere Illustrationen von Helga Nocker DM 19,—
A. M. Miller	**Schwäbische Bauernbibel**
	Sechs humorvolle und doch tiefsinnige Predigten in schwäbischer Mundart. Die Schöpfung der Welt, Die Erschaffung der ersten Menschen, Der Sündenfall, Kain und Abel, Noah baut die Arche, Der Turmbau zu Babel. 88 Seiten, Umschlag Heinz Schubert, 6 Illustrationen von Helga Nocker DM 12,80

Schmidt	**Schwäbisch-Allgäuer Wanderweg Augsburg–Sonthofen**

und seine Anschlußwege Günzburg–Krumbach, Kaufbeuren, Kempten und Oberstdorf. Wegverlauf, Zeitbedarf, Ratschläge und Hinweise mit Unterkunftsverzeichnis. Heimatkundliche und kunsthistorische Besonderheiten am Rande des Weges von Dr. Hans Frei. 144 Seiten, 17 Fotos, 10 Illustrationen von Wolf Weber   DM 9,80

Volkheimer   **Glanzpunkte des Allgäus**

Das Wanderbuch in besonderer Aufmachung ist ein informativer Wegweiser durch das Ferienland Allgäu. 19 herrliche Farbfotos, 38 Wandervorschläge. Flexibler Plastikumschlag im Taschenformat   DM 9,80

Weitnauer   **Allgäuer Sprüche**

Bewährte Lebensphilosophie in der Joppentasche. 46 Seiten mit 10 ganzseitigen bunten Bildern von Siegfried Sambs. Reizende Geschenkausgabe, urwüchsig und originell   DM 7,80

Weitnauer   **Auch Schwaben sind Menschen**

Ein reizendes Mitbringsel voller Pointen und Überraschungen, das Freude schenkt und Spaß macht. 136 Seiten, 58 Zeichnungen von Heinz Schubert   DM 9,80

Weitnauer   **Auf der schwäbischen Eisenbahn**

Eisenbahngespräche und andere Diskurse von damals. Neugestaltet mit 32 Illustrationen von Siegfried Sambs, 144 Seiten   DM 15,80

Weitnauer   **Die Allgäuer Rasse**

Eine nicht allzu ernste Abhandlung über Anatomie, Seelenleben und Tugenden der Allgäuer Sonderrasse. Hier lacht und lächelt ein Stamm über sich selbst. Die Lektüre dieses köstlichen Büchleins ist bis zur letzten Zeile ein ungetrübter Genuß. 112 Seiten, 40 Illustrationen von Heinz Schubert   DM 12,80

Weitnauer   **Die Baiern und die Schwaben**

Stammeseigenart, Geschichte und Tradition, Brauch und Herkommen werden „lustig verpackt" geschildert. 134 Seiten, 33 Abbildungen, 98 Illustrationen von Heinz Schubert   DM 17,50

Weitnauer   **Drei Könige im Schwabenland**

Ein barock-modernes, urwüchsiges Dreikönigsspiel in schwäbischer Mundart. Wiederholt vom Bayerischen, Süddeutschen und vom Österreichischen Rundfunk aufgeführt. Originell ausgestattete Geschenkausgabe, 48 Seiten, 6 ganzseitige Farbbilder   DM 12,80

Weitnauer   **Lachendes Allgäu**

Urwüchsiger, herzhafter Humor, bei dem kein Auge trocken bleibt. Dazu 195 bunte Illustrationen von Eberhard Neef. In weiß-rotem Dirndlleinen gebunden, 384 Seiten   DM 17,50

Preise: Stand August 1978

ALLGÄUER ZEITUNGSVERLAG KEMPTEN